新时期城乡一体化
发展与建设研究

金鑫 著

中国原子能出版社

图书在版编目 (CIP) 数据

新时期城乡一体化发展与建设研究 / 金鑫著 . -- 北京 : 中国原子能出版社, 2019.9

ISBN 978-7-5221-0076-0

Ⅰ . ①新… Ⅱ . ①金… Ⅲ . ①城乡一体化－发展－研究－中国 Ⅳ . ① F299.21

中国版本图书馆 CIP 数据核字（2019）第 219300 号

内 容 简 介

21 世纪以来，党和国家把处理城乡关系提升到了重中之重的空前高度。十九大明确逐步建立城乡融合发展体制机制，国家对城乡关系发展规律的认识随着城乡的发展而逐步深化，对城乡关系的重视度也在逐步提高。本书对新时期城乡一体化发展与建设进行了研究，主要内容包括城乡一体化发展的历史与现实背景、城乡一体化发展理论基础与发展经验借鉴、城乡一体化发展的重点、城乡一体化发展的难点、城乡一体化发展中的农村经济建设和新型城镇化建设等。

新时期城乡一体化发展与建设研究

出版发行	中国原子能出版社（北京市海淀区阜成路 43 号 100048）
责任编辑	张　琳
责任校对	冯莲凤
印　　刷	北京亚吉飞数码科技有限公司
经　　销	全国新华书店
开　　本	787mm×1092mm　1/16
印　　张	16.75
字　　数	217 千字
版　　次	2020 年 3 月第 1 版　2020 年 3 月第 1 次印刷
书　　号	ISBN 978-7-5221-0076-0　定　价　80.00 元

网　　址： http://www.aep.com.cn	E-mail:atomep123@126.com
发行电话： 010-68452845	版权所有　侵权必究

前　言

　　进入新世纪以来,党和国家把处理城乡关系提升到了重中之重的空前高度。从战略层面来看,十六大提出"统筹城乡经济社会发展",十七大提出"形成城乡经济社会发展一体化新格局",十七届三中全会指出我国已经"进入着力破除城乡二元结构、形成城乡经济社会发展一体化新格局的重要时期",提出"到2020年基本建立城乡经济社会发展一体化体制机制",十八大提出"解决'三农'问题的根本途径是城乡发展一体化",十九大明确"逐步建立城乡融合发展体制机制",国家对城乡关系发展规律的认识随着城乡的发展而逐步深化,对城乡关系的重视度也在逐步提高。

　　当前我国经济已经步入新常态,处在实现中华民族伟大复兴中国梦的最关键时期,需要全面深化改革,民生建设要全面进行质量的提升,要全面建成小康社会。在这个伟大的时代,中国的经济要找到一个新的增长点,为全面深化改革打好基础,要缩小各种差距,实现中华民族的伟大复兴。由此来看,加快城乡一体化发展有着重要的意义。

　　第一,推进城乡一体化发展是当前新常态下促进我国经济发展的重大战略。当前,我国经济增速从高速变为中高速、旧有增长红利释放殆尽,如果想要全面缩小城乡差距,实现全面建成小康社会,就需要释放我国农村的增长空间、后发优势和城镇化潜力。而要想促进我国农村经济的发展,就需要城乡统筹发展,构建城乡一体化格局。

　　第二,推进城乡一体化有利于转变经济发展方式。由实践可知,依靠粗放型工业化带动城市化和经济增长的发展战略已经难以为继,需要转变经济发展方式。当前,我国的传统农业还没有从根本上得到改造,工业化的外延式扩张已经接近临界值,第三产业的发展也不如发达国家。这成为我国经济发展的障碍,需要通过转变经济发展方式进行解决。而一个国家或地区的经济发展方式与其内在的城乡关系有着紧密的联系,要想转变经济发展方式,就需要实现城乡从二元到一元的发展。

本书对新时期城乡一体化发展与建设进行研究,共六章。第一章为城乡一体化发展的历史与现实背景,分析城乡一体化的含义及意义、我国城乡关系的历史发展、我国城乡一体化面临的机遇和挑战三方面内容。第二章为城乡一体化发展理论基础与发展经验借鉴,包括城乡一体化发展的理论基础、城乡一体化发展的理论创新、国外城乡一体化发展的经验与启示三节内容。第三章为城乡一体化发展的重点,从城乡产业发展一体化、城乡公共服务一体化、城乡环境保护一体化三个方面进行研究。第四章为城乡一体化发展的难点,对农民工转型问题的出现、农民工市民化发展、农民工返乡创业进行探讨。第五章为城乡一体化发展中的农村经济建设,分析乡村振兴战略的提出、农业的地位和农业经济现状、农村经济改革的深化与发展、智慧农业和绿色农业的相关内容。第六章为城乡一体化发展中的新型城镇化建设,包括新型城镇化建设的理论基础、世界城市化发展历程和道路启示、新型城镇化建设中的文明城镇建设、特色小镇建设等四个方面。

本书理论与实践相结合、深入浅出地对新时期城乡一体化进行研究,具有现实指导性。本书在撰写的过程中参考了很多专家学者的研究成果,在这里一并向他们表示感谢。由于作者的学术水平限制,本书在内容上还有一些缺陷,欢迎各位专家学者进行指正。

作　者

2019 年 5 月

目 录

第一章 城乡一体化发展的历史与现实背景

在 2015 年, 我国的人均 GDP 就已经达到了 8 000 美元。距进入高收入国家的行列, 即人均 GDP 12 000 美元又迈出了一大步, 但是还是有一个不小的差距。许多国家几十年来一直处于这个台阶中, 并已陷入中等收入陷阱。我国能否成功跨越高收入阶段, 是对党执政能力和中国特色社会主义市场经济体制活力的考验。从国际经验来看, 所有进入高收入台阶的国家的共同点是, 成功解决了城乡二元结构问题, 推动了城乡一体化改革。这就要求我们也必须不断推动城乡一体化的发展。

第一节 城乡一体化的含义及意义

一、城乡一体化的内涵及特点

（一）城乡一体化的内涵

关于城乡一体化的内涵, 不同的人有不同的看法。有的学者认为, 城乡一体化有广义和狭义之分。从狭义上来看, 城乡一体化的实现主要是经济方面的一体化, 即城乡经济通过相互补充, 从而成为一体式发展。广义上的城乡一体化不止包括经济上一体化, 在社会、文化、生态等各个方面都要实现城乡一体化。有的学者从空间布局的层面来进行考虑, 他们认为, 城乡一体化是"自然—空间—人类"的良性循环系统或者最优空间网络系统。有的学者从社会生产力发展的水平看待城乡一体化,在他们看来,城乡一体化的出现是因为社会生产力水平的发展,当社会生产力水平高到一定程度时,必然会出现城乡一体化。有的学者从城镇化发展阶段出发,他们认为城乡一体化是城市化发展的高级阶段。

城乡一体化形成和发展的原因主要是发展中国家为了减少城乡差距,消除城乡二元对立结构。从学术界关于城乡一体化的定义可以很明显看出,它具有时代特点和地域性的特点。随着我国改革开放的不断深入,以及我国市场经济体制的不断完善和发展,城乡一体化的内涵和外延也随之不断增大,其范围也变得更加广阔。城乡一体化的定义不能简单地从城市和农村的一个方面来考虑,也不应该就地理或时代范围进行单方面的限制。总的来说,科学的城乡一体化需要以一个高水平的社会生产力为基础,对城乡的经济社会发展进行综合考虑。然后通过城乡互动,使城市和乡村双方的经济进行互补,从而形成一个和谐发展的城乡一体化社会结构。其含义可以包括以下几个内容。

其一,城乡一体化是人类发展中的一个理想追求目标。在社会实现城乡一体化后,国家的居民可以不分身份,在平等的基础上,分享人类的文明成果。

其二,要想实现城乡一体化,其前提是生产力水平在很大程度上得到了提高。城市和农村的生产力都达到一个很高的水平,有助于缩小城乡差距、消除二元结构。

其三,城乡一体化不是一朝一夕可以实现的,它是一个漫长的渐进的过程。区域不同、国家不同、其资源禀赋是不一样的,因此,各个国家和地区的城乡一体化过程长短也是不一样的。有的地区和国家会比较长,有的城乡一体化进程则比较短。

其四,城乡一体化不是城市或乡村单方面的努力可以实现的,它需要城乡双向、共同努力。城市和村庄是不可分割、相互交织、相互作用、相互支持的,共同努力创造和谐的城乡社会将发挥自己的优势。

其五,在实现城乡一体化后,并不是城乡合一,不做任何区分,而是城乡作为社会的两个部分,两者之间仍然会有差异性。但是这种差异性不再是城乡在各方面的差距,而是双方各自具有不同的特点。

其六,城乡一体化并不是人类关于社会发展的最终追求目标。它只是一个阶段性的发展目标,当人类社会实现城乡一体化后,社会生产力水平不断发展和提高,人类社会的发展会有更高的追求。

（二）城乡一体化的特点

1. 目的性

城乡一体化并不是凭空想象,它的发展有着相当明确的目标——逐步消除发展中国家长期存在的城乡二元结构,最终形成和谐的城乡一体化社会结构。城乡一体化发展的不同阶段也有不同的目的。在其初期,城乡一体化的目的是为了使城乡差距减小,就一些影响城乡居民生产的项目和快速发展达成一致。例如,城乡居民的收入达到一致;城乡居民在社会保障待遇方面能够有同样的机会;城乡居民在教育、医疗等方面享受同等待遇。在后期,城市和乡村主要的差距已经没有了,关于空间布局、生态环境规划等方面也做好了整合,但城市和乡村仍有各自的独特特点。

2. 阶段性

城乡一体化是阶段性实现的,它在缩小城乡差距时不是一蹴而就的,而是一个渐进的变化过程。地区不同,城乡一体化的过程长短和进展时间是不同的。在经济技术发达的地区,由于有着完善的基础设施,因此城乡一体化的起点会比较高,所用的时间就会比较短。而经济欠发达地区则与此相反,需要的时间就较长。总而言之,城乡一体化进程可分为两个阶段。第一阶段是城乡一体化的初始阶段,在这个阶段主要目的是解决城乡差距的突出问题。在初始阶段,会随着社会经济的发展,逐渐消除城乡差距,在生活水平上,城乡居民会逐渐趋于一致。在该阶段,主要采取的措施有农业产业化、农业现代化、城市化、工业反哺农业、城市支持农村等。第二阶段是城乡一体化的后期阶段,在后期主要是就城乡空间布局以及生态环境保护问题进行解决。居民不再是因为生活的原因而选择在哪里定居,在城市或是在乡村定居只是居民的爱好选择。在这一时期,形成了现代城乡交通信息网,使城乡居民可以自由流动。如果居民喜欢城市,就可以搬到城市生活,而喜欢农村的话,就可以到农村生活。总的来说,这两个阶段没有严格的界限,一定程度上来看,这两个阶段的工作会有部分重复。

3. 广泛性

城乡一体化是考虑整个城乡的发展。因此,城乡一体化涉及的议题具有广泛性,如政治、经济、社会、文化、生态环境、规划布局等方面。从政治方面来看,城乡居民两者不再具有政治制度上的差异,也不存在政治方面的歧视,城乡居民同为国家居民,他们有着同样的权利。从经济方面来看,城乡一体化能够反映出三大产业的合理布局,且有利于城乡的技术和资源优势得到充分发挥,进而提高国家的生产力,使国家的经济效益达到最大化。从社会方面看,城乡一体化体现了城市和乡村两大部门的和谐统一发展,使资源和要素能够在城市和乡村之间合理流动,居民的生存和发展不再受到城乡差距的影响。从文化方面来看,居民无论是在哪个地方,其思想观念和文化水平不再有差距,人才在城市和乡村之间均匀分布。从生态环境方面来看,在对保护好环境的前提下,对各种环境资源做好合理配置,从而使环境可以实现自我循环,实现生态环境可持续发展。从规划布局方面来看,城乡一体化要使城乡元素合理分布,要既能满足城乡居民生存生活的需要,也要促进生态环境的发展。

4. 长期性

从现实来看,世界上各个国家的城乡关系基本都经历了乡村孕育城市、城乡分区、城乡对立、城乡融合几个阶段,由此可以说,在城乡融合过程中城乡一体化是一个重要的步骤。城乡一体化的实现是一个漫长的过程，它具有连续性和渐进性，其所需要的时间长度要以各个国家的社会经济发展情况为基础。第二次世界大战后，日本渴望实现民族复兴，因此过于追求产业发展，使得城乡差距变得越来越大，为了缩小城乡差距，日本政府采取了多方面措施，如加强农村基础设施的建设、大力促进农村工商业的发展、对土地管理规模加大等。到20世纪70年代，日本基本实现了城乡收入平等，农业和农村实现现代化。20世纪60年代，北欧国家也有着城乡发展不平衡的问题，居民的收入差距比曾一度大于3∶1，使得大量农民向城市涌入，产生严重的社会结构性失业问题。为了克服这种问题，缩小城乡差距，实现城乡一体化，挪威政府采取各种手段和措施，经过多年的努力和发展，使得城乡一体化得以完成，居民不分农民和市民，都有着相同的生活条件、收入水平，可以享受相同的社会福利，有着平等的发展机会。发展中国家由于经济基础相对薄，在实现城乡一体化的过程中，面临的问题会比较多，因此，其实现城乡一体化也需要花更长的时间。

5. 双向性

由于城乡间的差距和差异，才提出和实施的城乡一体化，对于发展中国家来说更是如此。城乡分割和对立其主要原因是人为造成的，长期以来，农村是城市发展的资本积累和商品销售地，为了促进城市的发展，农村付出了极大的代价。然而，缩小甚至消除城乡差距、最终实现城乡一体化这一目标，需要城市和乡村共同作用才可能实现。农村地区要致力于发展农业技术，提高农业产出能力，生产更多优质农产品和其他产品，并提高整个农村的生存能力。同时，农村剩余劳动力转移到城市，满足城市的劳动力需求，促进城市工业和服务业的发展。城市应当利用其主导地位优势，与农村加强的沟通与合作，向农村提供大量的资金以及先进的技术和管理经验，从而提高农村的发展速度。总的来说，农村的发展需要城市的反哺,同时当农村变得更加好时,它也会为城市商品提供一个更大的销售区域。更重要的是,城乡环境保护、规划和布局需要城乡之间的协调。

6. 差别性

城乡一体化就是要用全面和系统的观点,综合考虑城市和乡村的发展,对城乡进行统筹规划。城乡一体化不是将乡村变成城市,也不是将城市变为乡村,而是在城乡一体化后,城市和乡村各保留着自己的特点。城市有其大气、繁华和炫目,农村保持其清新、典雅、自然、秀丽。农村的农业、工业、商业、交通、建筑等各个产业都要得到发展。农业的生产方式和管理技术得到改进,但其会继续保留着一些本色。总之,城市和乡村各自为对方的发展提供补充,两者相辅相成,城市和乡村的差异不会消灭,但两者之间没有差距,只存在不同性。

二、城乡一体化的意义

(一)吸取世界各国在城镇化过程中的经验教训

从世界近代城镇化进程看,早期实现城镇化的西方国家,也是从解决城乡二元结构入手的。当时城市和乡村存在两个方面的差别,一方面,城市快速发展的工业有很高的劳动生产率,而农村的劳动生产率很低。另一方面,城市主要是资本主义生产关系,而农村主要是封建主义的生产关系。这些国家通过推进城镇化,逐步消灭了这两个方面的差别,资本主义生产关系覆盖了整个社会,城市和农村之间劳动生产率也基本拉平了。由此可以说,他们已经实现了"城乡一体化",因此城市化在很大程度上取得了成功。并非所有国家都在城市化进程中实现了"城乡一体化"。拉美一些国家在城镇化进程中,不仅没有克服城乡二元结构,反而扩大了城乡之间的差别,城市畸形发展,农村陷于破败,使二元结构的问题更加严重。除了原有的城乡二元结构之外,这些国家又出现了新的"城市二元结构",也就是在城市内部,由于贫富悬殊,形成了穷人区和富人区的对立。在穷人区集聚着大量的失业和无业的居民,生活水平低下,犯罪率很高,成为影响城市安定的重要因素。"城市二元结构"来源于城乡二元结构,是城市化进程中的不当行为,对经济和社会发展产生了巨大的负面影响。

（二）城乡二元结构是当前中国国情最大特点之一,实现"城乡一体化"是摆在我们面前的重要课题

中华人民共和国成立以后,城乡之间政治对立关系改变了,同时,为彻底改变旧中国遗留下来的城乡二元结构做出了长期的努力。这种努力主要包括生产力和社会制度两个方面。从社会制度方面看,中华人民共和国成立后,在城市里没收了官僚资本,直接建立了社会主义公有制,但农村还是小农经济。20世纪50年代中期实现了农业合作化,1958年又实现了"公社化"。这样,城乡都实行的是统一的社会主义制度。从生产力方面看,1958年开始的大搞农田水利建设运动,1964年开始的"农业学大寨"运动,推行农业"八字宪法",都提高了农村生产力水平。改革开放以后,农村实行家庭联产承包制,这使得农民积极性被调动起来,粮食获得连年丰收。加上乡镇企业的崛起,乡村发生了很大变化。有两个时间段农民实际收入增长速度甚至超过城市居民。一个时间段是20世纪80年代上半期,农村包产到户政策的推行和农产品收购价格的提高,推动了农民收入的提高。另一个时间段是1994年至1997年,城市经济紧缩,而农民收入由于农产品价格上涨和产量提升,得到较快的增长。进入21世纪,国家一直强调要"以工补农,以城促乡",2003年取消了农村的教育附加费。2003年到2006年取消了农业税以及其他大部分费用,消除了农民的税费负担。随之,国家提出"建设社会主义新农村"的口号,政府对农村的投入每年增加15%。再加上这期间大量农民工进城,务工农民收入增加。

虽然新中国成立以来,城乡关系有了巨大改变,但应该承认,城乡二元结构问题并没有从根本上解决。这表现在:城乡之间在劳动生产率和经济发展水平方面的差距仍然很大。城乡居民在收入方面的差距并没有缩小,而是有所拉大。历史形成的城乡分割的户籍制度,在产品分配方面的不均等问题虽然基本解决,但在公共服务方面仍然有着巨大差别。面对新建立的社会主义市场经济新体制,面对世界经济全球化的大趋势,城乡之间在经济体制方面仍然存在着重大差别。城镇的经济主体已经能够比较好地和市场经济接轨,而农村以家庭为单元的超小规模的经营主体,不适应市场经济,不适应农业的现代化要求。无论在生产要素自由流动、人口自由流动方面,还是城乡之间互联互促方面,都还存在许多障碍,偏远地区贫困农村的发展问题更大、更需要得到解决。这些都说明,不仅存在广义的城乡二元结构问题,而且存在狭义的二元体制问题。所以,实现"城乡一体化",进一步解决城乡二元结构问题,应该作为我国新型城镇化的基本目标。

(三)强调"城乡一体化"是为了对农业现代化更加重视,保障城镇化的健康发展

在我们这样的传统农业大国,城镇化中最容易出现的问题是顾了一头,丢了另一头,顾了城镇,丢了农村。在谈论农业人口大量向城镇转移的时候,经常会出现这样一种观点,即认为城镇化过程将会导致农业的衰退,青壮年农业劳动力不再从事农业劳动了,今后谁来种田?农村只剩下老人、妇女和儿童,他们能担负得起艰辛的种植粮食的任务吗?如果外出务工的男性劳动者在城里找到了比较稳定的工作后,把妻子和孩子都接到城镇去安家了,那么农村岂不变成"老人村"了?不得不承认,农民进城将给农业发展带来巨大的影响。但解决方案不是不搞城镇化,而是加快农业现代化。城镇化是农业现代化发展的黄金机遇。

一是城镇化对农业现代化发展提出了强烈的需求。农村人

口向城镇转移,使得再用"人海战术"解决农业问题成为不可能,不能再停留在一家一户"小打小闹"的农业水平上,传统农业再也不能继续下去了。正是这种"逼上梁山"式的强烈的需求,促进了农业现代化发展,国家需要农业现代化,农民也需要农业现代化,农业现代化成为必然。

二是随着城镇化进程的推进,生产要素的重新组合得到了深入发展。在农村人口向城镇转移的同时,资本、技术、人才也会流向农村,并在农村生产要素重组中发挥更大作用。新型的农村需要新型农业企业家,能够吸纳和整合各种要素的各种经济组织将在农村获得空前的发展。这就为农业现代化创造了基础条件。

三是城镇化促进了城乡一体化,必然带动农业现代化。城镇化吸收了农业的多余劳动力,使农业的劳动生产率得到了提高;城镇工业的发展和第三产业的发展,为农业现代化提供了技术、设备和多种服务;城乡人口的增多,扩大了农产品消费的需求;城乡经济渠道畅通,必然扩大和扩展农产品的市场;城乡文化交流必然导致农民素质的提高,等等。

第二节　我国城乡关系的历史发展

一、封建制经济形态下的城乡关系演进（公元前221—1840年）

（一）城乡关系演进的过程

1. 秦汉时期——城市初步发展与城乡分离加剧

（1）城市初步发展

在先秦时期,由于疆域的扩展,随着郡县制的施行和新建,改建了许多城市,城乡关系在奴隶制下继续分离。秦统一后,将原来六国城市按规模等级改设为新的郡县,在五岭以外的南越地区,改设了桂林、南海、象三个郡县;在阴山以北,靠近匈奴的区域,设置了九原郡,主要作为与匈奴商业来往的地区。秦朝共设四十八个郡、一千多个县。汉朝时中国疆域扩大,城市数量继续上升,郡级城市增长了一倍多达 103 座,县级城市达到 1 587 座,增长了近 50%。

（2）农业逐步发展

首先,生产工具进步、牛耕的推广使用、铁犁牛耕技术的改进、耕田和整地保墒技术的提高带来了耕作水平的提高;其次,栽培技术不断改进;再次,治理黄河、新建水利工程、修复旧有水利工程代表着水利工程的建设与发展;最后,粮食品种及产量不断增加。

2. 隋唐时期——多种因素促进城乡融合

（1）农业生产力的大发展

唐代是农业生产工具得到改进及进行广泛使用的一个繁华时代,铁制的铲、锄、镰等农业工具基本已经普及全国各地区,原有的直辕犁使用起来比较费劲,后期曲辕犁的出现节省了大量人力,这些都在很大程度上促进了农业发展,解放农业劳动力。唐代农田水利事业很发达,据统计全国水利灌溉工程达 264 处,所兴修的水利工程大约有 320 万顷。农业生产技术的进步带动了城乡关系的发展。

（2）农业生产关系的变化

具体来说,均田制的瓦解、人身依附关系的变化和两税法代替租庸调制促进了城乡关系。商品经济的发展,加快了商业资本的积累速度,大规模土地发展很快,均田制逐步消亡,出现了土地庄园制,农民与土地之间的人身依附关系减弱,庄园制的发展有利于规模经营和商品经济的发展,这些都在不同层面有利地促进了城市的发展;两税法逐渐推行,让货币成为交换的主体媒介,也就意味着唐代货币经济已经较为成熟,而城市的发展依赖于商品货币关系的改进,因此两税法的实行也促进了城市的发展。

（3）逐渐形成城市贸易与农村草市互为补充的全国性市场

一方面,隋唐时期,随着中国的统一和社会经济的恢复和发展,商业再次繁荣起来。长安与洛阳既是当时的政治中心,又是最为繁盛的国际性商业都会;一些新兴商业都市伴随着运河、漕渠的疏浚以及商业贸易的发展而不断出现,如运河上的汴州,运河、长江交汇处的扬州,淮河与运河交汇处的楚州;随着海外贸易的发展,沿海城市广州、杭州、明州、泉州以及长江流域的荆州和益州等也逐渐发展起来。

另一方面,为了能够适应分散于各地的小商品生产者的要求,解决广大农村地区的商品交换问题,降低农村因过于分散所带来的交通不便困难,在远离城市的农村地区相继出现了草市贸易,这成为城市贸易的很好补充,从而形成了一个全国性的市场。

3. 宋元时期——以商品交换和流动为纽带的城乡共同发展

宋元时期中国城乡关系出现一些新趋势,主要表现以下几个方面。

（1）我国南方的城乡融合水平大大提高

宋元时期,中国的经济社会经历了一次重大的转变,经济重心由北方转移至南方。在公元 8 世纪时,中国 3/4 的人口居住在北方,北方的主要农作物为小麦和谷子;到了 13 世纪末,中国 3/4 的人口居住在长江以南地区,主要农作物为水稻。

这种变化的重要原因是:随着水利技术的进步和对早熟作物品种的开发种植(尤其是占城稻的引进),中国南方由一片沼泽遍布的不适合人类居住的地区变为一片可以进行大规模水稻种植的理想区域,以粗放为特征的旱地农业转化成了以精耕细作为特征的水稻农业。

由此,南方就依赖精耕细作的水稻农业养活了大量人口,众多人口的聚集又带来了手工业的发展、桑蚕种植和缫丝业的发展、棉纺织加工业的发展,进一步推动了商业的发展,由此南方开始了大规模的旧城扩张和新城建设。于是,中国南方出现了程度相当高的城乡融合态势。

（2）城市化水平达到封建社会的峰值

自战国到宋朝的一千年间,中国城市化水平逐渐提高。南宋时达到了22%,而这也是中国封建社会历史上城市化水平的峰值,甚至高于中华人民共和国成立后1957年的城市化水平(表1-1)。

表1-1　中国历代城市化水平

单位：%

朝代	城市化水平
战国（公元前300年）	15.90
西汉（2年）	17.50
唐（745年）	20.80
南宋（1200年左右）	22.00
清（1820年）	6.90
清（1893年）	7.70
近代（1949年）	10.60
近代（1957年）	15.40

宋朝不但拥有汴京和杭州两个世界性的大城市,并且由于产业集聚的效应以及地域特点,很多大规模生产的商品集中在其他城市,同时区域性分工的发展也带来了全国工商业城市数量的增加,当时已经形成了长江下游的浙江、福建沿海的许多繁华城市,苏州、南京、杭州、宁波、泉州等都是闻名中外的贸易城市和活跃的国际港口。

（3）农业商业化由部分区域向全国扩展

在宋朝之前,中国自给自足农业经济的解体与商业化农业的发展都仅限于城市及某些农作物的产区。而到了宋朝,农业商业化的发展则是全国性的,自给自足的农业相当程度上变成了商业化农业。

一是大量农作物和农业加工品商业化程度大大提高。宋代时新作物逐渐推广,稻米的变种被培植出来,江苏的大米闻名全国,输出到北方城市和南方及东南沿海省份;干姜、蘑菇、西瓜和荔枝都逐渐变为大规模生产,福建是荔枝的生产基地,不仅在国内市场独占鳌头,还出口到国外市场;茶叶也成为中国社会各阶层人士的日常消费品,因此产量也大幅度提升;蓝靛和茜草这两种染料占据了国内很大的市场份额,该产业已经形成规模化生产,并日益专业化;木料、油脂等的专业化生产支持了不断增长的造船业、建筑业和水利工程的需要;桑竹作为印刷业、出版业的主要原料,随着印刷业的快速发展,纸张的需求大幅度增加,桑竹的种植也日益扩大规模。

二是农业商业化市场不断扩展。许多省及县的治所成为商业中心,农村则发展出很多农贸市场,它们相继成为农村市场的商业中心;虽然市场规模较小,但网络非常发达,这些如蛛网般的网络将各个乡镇和地区连接起来,形成了全国性的交易市场,这些网络的发展带动了长途运输的空前发展,远途贸易的发展扩张了许多商品的全国市场,更是带动了各类批发、零售产业的发展,也带来了旅游业的快速扩张。

4. 明清时期——发达的小城镇和市场经济促进城乡融合发展

明清时期,中国城乡融合达到了新高度:农村商品经济获得了新发展,新兴商业市镇快速发展,发达的手工业带动了城乡进一步融合。

(1)农村商品经济有了新发展

明清时期,人口激增,人均占有的土地锐减,生产力低下,人地矛盾迫使农户改变原有的农业模式,将传统农作物的种植逐渐转向经济作物栽培方面,并将劳动力投向各类家庭手工业生产,同时伴随着日益提高的生产力水平,中国尤其是江南地区农村商品经济获得了较大发展。

其一,明朝时农业已经形成了一种较为合适的制度框架:土地制度发生了变化,大多数农民转变为拥有生产与经营自主权的自耕农和佃农,自耕农可以自由买卖土地,在地方市场出售他们的农产品。

其二,明清时家庭副业成为小农经济的有益补充,副业所需专业化程度较高,所以分工更为明确,投入成本较农业高,因此也会改变原有的家庭生产结构和家庭组织结构,这样在一定程度上促进了家庭手工业品的商品化发展,并进一步形成区域分工格局,江南地区也因此快速地成长为全国性纺织品生产基地,形成新的产业结构。

其三,明清时大部分手工纺织品不再是家庭内部自给自足,大部分都以交换为目的,因此各农户家庭手工业生产的专业化程度也在不断提升。

(2)一批新兴商业市镇有了新发展

由于农村家庭内部组织分工的调整,带来了整个社会生产结构改变,农村手工业日益兴起,也在一定程度上推动了明清时期城市功能的变化,促进其发展。

其一,城镇的数量有了明显增加。江南六府的市镇数在宋代仅有 71 座,而到清代则增至 479 座,其中吴江的盛泽镇、嘉兴的濮院镇、嘉定的罗店镇和南翔镇等是其中的典型代表。

其二,市镇规模有了很大扩展。少数市镇的规模与繁荣程度甚至超越了传统的地区治所,如湖州府所辖的南浔镇其规模就超过了府城,故有"湖州整个城,不及南浔半拿镇"之说。

其三,部分城镇手工业有了明显发展。以苏州城的染踹业为例,康熙年间全城已有踹坊三百余户,踹匠万余人,至雍正年间,除去布号自设的染坊外,尚有独立染坊 64 处,踹坊 450 家,染工、踹匠总人数均达万人以上。

其四,很多市镇在商业功能上与周边农村相辅相成。它们将商品销售向周边农村,向农村购买原料,为交换提供便捷的场所,市场向工业提供农民所需商品的信息,等等。

(3)发达的手工业促进城乡进一步融合

到了明清时的中国,尤其是江南地区农村家庭手工业的兴起,在一定程度上也拉动了纺织品的商品化,手工业者在市镇出售纺织品,获取货币,再用货币购入生活所需的农产品,这已使得家庭手工业再生产得以延续,并不断发展。

　　江南的纺织品销往全国各地,这些交易活动通过牙行进行。农户先将纺织品售予牙行,获取货币。牙行收购的纺织品,并集中存货,再销售给外地客商,进而销往全国。而一些外地客商也会将其他商品贩运至牙行销售,本地农户用自己的货币买取外地的产品,由此便形成了完整的商业链条。因此小市镇不但解决了江南农村居民的生计问题,而且还有力地支持了农村手工业的生产与进一步发展。

　　因此说农村手工业的发展带动了江南小城镇的繁荣,而小城镇的发展也为农村手工业的进一步发展提供了平台和机会,二者相互依赖,互为媒介。

　　(二)城乡关系演进的原因

　　1.技术进步所带来的产业进步和生产组织方式变革

　　以宋代为例,在手工业方面,南方较高的土地生产率支撑了稠密的人口,降低了运输成本,增加了农产品中可参加市场交换的比重。这进一步释放了劳动力,使得更多的劳动力参与到手工业中,尤其是棉纺织业当中,促进了轻工业的发展,中国人的生活质量也有了显著提高。

　　工业方面,工业部门首次大规模出现便是在宋代,技术进步大力推动了这一时期工业的发展。宋朝的金银铜铁的产量不但远远超过唐朝,而且后来的明清两代也无法望其项背(见表1-2)。铁、铜等金属被铸造成犁铧、锄头、镰刀等农业生产工具,钉子、桥梁构件、大车等工业生产工具,茶具、器皿、镜子、雕像及随身饰物等生活用品,以及最为重要的货币。

　　生产组织方面,工厂提供更多的就业岗位,投入更多资金,进一步细化劳动分工,全国情况基本一致。有些地区纺织业规模大幅度增长,比如四川一纺织工场就雇佣工匠 500 余名,并配备织布机 154 台;苏北的 36 家冶铁户雇佣了超过 3 600 名专职矿工,有些制铁作坊,雇佣工人则超过了 5 000 名。

表 1-2   806—1078 年中国的人均铁产量

年份	人均铁产量(磅/人)	人口(百万)
806	0.5	54
998	1.2	54
1 064	2.9	62
1 078	3.1	81

2. 粮食因素和自然灾害是城乡关系演变的重要纽带

(1)粮食生产决定封建制经济形态下城市发展的边界

土地的稀缺意味着农业劳动生产率水平会左右农产品的剩余,而剩余农产品又约束决定着城市发展的规模,如果城市规模过大,其发展必然会因缺乏农产品供应而受到限制。

同时,粮食运输成本也会对城市发展规模设定可能性限制,便捷的交通运输设备及道路会使粮食的运输成本降低,可以增加农产品的供给途径和范围,会让城市规模扩大成为可能,反之则会制约城市的规模发展。

以唐朝为例,距离京城较近的关中地区,所生产的粮食较少,无法满足都城长安的巨大需求,政府必须从南方地区调入粮食、布帛。但由于洛阳至长安之间缺乏有效的运输条件和手段,运输不便且成本高昂,从而迫使一些唐代帝王变成了"逐粮天子",即在关中饥馑时期不得不"屈尊"远赴东都洛阳"就食"。

(2)自然灾害严重影响城乡关系的正常发展

据统计,公元前 206 年至 1936 年间,我国历史上有案可查的较大规模的自然灾害就达 5 150 次[1],即平均每半年就有一次,而没有记录的和区域性的自然灾害更是不计其数。

根据《汉书·高帝纪》的相关记载,"二年六月,关中大饥,米斛万钱,人相食"。《旧五代史·晋少帝本纪》记载,"天福八年,州郡二十七蝗……饿死者数十万"。

---

① 邓拓.中国救荒史[M].北京:三联书店,1958:124.

3.战乱四起和政权更迭严重影响了城乡关系的正常发展

（1）战争对城市经济和城乡关系的正常发展造成严重影响

战时敌对各方对城市的长期围困和攻击，以及破城后胜利者的大肆屠戮与焚掠，曾对许多城市造成过毁灭性的打击。北魏都城洛阳曾盛极一时，后因迭经战乱，一度竟变为"城郭崩毁，宫室倾覆……墙披蒿艾，巷罗荆棘。野兽穴于荒阶，山鸟巢于庭树。……农夫野老，艺黍于双阙"的荒城。

晚明时期，军备支出超过中国全年财政支出总额的70%，经常性支出中军事支出所占的比例从未低过50%，一般会达到60%至80%。

万历末年明朝实行定额加派，军费在岁出总数中所占的比例更加突出，16世纪20年代，有的年份军事支出竟然达到太仓银库支出的90%以上。从绝对数额看，明朝后期，每年的军费支出也都超过2 000万两白银。

（2）朝代更换和政权中心迁移对城市兴衰产生重要影响

唐末军阀朱温在篡位前，强劫唐昭宗及百官赴洛阳，为充实洛阳，"令长安居人，按籍迁居，撤屋木，自渭浮河而下，连甍哭号，月余不息"。从此，长安这座古代世界著名的大都市便一蹶不振，再也难以恢复往昔之繁盛。

二、半封建半殖民地经济形态下的城乡关系演进（1840—1949 年）

（一）城乡关系演进的过程

1. 第一阶段（1840—1911 年）——外力冲击为主的城乡加速分离过程

外力冲击为主的城乡加速分离过程，主要表现在以下三个方面。

其一，部分开埠城市成为商业和工业城市。在西方工业化的发展压力下,面对战争的连年失利,中国被迫开放一批沿海城市用于通商,这些城市在对外贸易的发展中,率先走上近代化的道路。贸易的发展,也相应推动了近代工业的变革,工业化渐渐在开放性城市中实施,并带动其他城市的工业化以及商业化的发展。我国的城市逐渐走向以工业和商业为主的近代化道路。

其二,开埠城市周边农村卷入市场经济。随着开埠城市的工商业得到迅速的发展,城市周边农村也遇到了挑战和机遇,农民也进入到商品经济的大潮中,自给自足的自然经济慢慢走向衰败,商品经济得到了快速发展,城乡之间成为市场经济运行中的互相链接的一部分。

其三,城市对农村的经济支配地位逐渐形成。城市与农村联系的深度与广度由于城市工商业的发展也有了一定的扩展,大城市逐渐成为区域社会、经济、文化以及政治的各种要素集中区,城市生产中心和流通中心的地位得以确立,并借助于新式工业、交通运输业、贸易业将其影响辐射到腹地农村。

2. 第二阶段（1911—1949 年）——内外冲击结合导致城乡关系对立统一发展

1911 年,清朝灭亡,中国进入民国。但是即便如此,并没有对中国城乡关系瓦解的趋势起到一个好的扭转作用。这主要是因为以下两个方面:一方面,中国的战乱持续了近 40 年的时间,对社会生产力造成了很大的破坏,使得中国城乡经济也为此遭受重创;另一方面,中国农民长期以来受到双重的掠夺与剥削:除了受到来自外国资本的掠夺与剥削之外,还在很大程度上受到官僚资本、民办资本,甚至是民族资本的掠夺与剥削。

大量资本都将重点集中放在城市,农村为城市提供原料、劳动力,是城市发展的源泉,农村也是工业产品的最大销售市场,因此在这种投资极度偏激的情况下,城乡关系与矛盾也突出表现出来。

城乡差距不断扩大,都市的表面繁荣,广大农村的衰败,因此有经济学家这样评论近代的城乡关系:近代式的若干商业都市和停滞着的广大农村同时存在。

但近代城市与农村间的经济联系得到了逐渐加强。因为对外贸易的扩张,加大了对商品的需求,刺激了投资,增加了较多的就业岗位,又加上城市工商业的发展带动了农民的社会分工,因此城乡之间的交流不断深化,人口流动更加频繁。

(二)城乡关系演进的原因

1.经济社会发展的客观规律使农村自然经济逐渐瓦解从而推动城乡融合发展

封建社会追求高度中央集权和大一统的政治体制,自然经济为主的经济制度,杂糅着儒、佛、道的中国文化,封建宗法制度维系的家庭和社会关系都使得中国市场经济发展极其缓慢,自然经济难以瓦解。

但到了封建社会晚期,即明中期之后,随着生产力的发展和分工的持续深化,全国性的商业贸易网络逐渐形成,金融业等生产性服务业快速发展,在棉纺织、缫丝、金属冶炼等产业中出现了规模较大的工场式生产组织方式,中国市场经济得到了空前的发展(一说资本主义萌芽)。

由此,中国自然经济逐渐瓦解,促进城乡融合的因素出现。虽然中国的经济发展受到外部巨大冲击,但这种经济发展客观规律的力量一直作用在中国半封建和半殖民地经济形态下的整个过程之中。如果这种经济规律的自发力量持续作用下去,中国会自然进入到市场经济形态下,走上资本主义道路。

那么,中国的城市与农村的关系也就会像西方国家的城镇化过程那样,出现一个分离、加速分离再逐步融合的过程,但是外部冲击阻挠了这一自然而然的城乡关系演变进程。

2. 资本主义严重破坏了中国城乡关系的正常发展进程

（1）西方国家工业文明和市场经济的冲击导致中国城乡分离加速

在1840年鸦片战争结束后，西方资本主义国家就正式地对内河航运、口岸设厂、铁路修筑、收购权、开矿权在税收控制和贷款优先等一些权利进行了相关的控制。

也正是在这个时候开始，西方列强的商品和资本逐渐冲击到中国古老的农业文明和自然经济，使得中国几千年来城乡差别甚小的状况开始出现大幅度的变化，在一定程度上加速了城乡之间的分离。

（2）部分发展中国家对中国的城乡关系也造成冲击

原本中国的农产品能够凭借人口红利优势去占据世界市场一席之地，而在受到其他发展中国家的冲击之后，这种优势正在逐渐减弱。尤其是后来中日甲午战争之后，这种情况更为严重：1895年，中国茶叶出口尚有186余万担；但是到了1920年则下降到了31万担。再以日本和中国生丝出口为例，在19世纪70年代，中国生丝占世界份额的41.3%，但是到了19世纪八九十年代，这个比重便下降到35%；而日本的份额则从7.2%上升到19.7%。

3. 洋务运动和民族资本的崛起加速了中国城乡分离

在鸦片战争、西方资本主义国家市场经济、工业文明和资本的侵入、冲击和示范下，国内一批官僚、绅士和富商阶层中的有识之士，利用相应的资金，相继在城市，特别是在一些通商口岸中，创办了一系列涉及工矿、交通运输、金融和商业等多个领域的近代资本主义企业（表1-3）。

表 1-3 19 世纪末部分民族近代企业概况 ①

行业	企业名称	成立年份	所在地
纺织	上海机器织布局	1890	上海
	湖北织布官局	1892	武昌
造纸	上海机器造纸总局	1882	上海
	广州造纸公司	1882	广州
面粉	贻来牟机器磨坊	1878	天津
	福州机器面粉厂	1887	福州
印刷	鸿文书局	1888	上海
	广州机器印刷局	1882	广州
交通通讯	轮船招商局	1872	上海
	电报总局	1882	天津
金融保险	保险招商局	1876	上海
	中国通商银行	1897	上海

具体而言,这些企业一共有两大类,第一类是洋务运动中发展起来的官办企业,第二类则是洋务运动衰落后所发展起来的民族资本企业。经过几十年的发展,我国近代经济部门(包括所有内外资企业)占全国 GDP 的比重已由 1890 年的 0.9% 上升至 1933 年的 5.3%。

各类的军事工业和民用工业企业都积极进行学习并全力引进西方的新式机器设备、科学技术和先进经营管理方法,生产各类商品,提供各式服务。

同时,洋务运动的开展和民族资本的崛起也冲击了中国的传统文化。在城市中,商品经济文化逐渐渗透,小市民文化受到冲击;而在广大农村,自然经济文化受到的冲击极小,小农文化根深蒂固。由此,进一步扩大城乡差距,使得城乡分离趋势明显。

---

① 汪敬虞. 近代中国资本主义的总体考察和个案辨析 [M]. 北京: 中国社会科学出版社, 2004: 16 ~ 60.

三、计划经济形态下的城乡关系演进（1949—1978 年）

（一）城乡关系演进的过程

1. 第一阶段（1949—1952 年）——城乡融合的新型城乡关系初步建立

一是恢复和发展农村商品经济。在这一阶段，国营商业和供销合作社基本形成完整体系，几乎掌握流通领域中的大部分重要物资；对于集市贸易予以一定程度的发展，积极开展城乡之间的物资交流；积极恢复损坏交通运输设施；严格控制资本家的一些非法商业活动。

二是制定合理的农副产品与工业产品价格，处理好两者的比价关系。关于农副产品的具体价格，分别在 1951 年 11 月、1952 年 2 月、9 月和 12 月进行了四次提高。由此，在一定程度上使工农业产品价格存在的"剪刀差"现象得以缩小。实施以上两项措施，获得了非常可观的效果，有效扭转了长期以来形成的城乡对立、"农村包围城市"的格局。

2. 第二阶段（1953—1957 年）——城乡融合的新型城乡关系不断发展

"一五"时期，国家在整体上进行了规划，有计划地建设了大规模的工业，与此同时，还对部分城市进行了新建、扩建。实际来说，有计划、大规模的扩建城市是有一定的益处的。因为，这样一来，无异于是在原有基础上增加了城市的就业岗位，容纳了一定的自由流动人口，使得大量的农村人口进入城市成为可能。

3. 第三阶段（1958—1978 年）——城乡关系在曲折中发展并逐步僵化

1958 年 5 月，党的八大二次会议通过了"鼓足干劲、力争上游、多快好省地建设社会主义"的总路线，在突破常规、打破原有的平衡的状态下,也就不可避免地致使错误指导思想迅速反映在城乡关系的相应实践中。为了能够有效地把我国农村贫穷落后的面貌予以实质性的改变,进一步使得农业的生产力有所提高,加快农村社会主义建设的前进步伐是必不可少的,于是党和国家发动了相关的运动。

但由于相关运动严重违背了生产力发展规律和生产力与生产关系相适应的法则,就使得国民经济在 1959—1961 年间出现重重困难,国民经济比例完全处于失调的状态。由于整整维持了三年的困难时期,使得全国人口非正常减少 3000 万人。

面对长达三年的困难时期所接二连三出现的极端严峻的局面,国家及时调整政策,实行了"调整、巩固、充实、提高"的国民经济八字调整方针,这使城乡之间的紧张状况得到了一定程度的改善。

但是,到了 1966 年,城乡关系再次遭到严重的破坏,在 1966—1978 年间,我国工业和农业、城市和农村之间的发展都不是很协调,由于国家对农村劳动力的流动严加控制,农村剩余劳动力出现大量滞留的现象。

（二）城乡关系演进的原因

1. 工农业产品不等价交换制度导致长期以来城市对农村的合法剥削

国家在实施第一个五年计划之后,为了积极支持重工业的深度发展,对于扭曲工农业产品相对价格和交换关系的政策进行了采用,之所以这么做是为了能使工业品价格有所提高的同时,进一步对农产品价格进行压低,从而人为制造不利于农业发展的贸易条件。

2. 粮食等重要物资的统购统销制度加剧城乡分离

长期以来实施的工农业产品的剪刀差,使得农民始终在交换中处于一种弱势地位,不平等的交换环境,为了保护自己的剩余索取权,在博弈过程中,他们开始采取惜售粮食的策略,然而这种消极的方式使日益紧张的粮食供求矛盾开始激化,严重影响了工业化建设的进程。

于是,政务院为了能够及时解决这种迫切的危机,在1953年11月,通过《统购统销命令》明确规定,"生产粮食的农民应按国家规定的收购粮种、收购价格和计划收购的分配数量将余粮售给国家"。随后又发布了一系列的相关文件和法规,进一步完善了以粮食为主的统购统销制度。

3. 户籍制度使得城乡差距和城乡分割局面被锁死

为了能够进一步保证有足够的劳动力从事农业生产,以及城市相对充沛和高水平的生活资料和公共服务的有限供给不被过多的人分享,在实行工农业产品不等价交换、统购统销、农业合作化制度的同时,必须对农村的人口向城市的流动进行合理地控制。

国家从20世纪50年代初开始,就陆续地采取了严格禁止企业单位从农村招工、把进城农民遣送原籍、在城市建立收容机构等强制性措施,以对农民向城市的自由迁移进行控制。

20世纪50年代后期,户籍管理制度体系建立,从体制、政策到各项管理制度等方面都极为严格地限制了农村人口随意流入城市,把城乡间人口的迁徙直接纳入国家的控制之下。这一制度的建立,对于计划经济时代城乡政策制定中的城市倾向特征进行了一个集中反映。

四、市场经济形态下的城乡关系演进（1978年至今）

（一）城乡关系演进的过程

1. 第一阶段（1978—2002年）——"前改革时代"城乡关系起伏明显并逐渐出现分离

（1）城乡居民收入差距持续扩大

2002年,城镇居民人均可支配收入达到7 703元,比1984年增长 11.7 倍；农民人均纯收入为 2 476 元，比 1984 年增长 6 倍，城乡居民收入之比扩大为 3.11∶1,而如果考虑到城乡居民在社会保障与社会福利等方面的差距,二者的收入之比可能达到 7∶1[①]。

（2）农民负担持续加重

农民负担持续加重主要表现为农民收入增长在逐渐变得缓慢的同时,党提出"三提五统"政策,是指村级三项提留和五项乡统筹。村提留是村级集体经济组织按规定从农民生产收入中提取的用于村一级维持或扩大再生产、兴办公益事业和日常管理开支费用的总称。包括三项,即公积金、公益金和管理费。乡统筹费,是指乡（镇）合作经济组织依法向所属单位（包括乡镇、村办企业、联户企业）和农户收取的,用于乡村两级办学（即农村教育事业费附加）、计划生育、优抚、民兵训练、修建乡村道路等民办公助事业的款项。这些政策让农民负担更加加重,在某些地区某些年份,一些农民的收入甚至无法负担上述的提留款和统筹金。而城镇居民却无需缴纳。

从一定程度上看,工农业剪刀差依然没有得到一个乐观的解决,并且农药、化肥等农业生产资料的价格在不断提高,粮食成本不断增加,但是粮食价格却始终持续一种低迷状态,工农业产品的比价不合理,也是促使农民负担一直加重的原因。

（3）城市化过程中农地问题突出

不规范的征用土地,不对等的土地补偿等社会现象,促使失去土地的农民没有生活保障,于是出现了"种田无地、上班无岗、低保无份"的"三无"失地农民。

（4）失地农民风险增大

农民工由于长期被禁锢在土地上,他们接受教育的水平较低,就导致在失地后的就业机会较少,就业档次较低,劳动待遇较差,社会保障水平较低等问题,其与城市居民还在方面有着本质区别。

---

① 夏永祥.改革开放 30 年来我国城乡关系的演变与思考[J].苏州大学学报,2008（6）:18-20.

就像农村和城市存在差别一样,相对应的农民工和城市的居民相比较而言,不论是在身份地位、教育水平、就业机会方面,还是在劳动待遇、社会保障和参政议政等方面,所具有的差距也不小,这主要是因为资源和权利在分配过程中没有达到一种平衡的状态,因而造成了严重的不公平性,由此使得城乡居民及其后代生活状况与发展空间的巨大差异。

2. 第二阶段(2003 年至今)——"后改革时代"城乡关系开始进入一个统筹城乡时代

面对"前改革时代"城乡关系中所出现的一些严重性问题,党和国家领导集体重新认识了城乡的关系。中共十七届三中全会在 2008 年 10 月通过了《中共中央关于推进农村改革发展若干重大问题的决定》,对农村改革的相关发展作出了新的战略部署。该决定明确提出,逐步实现农民工劳动报酬、子女就学、公共卫生、住房租购等与城镇居民享有同等待遇等,并到 2020 年基本建立城乡经济社会发展一体化的体制机制。

在后改革时代进行具体的实践过程中,国家在科学发展观指导下,采取了一系列明确的政策措施加大对农业农村的投入和补贴,将农民作为根本保障和改善民生的重点,大力地促进农民收入的增长。

(二)城乡关系演进的原因

1. 统筹城乡的政策促进城乡融合发展

(1)"两个趋向"的论断奠定新型城乡关系基调

据相关数据统计,2003 年,中国人均 GDP 已超过 1 000 美元,农业占 GDP 的比重已降至 15% 以内,工农业产值比重已超过 3:1,这些指标均达到或超过了工业反哺农业起步阶段的国际参照值,进一步表明我国已初步具备了工业反哺农业的实力。

2004 年 10 月,胡锦涛在中共十六届四中全会上对城乡关系作出了全新的阐释:"综观一些工业化国家发展的历程,在工业化初始阶段,农业支持工业、为工业提供积累是带有普遍性的趋向;但在工业化达到相当程度以后,工业反哺农业、城市支持农村,实现工业与农业、城市与农村的协调发展,也是带有普遍性的趋向。"

"两个趋向"预示着我国未来城乡结构将会发生根本性的转变。中共十七届三中全会通过的《中共中央关于推进农村改革发展若干重大问题的决定》,指出我国总体上已进入以工促农、以城带乡的发展阶段,进入加快改造传统农业、走中国特色农业现代化道路的关键时刻,进入着力破除城乡二元结构、形成城乡经济社会发展一体化新格局的重要时期。把新农村建设提上日程,统筹城乡发展。

（3）农村土地承包经营权流转逐渐放开

1995年3月,《国务院批转农业部关于稳定和完善土地承包关系意见的通知》明确提出,"建立土地承包经营权流转机制,在坚持土地集体所有权和不改变土地农业用途的前提下,经发包方同意,允许承包方在承包期内,对承包标的依法转包、转让、互换、入股"[①]。

2005年11月,农业部颁布的《农村土地承包经营权流转管理办法》对土地承包经营权流转进行了具体规定。2008年中国共产党十七届三中全会通过的《中共中央关于推进农村改革发展若干重大问题的决定》进一步明确提出,"加强土地承包经营权流转管理和服务,建立健全土地承包经营权流转市场,按照依法自愿有偿原则,允许农民以转包、出租、互换、转让、股份合作等形式流转土地承包经营权,发展多种形式的适度规模经营"。

（4）对农村公共服务的不断投入减小城乡之间的差距

2003年1月,国务院有针对性地发出的《关于建立新型农村合作医疗制度的意见》面向各级政府,对农村医疗卫生事业的详细承担更大的责任,做了整体详细的明确规定,这在一定意义上

---

① 国务院批转农业部关于稳定和完善土地承包关系意见的通知[EB/OL].http://www.mohurd.gov.cn/wjfb/200611/t20061101_155422.html.

来说,无异于是突破了农村卫生医疗"民办、公助"的传统模式。

2005 年年底,国务院发出的《关于深化农村义务教育经费保障机制改革的通知》规定:"全部免除农村义务教育阶段学生学杂费,继续对贫困家庭学生免费提供教科书并补助寄宿生生活费",将农村义务教育全面纳入国家财政的保障之内。

2. 改革的累积效应和城市利益集团的影响进一步使城乡差距扩大

进入"后改革时代",城乡统筹发展受到来自国家的更多关注。但由于"级差式"发展方式、"分离化"改革措施的累积效应和城市既得利益集团的影响,城市偏向的政策想要一时作出改变并不是一件易事,这必然会造成城乡之间出现差距,在短期内难以填平。

在这四十年的改革与不断地累积过程中,城市所具有的优势也在逐渐地增加,不仅如此,城市的投资效益与生活舒适度也在整体上得到一定的提高,由此可见,城市偏向的政策转变想要进一步使城市偏向的具体行为有所转变并不是容易的一件事。

关于我国的城乡关系,在采取进行深化的改革措施过程中,一旦在某种程度上把城市居民的相对福利进行一定的降低时,就会触及城市的利益集团,他们会因此对政府施加一定的压力,以迫使政府对相关政策进行调整,或者对利益均等化改革进行一定程度的抵制,或者将农民从改革所获得的利益群体中排除出去。

第三节　我国城乡一体化面临的机遇和挑战

一、城乡一体化的条件机遇

(一)农业劳动生产率逐渐提高

提高农业的劳动生产率,必须减少农民的数量,使我国超小规模的农业生产变成"适度规模经营"。城镇化能够把富余的劳动力转移出去,通过减少农民而富裕农民。但是,减少农业劳动力只是一个先决条件,真正实现农业劳动生产率的提高,还必须实现农业现代化。搞好农业生产,毛主席当年概括出"八字宪法":水、肥、土、种、密、保、工、管。农业现代化,首先必须是这八个方面的现代化。

农业劳动生产率逐渐提高,实际上需要从三个方面努力。一是国家和政府。农田基本建设,特别是农田水利基本建设,没有国家和政府的投入和组织是不行的。二是农业服务体系。现代化农业不是"万事不求人"的农业,而是社会化农业,必须靠完善的机械、科技、植保等方面的服务机构提供优质服务,才能顺利运行。三是农民和农户自身。它要求农民自身的努力、资本的积累和素质的提高。

（二）建立健全联结城乡的产业链

城乡产业一体化是城乡一体化的基础。建立连接城乡产业的产业链,形成城乡产业融合的市场机制。通过农业产业化,使农业运营机制和市场经济接轨。农业的问题不仅是生产问题,还是经营问题。传统农业是自给自足的自然经济,无经营可言,不是近现代意义上的"产业"。"农业产业化"的核心"把千家万户的农民和千变万化的市场相衔接。"让农民富起来的基本途径是把农民引入市场,而要使一家一户的小船不致被市场的海洋所吞没,就要靠"农业产业化"这艘大船。

跨越城乡的商业网络的建设也很重要。通过这样的商业网络,农村的产品可以更畅通地进城,城市的产品可以更畅通地下乡。减少环节,降低成本,城乡居民和企业都获益。其中,以县城为中心建立这样的商业网络尤为可行和重要。

总的来说,依托市场机制建立产业链,农民和龙头企业成为利益共同体、龙身在农村,龙头在城镇。城镇越发达,农村越发达。通过连接城乡的商业网络,城乡一体化将具有经济基础。

（三）创建与市场经济接轨的农村经济体制

我国农村的经济体制经过几番变化，改革开放以后，实行了包产到户，仍存在着土地规模过小，难以与市场接轨的问题。规模背后是经济体制问题，集中表现为一点，即缺少能够与市场经济接轨的经济实体或经济法人。各地为了解决这个问题，都有一些创造和创新。但总体来说，我国农村的经济体制仍然缺乏统一的理论和制度指导下的规范，大部分地区、大部分农村仍然处于自发和无序的状态。这是在实现城乡一体化过程中亟须解决的问题。这就需要创建和市场经济接轨的农村经济体制。

（四）基础设施得到改善，城乡联系越来越便利

能源、通信、交通等方面的基础设施改善，能使城乡之间在物流、人流、信息流等方面的联系和交往畅通。由于互联网的广泛应用，信息流的问题比较容易解决。但是在能源供应和道路交通方面，还有许多工作要做。物流不仅是物质运输问题，还有畅通的市场机制问题。从日本的经验看，它的城镇化后半程，铁路和港口的投资比重持续下滑，但公路投资所占比仍然增长。我国是一个幅员辽阔的国家，联结城乡的公路建设将是一个巨大的工程。公路在实现城乡一体化中有着重要作用。

（五）城乡居民收入差距缩小，实际生活水平逐渐接近

目前来看，我国城市居民可支配收入与农民纯收入之比在3∶1以上，应该逐步缩小两者之间的差距。当然，考虑到农村生活开支比城镇要低，也不定完全拉平，但实际生活水平应该接近。

农村家庭收入的提高，并非全靠农业的收入。随着城乡一体化水平的提高，越来越多的农民离土不离乡地从事非农产业，农村越来越多地在当地经营非农产业，农民的非农收入还会增加，农民的收入增长存在一个很大的空间。从全国来看，区域之间的

差别,可能会超过城乡之间的差别,发达地区的农村居民的收入水平可能高于欠发达地区的城市居民的收入水平。在珠江三角洲地区,有许多农村盖了大量厂房,租借给企业使用,农民可以获得稳定的、数额颇大的租金收入,同时还从事农业和非农产业的经营,他们的收入比在工厂做工的工人还多。所以,那里的农村户口比城市户口还值钱。从全国看,这当然还是一个特例,但城乡一体化将会为农民增加收入开辟新的途径则是很显然的。

（六）逐步建立覆盖城乡居民基本同等水平的公共服务体系

以城乡不同户籍划分的不均等的公共服务体系,是目前城乡二元结构的重要标志。实现城乡公共服务均等化是实现城乡一体化的重要内容。建立能够覆盖全国城乡和不同区域的均等化的公共服务体系,应该是我们最终的目标。没有人为限制的劳动力流动和居民流动,将为国家、社会和居民带来巨大的红利。有一部分人口在城乡之间双向流动,对人口城镇化有重要的调节作用。如果农民工在城里干不好,农村又回不去,成为城市游民甚至城市贫民,并不是好事。经济发展都是有波澜起伏的,当城镇里的劳动力需求下降的时候,劳动力能够从城镇回流到农村,对经济全局是有利的。

人口自由流动是城镇化成熟的表现。从城镇化角度看,似乎从农业到非农的人口流动是"正向",从城镇到农村是"逆向",但"正向"的主流,并不否定"逆向"的调节。城镇化最终应该建立全国统城乡公共服务体系,为人口的自由流动创造条件。

（七）建设各具特色和优势的城乡环境和城乡生活

"城乡一体化"不是"城乡一样化"。而是在承认和发展城乡各自环境和生活的特色和优势的前提下,求得城乡各具特色,才是理想的"一体化"。

必须看到农村在环境上的优势,切不可按照城镇的模式改造农村,把农村变成不伦不类的样子,这就是有人批评的"农村不像农村,城镇不像城镇",或者"农村像城市,城市像农村"。一定要注意发挥农村在环境上的优势。现在城里的有钱人到农村去买别墅,要的就是环境。如果农村的环境优势在城镇化中消失了,那将是巨大的损失。

农村和小城镇保留着许多传统文化和地域特色,不要让它在我们手中被摧毁或消失。这些都是不可复制的民族和国家的遗产,不仅历史价值、文化价值不可估量,经济价值也很高。如果没有保存得很好的乌镇,如果没有保存得很好的丽江古城,这些地方的旅游事业无从谈起。更重要的是,中华民族的历史和文化不能因城镇化而中断。所以,在进行城镇化的时候,第一个要做的工作,不是确认哪些地方可以拆,而是确认哪些地方不可以拆。这方面的教训,已经足够多和足够沉痛。

从未来发展来看,在太阳能等新能源普遍使用的情况下,当许多交通已经把各个地方紧密地连在一起的时候,当信息网络已经覆盖城乡的时候,大城市享有的优势小城镇都几乎可以同样享受的时候,而农村和小城镇接近大自然,拥有宽敞、宁静、方便的环境优势,还有那些可以洞观历史的传统风貌,就成其独占优势了。

农村的生活方式也不要简单地向城市靠近。要注意保留农村更依靠自然的生活方式。我国人均资源比较短缺,城市生活耗费更多的资源,而农村人的生活却要节省得多。农村的生活更接近自然生态的生活。富裕起来的农民不要照搬市民的生活方式,而是让更多的市民羡慕农民的生活方式,至少愿意体验农民的生活方式。

二、我国城乡一体化面临的挑战

彻底破除二元结构,推进城乡发展一体化,是中国从中等收入国家迈入高收入国家行列,避免落入"中等收入陷阱"的必然选择。当前,推进城乡发展一体化面临着以下几方面挑战。

（一）二元结构体制机制带来的挑战

推进城乡发展一体化既是发展方式的转变，也是发展利益格局的调整，既是新利益分配关系的建立，也是原有利益关系的破除，因此必然面临着二元结构体制机制障碍，会受到二元结构体制下的既得利益各方的抵制。例如，在调整工农和城乡发展关系上，增加农业固定资产投入，促进农业生产增产和农民增收，对工业固定资产投入会产生一定影响，因而使工业和城镇发展利益受到一定程度影响，会受到来自工业和城镇相关利益方不同程度的抵制。再如，开放城镇大门，让农村居民进城，也同样会受到城镇相关利益方的抵制，使进城农民在就业、社会保障、养老、子女上学等方面遇到重重困难。最突出的表现就是进城农民工子女上学，受到来自城镇居民子女家长的抵制，很难进入优质公立学校读书。类似的情况还突出表现在城乡居民收入分配关系调整、城乡居民社会养老保障和最低生活保障标准接轨等方面。体制机制是发展的基础和保障，二元结构在经济发展、要素流动、就业、社会保障、基础设施建设、国民收入分配等方面形成的体制机制，以及造成的城乡壁垒，必须坚决破除，否则就不可能推进城乡发展一体化，更不可能实现城乡发展一体化。

（二）传统观念带来的挑战

虽然中国改革开放已有 40 余年，但传统的二元结构观念和意识依然根深蒂固，并严重影响着当前中国经济社会发展。主要表现在：一是片面追求 GDP 增长的观念根深蒂固。一些地方还存在着经济发展高于一切、重城轻乡、片面追求 GDP 增长的观念，忽视工农业之间的协调发展，忽视经济与社会之间的协调发展，忽视生产与生态之间的协调发展，忽视城市与农村之间的协调发展，造成工农业、城乡、经济与社会、生产与生态发展失衡；二是先发展后协调观念根深蒂固。这种观念源于刘易斯的二元经济模型,认为工农业和城乡由失衡走向协调发展,是发展的普遍现象,中国的发展也不例外地应当经历这样的发展过程。这样,在经济社会发展实践中,自然就产生了工业部门和城市优先发展的认识,并自觉和不自觉地以工业和城市发展为主,实行工业和城市偏向的政策,而忽视农业和农村发展。推进城乡发展一体化,必须首先转变传统的二元结构观念障碍。

（三）机构设置与管理带来的挑战

在推进城乡发展一体化过程中,除了遇到观念、体制机制、法律法规和政策障碍外,还受到政府机构设置和运行管理不能适应城乡发展一体化要求的障碍。目前政府机构设置和运行管理模式,基本上都是在二元结构体制下形成,并经过很长时间运行和不断完善的结果。因此,政府机构设置和运行管理本身带有很强的二元结构特征。例如,按城乡设置机构,以城乡为划分标准制定政府机构职能,并实行管理。尽管在改革推动下有些城乡分设的机构实现了城乡合并,表面上看实现了机构统一设置,其实并没有在职能和管理运行上实现真正合并,城市与农村依然沿用二元结构体制下的运行管理方式,城市管理部门管城市的事情,农村管理部门管农村的事情,城乡界限依然比较清晰,使城乡发展一体化方面的具体事情无法落实,由此产生了"有事没人管,有人不管事"的现象。例如,目前沿用的仍然是城乡两种社会保障管理办法和标准、两种医疗保障管理办法和标准等。机构设置和运行管理方式主要由体制机制决定,因此,解决机构设置与运行管理障碍,需要彻底解决其赖以存在和发挥作用的二元结构体制机制基础。

（四）法律法规和政策带来的挑战

二元结构之所以能够产生如此巨大的作用,甚至在社会主义市场经济体制初步建立起来的今天,依然在发挥作用,很重要的原因就在于过去支撑二元结构形成的有关条例、法律法规和政策,依然没有修改和彻底废止。这些条例、法律法规和政策在市场准入、机构设置、管理运行等方面的作用空间虽然受到很大压缩,运行效率大不如前,但因为这些条例、法律法规和政策没有给予明确废止,所以对当前城乡发展一体化还在产生影响。例如,现行二元户籍管理制度,不仅阻碍了城乡人员流动,而且还是城乡居民各种福利待遇差距扩大的基础。再如,在现行法律法规下,中国实行的是城乡分割的土地占有制度,农村是集体所有成员共有的土地占有和使用制度,城市是国家全体成员共有的土地占有和使用制度,同时规定只有国有土地才能进入土地一级市场进行买卖,农村集体土地不能直接进入土地一级市场买卖。农村集体土地只有先变更为国有土地之后,才能进入土地一级市场买卖,这样就产生了同地不同权、不同价的现象。推动集体建设用地直接进入土地一级市场,实现同地、同权、同价,是切实保护农村集体组织和农民土地合法权益,把农民财产权落到实处,保障农民土地财产用益物权的根本举措。推动城乡发展一体化,需要对现有的法律法规进行清理、补充和完善,对不符合城乡发展一体化要求的法律法规,该废止就废止,需要完善的就根据发展需要进行完善,该建立的就建立,以便为城乡发展一体化创造一个良好的法制环境。

第二章　城乡一体化发展理论
基础与发展经验借鉴

纵观人类社会的发展历史不难看出,建设城乡一体化有助于平衡产业结构,缩小城市与农村之间的差距,从整体上实现现代化。十七届三中全会强调,我国经济已经发展到一定阶段,应该逐步进入富裕带动贫困、城市带动农村的发展模式,将先进技术引入到农业之中,加快实现农业的现代化,使我国走向有中国特色的农业现代化道路。城乡一体化发展是我国经济社会发展的新问题和新趋向,在理论和制度的研究中,都要加大力度,以保证我国城乡一体化建设持续健康的发展。

第一节　城乡一体化发展的理论基础

一、城乡发展一体化的理论来源

城乡发展一体化的理论来源较为宽泛,古希腊经典、古典经济学、空想社会主义、马克思主义经济学以及当代西方经济学中均有与城乡关系相关的理论阐述。

（一）古希腊经典

纵观人类发展的历史,城市一般是从乡村进化而来,如早期城市雅典。经过提修斯改革之后,雅典逐渐发展成为初具政治、经济、宗教功能的城市。雅典城市产生之后,城市与乡村更多的是军事上互动的攻守空间。经济方面,雅典城市与乡村存在一定的市场交换,以此互通余缺使双方可以维持基本的经济社会运转。城市在提供商品和服务的同时,也为城乡商品交易和社会服务提供了比以前更加便利的市场和环境。

1. 色诺芬关于城乡发展的观点

色诺芬在其著作《经济论》和《雅典的收入》之中,体现了其经济思想和主张。色诺芬的主要经济观点是:第一,色诺芬认为农业在经济部门中地位最高,土地是所有财富中最重要最可靠的资源。他将城市经济活动与乡村经济活动区分开来,城市的消费是建立在以农业生产和乡村对城市资源的供给基础之上的;第二,色诺芬在其著作中,充分表达了自己对工商业的鄙视和厌恶,认为这些不过是"所谓粗俗的技艺,会伤害公民的身体和精神"。但在另一方面,他又觉得发展城邦的工商业是必要的。在《雅典的收入》一书中,色诺芬集中表达了他的重商思想,认为发展城邦的工商是必要的,因为这能解决城邦平民贫困问题。这种矛盾思想之所以会集中在色诺芬一人身上,主要取决于当时的经济发展状况,以及色诺芬本人的政治立场。色诺芬是最早从分工视角来论述城乡差别的,尽管还很肤浅,但是其论述的合理性是不容置疑并有一定价值的。

2. 亚里士多德关于城乡关系的论述

亚里士多德关于城乡关系的论述主要体现在对德莫(Demoe)的描述中。亚里士多德把德莫看作邦内居民,是"自由而贫穷,同时又为邦内多数的人们"。他界定城市是城邦的中心区,乡村是城邦中的其他地域。与色诺芬相比,亚里士多德并没有专门的经济类著作描述城乡关系,不过德莫是"浓缩的城乡关系的自治单位,Demoe 所蕴含的政治、经济、宗教等诸多功能,正是深入研究古典时期雅典城乡关系的基础"[1]。

---

① 解光云.多维视域下的古典雅典城乡关系[M].合肥:安徽人民出版社,2007:11.

（二）古典经济学

1. 重农学派的观点

鲍泰罗是意大利重商主义时期的人口思想家,研究领域很广,涉及宗教、国家、政治、经济和人口问题。当时意大利各大城市经济社会发展几乎停滞,鲍泰罗为找出瓶颈,从农业生产和城市发展的关系进行了重点研究,最后得出结论为农产品剩余是城市存在的基础。这一结论为后来城市化研究提供了一个重要前提。

冯·杜能是经济地理学和农业地理学的创始人。早期的理论家多强调城乡关联发展,在经济学和经济地理学萌芽时期,城乡关系系统性的研究方法和理论就已经形成。在经济地理学中,杜能树立了城乡联系研究的一个典范。在《孤立国同农业和国民经济的关系》一书中,杜能系统阐述了围绕农产品消费中心(城市)与农产品生产地(农村)之间的布局关联,以及围绕城市的农业土地经营种类、经营强度以及应当如何安排土地利用的空间结构问题。

杜能在研究中提出了一系列经济社会假设条件,如他提出"孤立国"的前提条件是只有一个城市,且该城市位于"孤立国"中央位置,由城市供给农村所需产品等。在这些前提假设下,杜能建立了"孤立国"理论。该理论提出城市和农村的发展是紧密联系在一起的,以城市为中心,在生产布局上形成许多有规则的、界限清晰的同心境圈,每个境圈都有自己的代表性产品,配套有独立的耕种制度。在工业布局方面,杜能认为将工业全集中在大城市并不是最好的,更不能把所有的工厂都集中在首都中心,而应以城市为中心进行全境的生产布局,提出要根据产品的性质决定生产圈,交通运输费用较高的产品应规划在城市近郊生产,不易保存的鲜货也宜安排在近郊生产。杜能把生产费用最小和销售价格最低看成生产布局的最高原则,既要考虑接近消费地,还必须考虑接近原料产地。区位理论为更合理的配置城市郊区(腹地)的产业、提高土地的利用程度,使之更好地为城市服务,进而促进城乡一体化提供了有价值的理论基础。

2. 古典政治经济学的观点

(1)亚当·斯密的观点

亚当·斯密在《国富论》中比较详细而系统地对城乡理论进行了阐述和解析,在英国历史发展经验的基础上,他总结了城乡发展所遵循的规律,研究了各种外部因素对城乡发展所产生的影响。《国富论》指出,"农业上劳动力的增进,总跟不上制造业上劳动力增进的主要原因,也许就是农业不能采用完全的分工制度"[①]。这一认识开启了工农业二元经济思想。另一方面,斯密还切换视角,从社会分工方面研究了城乡方面的相关理论,具体来说,他的理论主要包括四点。

第一,城镇出现于分工之后。斯密对古典经济学所做的一大贡献便是创造了分工这一经济学概念。他认为因为分工现象才出现了城市,继而演化出城乡关系这一理论。"没有工匠的帮助,农耕必大感不便,且会时作时辍。"工匠成为农民进行农业的不可分割的一个群体,工匠们在某一个区域集聚起来,就逐渐形成了小镇。接下来,小镇规模不断扩大,其他工匠逐渐集聚进来,零售商人逐渐加入进来。于是,小城市渐渐形成了[②]。斯密认为,城市和农村之间是互相交换农作物和制造品的关系。在这一交换市场中,市民和农民之间是平等互利的。

第二,城乡市场之间是平等互利的。斯密认为,城市的性质决定其离不开农村的产品供应、例如必然要与农村互通商品的,农村提供基本生活资料和原材料,城市提供生产资料和日常生活用品,两者互通有无,互相受益。

---

① (英)亚当·斯密著.国富论[M].郭大力,王亚南译.北京:商务印书馆,2014:14.
② (英)亚当·斯密著.国富论[M].郭大力,王亚南译.北京:商务印书馆,2014:348.

第三,城市产业的集聚会提高生产效率。斯密认为农业是各产业的基础,强调"按照事物的自然趋势,进步社会的资本,首先是大部分投在农业上,其次投在工业上,最后投在国外贸易上"①。与此同时,他强调都市产业提高了效率,促进了产业聚集,扩大了就业容量,促进了封建领主特权的废除。

第四,城乡关系互动表现为工商业对农村的改良。在斯密看来,城乡的最终协调发展,是市场力量自发推动的结果。城乡的最终协调发展需要经过很长的历史时期。斯密提出了三种改进措施:一是为农村的原生产物提供一个大且方便的市场,以促进农村的开发改进;二是都市居民用赚取的财富购买闲置的土地,可以比农民更主动更投入地进行土地改良;三是工商业的发展改变了农村居民与其邻人的战争和对上司的依附状态,"使他们有秩序,有好政府,有个人的安全和自由"②。

（2）大卫·李嘉图的观点

大卫·李嘉图从劳动价值理论和分配理论的角度全面阐述了农业部门在经济中占统治地位的社会里的资本积累问题。他认为,要实现财富增加一定要扩大资本积累。他关于农业资本积累的论述对解释城乡收入差距的形成有重要意义。李嘉图提出社会发展的方向是收益稳步增加的工业,所以以农业为生的农村其结局注定是衰落。

（三）空想社会主义者

1. 对当时城乡关系状况及存在的问题进行批判

以揭露资本主义本质和构想未来社会为目的的空想社会主义者圣西门、傅立叶和欧文等对城乡一体化理论进行了探索。

夏尔·傅立叶认为城市和乡村的本质区别是工业和农业,理

① （英）亚当·斯密著.国富论[M].郭大力,王亚南译.北京:商务印书馆,2014:350.
② （英）亚当·斯密著.国富论[M].郭大力,王亚南译.北京:商务印书馆,2014:373-389.

想社会中没有工农差别和城乡对立。但是实际上,城市主宰着农村,两者地位并不平等。傅立叶认为,城乡工农结合可以组成"法郎吉",进一步实现自由劳动,消除城乡差别、工农差别等。欧文认为,"工业城市是贫穷、邪恶、犯罪和苦难的渊薮;而所筹划的新村将是富裕、睿智、率性和幸福的园地",主张用"理性的社会制度",即共产主义制度来代替资本主义制度。圣西门提出,"社会是一座巨大的、复杂的工厂……一个阶级由从属于农业劳动的人构成,另一个阶级由受雇于工厂和国家的人构成……他们是社会组织体系中的平等成员"。这种城乡产业、城乡人民和全体社会成员都平等的理想主义社会,批判了当时社会中的阶级矛盾,特别是城市和乡村相对立的局面。

2. 对未来城乡关系的设想

在莫尔对未来的设想中,"住在同一地点和同一教区的人,同一城市、同一乡镇、同一教区的全体男女,应该构成一个大家庭。彼此都以兄弟姊妹看待,互助互爱。公社之间应该互相结盟,保持和平协调,互相援助。"针对资本主义的"文明制度",夏尔·傅立叶作出了更深层次的批判,其详尽描绘了理想社会的未来模样,成为城乡一体化思想最早最系统的论述。罗伯特·欧文批判资本主义制度,并创造出了改造社会的一整套计划。他提出用共产主义制度来取代资本主义制度,财产公有,共同幸福,人人平等,建立共产主义"新村"。在城乡关系上,"这种大小的新村(周围有距属相当的同类新村)能够兼备城市住宅和乡村住宅现有的一切优点,同时又毫无这两种社会所必然具有的无数不便与弊端"①。欧文将新村公社作为理想社会的基础,认为其是人类社会整个组织的基石。

总之,这些构想与历史发展阶段并不相符,其实验也均宣告失败,但他们提出了如何将城市发展作为与农村协调的一个经济系统单元,使工业生产与农业发展相协调这一核心问题。

---

① 欧文选集(第2卷)[C].北京:商务印书馆,1981:119.

（四）马克思主义经济学

马克思主义经济学家关注城乡关系，借鉴了空想社会主义理论中消除城乡之间对立态度的有关思想，经过比较城市发展过程中的本质变化，追溯城乡关系的发展轨迹和历史，马克思主义经济学家认为出现城乡矛盾与冲突的最根本原因是资本主义制度的建立，只有解决了城乡矛盾才能真正实现共产主义。

1. 马克思、恩格斯的观点

马克思解析了城乡之间的关系。在资本主义工业化大发展的背景下，城乡之间的区别越来越大，生产和生活方式之间逐渐出现了差异。马克思着重说明农村是人类社会得以生存和发展的基础，农产品为人类解决了最根本的温饱问题。城市在社会系统中处于最中心，其中汇聚了人类最顶尖的政治和文化文明，是推动整个社会向前不断发展的枢纽力量。

（1）农村：基础地位

农村是人类生存和发展的基础。马克思认为："农业劳动的这种自然生产率是一切剩余劳动的基础，因为一切劳动首先而且最初是以占有和生产食物为目的的"。农业是农村的命脉，没有农业人类无法获取最基本的食物和生产资料，所以从这一方面来讲，农村的地位是不可动摇的。也正是因为农业生产的存在，使得一部分人可以解放出来去从事其他的工作，这样就出现了社会分工。社会分工之后，新的生产活动开始为社会创造其他各种形式的价值和财富。因此马克思说："农业劳动是其他一切劳动得以独立存在的自然基础和前提"。所以，农村这一基础地位是不可动摇的。

（2）城市：中心地位

城市是社会系统的中心。伴随着资本主义工业化发展，城市中逐渐汇集了丰富多样的生产要素。人员和资本源源不断地流向城市，城市中的政治、经济、文化等各种要素越来越丰富，逐渐成为人类社会生存和发展的中心。马克思指出:"资产阶级使农村屈服于城市的统治。它创立了巨大城市,使城市人口比农村人口大大增加起来,因而使很大一部分居民脱离了农村的愚昧状态"。马克思意识到工业革命的出现,使得伦敦汇集了巨大的人口规模,这一集聚效应能够很大程度地推动城市的进步和发展。巨大的人口规模使工业化发展具备了丰富的劳动力资源,使得工厂能够开展大规模生产,从而大大地推动了工业体系的完善和发展。城市中逐渐出现了铁路、公路,交通设施越来越快速和便捷,进一步为经济发展创造了有利的条件。大规模的人口效应,丰富了工人队伍,促进了工人之间的相互竞争,最终使得工人队伍的整体素质不断提升。同时,因为城市的快速发展,农村也在其带动下逐渐发展起来,最终使得城市成为整个社会发展的枢纽和中心。

2. 斯大林的城乡结合发展理论

(1)"生产条件上的平等"是城乡对立消除的基本条件

斯大林意识到城市和农村、工业和农业之间存在的关系。他主张,城市和农村都达到了现代化,工业和农业都实现了社会化,整个社会的经济才可以实现均衡地高速增长。在斯大林时期,城乡之间、工农业之间存在着阶级割裂,并且两者之间的经济发展出现了严重失衡的现象,这一形势极有可能引起城市之间、工农之间阶级关系的恶化甚至破裂。而想解决这一棘手局面,就必须将更加先进的生产技术引入到农村与农业生产活动之中。在斯大林看来,达到城乡之间、工农之间生产条件的平等,就可以在一定程度上缩小城市和农村之间的差距。这个观点着重强调了技术的改进与发展在解决城乡冲突和矛盾中所起的重要作用。

(2)"城市和乡村有同等的生活条件"是实现城乡一体化的标志

在恩格斯看来,当城市和农村之间的矛盾和冲突得到彻底解决的时候,大型城市会逐渐消失(显然这需要长时间的发展)。不过斯大林却主张,当城市和农村之间不存在冲突和矛盾的时候,大型城市并不会消失,而且会生成更多的大型城市,其中汇聚着最先进的文化思潮、科学技术、农产品加工机构及功能强大的工业部门。在这些大型城市的带动下,全国经济就会快速发展,城乡之间的生活条件都会相等。可见,斯大林认为,城市和农村之间彻底消除矛盾和冲突是指两者之间彻底消灭最根本的差别,即所有制。除此之外,任何其他条件的改变都无法真正消除城乡之间的差别。城乡一体化并不是要消灭城乡之间、工农业之间的一切差别,而是"将使城市和乡村有同等的生活条件"[①]。

(五)当代西方经济学

当代西方经济学城乡关系理论研究以资源在城乡间的配置为视角,认为市场经济的发展、社会分工的深化导致城市与农村在资源配置功能上的差异。当代西方经济学主要从资源配置的角度,以发展中国家为研究对象,具体分析了社会分工的深化导致生产要素在城乡之间差异性的分布以及由此产生的城市工业部门与农村农业部门的发展差异性,解读了促进二元经济结构向城乡一元经济演进的过程,并形成了各有偏向的城乡关系理论。与马克思主义经济学强调变革生产关系、合理布局生产力不同的是,西方经济学的城乡关系理论更多强调工业化和城市化的"推拉机制",强调城市现代工业部门的辐射带动作用以及提升农业部门发展水平在城乡二元结构转化中的作用。

1. 强调"城市偏向"的非均衡发展

该理论认为人类社会发展的中心应该是城市,国家的发展应该集中大部分资源用以建设城市,城市发展起来后再带动乡村的共同发展。该理论主要强调城市的重要性及其对农村的主导作用,带有明显的"城市偏向"观点。

---

① 斯大林文集[C].北京:人民出版社,1985:617.

（1）刘易斯：二元结构理论

该理论结构模型解释了农民因为工资低廉而进城务工的原因。"二元"结构中的"二元"，是指发展中国家现代化的工业部门与传统的农业部门。其中农业部门拥有数量庞大的农民，然而技术水平较为低下，生活条件比较差，农民的边际劳动生产率为零，给人们的印象是"劳动力无限供给"。工业部门劳动生产率相对农业部门来说则要高很多，具备吸纳更多劳动力的潜力。

根据该理论的观点，经济发展是推动农业部门向工业部门转变与转移的过程。刘易斯通过以下论述解释了农业部门生产要素逐渐向工业部门转移的现象。他假定，农业部门薪酬水平较低，农民在维持最低生活水平之外没有工资剩余，而工业部门的工资水平较高。在这种情况下，如果农业部门的工资不变，生存成本不变，那么农民向工业部门转移的动机就不会消失，从而使得农业部门劳动力对工业部门的供给具有无限弹性。按照刘易斯的理论不难推断，工业部门会因为吸收同等工资条件下更多数量的劳动力，而使所得利润越来越多，工业资本积累程度越来越雄厚，这样就使技术进步成为可能。当生产技术取得进步之后，工人的劳动生产率提高，工业部门进一步获得大量的利润，使其对农业部门的相对优势更加明显。这样一来，农业部门将流失更大数量的劳动力，最终结果将是农业部门流失全部剩余劳动力。

（2）佩鲁：增长极理论

1955年，佩鲁发表了著作《增长极概念的解释》，首次提出了增长极理论，并于1961年出版的《二十世纪的经济》中系统而详尽地阐述了该理论。增长极理论指出，经济发展的过程中并非每个行业的每个部门都会实现均衡发展，而是各个地区、行业、部门的经济会因为各种条件的不同而出现不同程度及速度的增长。该理论从根本上着重指出了区域经济在发展过程中的不平衡现象，它主张集中资金和资源发展前景好、潜力大、投资效益高的地区和行业，发挥增长极的发展优势，使其与附近其他地区或行业的经济出现势差，最终利用市场经济的传导作用将其发展优势投射到附近区域。根据增长极理论的观点,城市尤其是中心城市利用自身的发展优势,要成为周围地区的生产、贸易、服务、金融等中心,并且吸引其周围农业部门的内部资源,称为极化效应,使其获得集聚效应和规模效应,进而成为城市化的驱动力;同时城市发展还会带来示范及扩散效应,辐射带动周边地区的发展。由此可见,增长极理论更强调,发展的重点应该在城市,应通过城市的发展后期带动农村发展。

（3）赫希曼:"极化—涓滴效应"理论

赫希曼指出,当区域经济发展出现不平衡时,极化效应和涓滴效应就会出现。其中,极化效应指因为城市经济快速发展过程中,行业内部就会出现劳动力的价格升高,企业家的利润提高,这些将会吸引大批农业部门内部的资源进入发展较快的城市,较多的劳动力也会蜂拥而至,从而使得城乡之间的差距更加明显。涓滴效应指城市在经济增长的过程中加大了对农业部门产品的购买量和投资规模,同时吸引了大批农业部门内部劳动力到城市工作,这一转变使得农业部门内部的边际劳动生产率和人均消费水平提高,从而缩小了城市与农村之间的差距。这一理论指出,经济增长是一种不平衡的连锁演变过程,发展中国家可以借鉴该理论,集中优势资本和资源,将其用于支持某项或某几项发展潜力巨大的部门或产业,最终通过这些部门或产业的发展来带动与其相关联部门或产业的发展。区域的基本地区单元是由城市和乡村共同构成的,二者在经济发展过程中是相互促进、相互影响、相互制约。城市和农村因为其所具备的自身结构与外部环境存在差异,因此其经济发展的步伐和方式均存在差异。在经济发展初期,大量的优势资本和资源将会在城市集聚,并不断吸引着农业部门内的资本和劳动力,使得农村发展受到限制,城市对农村具有主导权和支配权。

（4）缪尔达尔:"循环累计因果"理论

缪尔达尔指出,城乡之间的差距在市场的作用下会越来越大,城市因为具备初始优势而比其他地区率先实现经济的增长,同时农村因为缺乏经济发展所需的优势环境而渐渐落后,这就是"循环累计因果原理"。在这个原理的作用下,城市与农村之间的关系出现了以下两种现象:一是回波效应(极化效应),即各种推动经济发展的优势资源在利益的驱使下逐渐脱离农村进入城市,例如劳动力、资金、技术等各项生产要素,最终使得城市与农村之间的差距越来越大;二是扩散效应,即扩张到一定规模的城市因为沉重的人口负担而对环境造成一系列不良影响,例如人口密集、资源短缺、交通拥挤、环境恶化等,均会使得城市人们的生产成本增加,减缓城市经济发展速度,这时城市会失去其曾经的发展优势,不再继续扩张工业部门的规模,最终各种生产要逐渐分散向附近的农村,促使农村经济向前发展。因为这个原因,缪尔达尔主张为了促进经济高速有序地向前发展,政府应该采取集中发展优势,优先发展一部分地区的总体战略,当这一部分地区的经济发展到一定水平之后,再将其优势资源发散到周围落后地区,从而带动落后地区的经济发展,最终达到实现共同繁荣的整体经济发展目标。不过,缪尔达尔发现城市和农村之间的巨大差异已经引起两者之间产生了较大矛盾和冲突,他强调政府应该及时采取措施支持和促进农村地区的经济发展。

(5)弗里德曼:"中心—外围"理论

弗里德曼在其著作《区域发展政策》中认为,一国之内有的地区是经济发展的核心地区,而有的地区是经济发展的边缘区域。核心区域即经济较为发达的大型城市及其郊区,这里集聚着大量的人口和资源;边缘区域指的是经济发展比较落后的地区。根据"中心—外围"理论,核心区域与边缘区域并非是同步发展经济的步伐,核心区域在国家经济发展过程中占据着主导和统治地位,掌握着国家优势资源,在附近地区经济发展中起着龙头作用;边缘地区被核心地区所主导,依附追随着核心区域的经济发展,其中核心区可以控制和配置各种经济资源。这一理论主张,城市和农村之间的关系,就是核心地区和边缘地区的关系,是界限分明的一种划分。城市(核心地区)聚集着最先进的生产技和文化思潮,这些优势都是农村(边缘地区)所无法与之相比的。因此,城市具备支配和控制农村经济发展的优势,具备雄厚实力吸引农村资源和劳动力。这一理论较为偏重于城市(核心地区)在经济发展中所起的作用,而在一定程度上认为农村在整个经济体系中的作用较弱。

2.强调"农村(农业)偏向"的非均衡发展理论

(1)舒尔茨:改造传统农业理论

舒尔茨一直认为社会工业化的基础在于农业与人力资本的开发,在经济发展过程中占据着不可动摇的地位。在此理论中,舒尔茨将农业分成三个种类,即传统型、现代型和过渡型。他在收入流价格理论中,提出在传统农业里,来自农业生产的收入流价格是比较高的,投入传统社会的资本额收益率比较低。他指出农业技术进步,需要做好两点工作:一是改进技术,提升先进技术在农业生产中的应用程度,降低劳动力支出时间;二是发挥人力资源潜力,改革农业部门内部人员的需求与供给结构,趋于合理化。舒尔茨进一步强调,要想实现农业部门的发展,必须首先改进生产技术,实现农业的现代化,只有这样才能最终达到发展壮大农业部门的目的。

(2)乔根森模型

乔根森模型主要有以下两点理论:一是工业和农业部门是国民经济发展的两驾马车,不过农业部门占据着比工业部门更重要的位置,因为农业部门是经济发展的基础,为社会生存及发展提供着最基本的成活和生产资料;二是工业部门要实现经济增长必须以吸收农业部门的剩余劳动力为前提,因此农业部门决定着经济的发展规模和限度。如果农业部门内部不存在剩余劳动力,那么工业部门就无法吸引到更多的劳动力资源。只有当农业部门出现劳动力剩余时,工业部门才可以立即将其吸引进来,并由此产生更多的利润及更大的部门规模。当农业部门存在大量剩余劳动力时,工业部门就可以获得迅速扩张。因此,农业部门的剩余劳动力决定着工业部门的规模,以及整个社会工业化的发展步伐。三是在社会发展过程中,当农业部门内部不存在劳动剩余的时候,所有农村劳动力都在农业部门劳动,这时候被吸引到工业部门的农村劳动力会存在正边际产出。这时劳动力转移所带来的后果是工业部门产出增加,农业部门产出减少,工业部门挤占了农业部门的人力资源。可见,农业部门出现劳动力剩余是工业部门扩大发展的前提和基础。

3. 强调"城市与农村、工业与农业全面发展"的平衡发展理论

(1)拉尼斯—费景汉:二元经济论

这一理论指出了农业部门对工业部门发展所起到的重要作用及影响。该理论认为,在经济发展阶段从传统向现代转变的过程中,农业部门内部的剩余劳动力是工业部门实现规模扩张和行业发展的前提和基础。拉尼斯和费景汉认为,要实现经济的增长,必须提升农业部门的剩余劳动力,同时提高农业劳动生产率,只有这样才能促使农业生产力向非农业生产力转移,最终推动整体经济不断向前发展。因此,要使二元向一元结构转换得以实现,必须保证农业的迅速增长并使其足以满足非农劳动力对产品的消费需求,农业部门并非处于边缘化的地位,也并非处于被支配和主导的地位。该理论的最终观点是,实现工农业的平衡发展才能够最终实现二元结构转化。

(2)拉格纳·纳克斯:"贫困恶性循环论"

纳克斯指出,发展中国家经济发展受到制约,并非是资源紧张的原因,而是"贫困恶性循环"在起作用。资本在其形成过程,供求双发均发挥了很重要的作用,而供求始终贯穿贫困的过程,造成了恶性循环产生。首先从供给方面看,发展中国家经济发展水平较为落后,国民平均收入水平较低,实际储蓄水平相应也较低,不具备强大的储蓄能力,因此导致资本薄弱,无法扩大生产规模和提高生产效率,进而引起下一轮的低工资现象。就这样,发展中国家逐渐就形成了弱资本、低劳动的恶性循环。从需求方面来看,发展中国家国民收入水平较低,人们生活比较贫困,不具

备强大的购买力和消费能力,从而使得国内市场无法形成规模效应,不能吸引外部投资者的兴趣,最终导致没有足够的资本支撑较大的生产规模,进而不能获取较多的利润以支持其研究和改进生产技术,只能维持较低的生产效率和收益。另一个恶性循环随之出现。以上两个循环相互影响,难以打破,最终发展中国家无法实现经济的发展,只能被迫在贫穷和落后的处境中挣扎。纳克斯又提出了平衡增长理论,该理论阐述了外部经济效益和各部门之间在供求方面具有互补性和不可分性,只有在国民经济的各个部门和各个企业进行均衡的资源配置,经济才能得到全面均衡发展。

4. 强调"城乡(工农业)一体化发展"的理论

(1)霍华德:田园城市理论

霍华德在 1902 年出版著作《明日的田园城市》,提出田园城市理论,该理论较早的提出城乡一体化发展思想,倡导"用城乡一体的新社会结构形态来取代城乡对立的旧社会形态"。著作指出,城市规模的不断扩大给环境造成了巨大的压力,噪音、交通等各种污染不断降低着城市的生活质量,人们应该从城乡协调的新角度来看待城市的经济发展,将城市及其周边视为整体来进行分析,并最终解决城乡之间存在的根本问题。按照霍华德的定义:"田园城市"应该具备健康生活,健康的产业,其规模不应超过实际社会生活的需要,周边应环绕着农村农业。土地所有权是共有的而非私有。在这种模式的生活中,人们快乐地生活和工作,其中既有快节奏的城市生活模式,又间杂着自得其乐的农村生活模式,市民在这两种其乐融融的环境中愉快地生活。在霍华德的理想中,农业与工业结合,农村与城市结合,是最好的解决城乡发展问题的办法。

(2)沙里宁:有机疏散理论

沙里宁从整体上阐述和研究了城市膨胀之后所出现的一系列冲突和问题,进一步对城市发展及布局结构进行了深入研究。

沙里宁在其著作《城市：它的发展、衰败和未来》中，充分而详尽地阐述了其对城市发展思维、社会经济发展状况、土地所有问题、法制问题、城市居民参与度问题、教育问题、城市规划问题等主张，在这一系列阐述的基础上沙里宁提出了有机疏散理论。沙里宁主张疏散过分集中的大型城市，将其中的各个分部用绿化带进行隔离，使城市分离成为较小的集镇。在这样的系统中，各分部之间是统一而又有所距离的关系。这就构成了一个城乡差距较小的城乡区域均质体。1918 年，有机疏散理论在芬兰得以应用到实际之中，即是后来著名的"大赫尔辛基方案"。

（3）岸根卓郎："城乡融合设计"理论

日本学者岸根卓郎提出城乡融合设计，这一概念提出应该建立一个"与自然交融的社会"，这一形式将会越过城市和农村的界限。在总结前人经验的基础上，他强调不应该将城乡之间的规划与发展割裂开来，而应该把工农部门有机地结合起来，通过重组协调，建立"农工一体复合社会系统""自然—空间—人类系统"，实现城市、农村与自然三者之间的立体规划模式。他主张，不应该让城市占领农村，不能使用建设城市的战略来建设农村、改造农村，并以此来达到城乡一体化的目标。在经济发展的过程中，人类一直以来都选择性地忽视农村对经济建设所能起到的作用，岸根卓郎希望人们可以意识到，"农村最主要的作用就是保全生态系统"，以及由此产生的一系列衍生作用，例如土地的可持续使用、土地的保护、水资源的保护，以及诸多的经济功能等。

第二节　城乡一体化发展的理论创新

城乡关系始终是各国学者研究的热点问题，尤其是在第二次世界大战后发展经济学的兴起，使得发展中国家的城乡问题日益受到学者关注，研究成果颇多。我国自改革开放后，经济社会快速发展，农村居民收入不断提高，生活水平显著改善，加之我国的城乡二元结构有其特殊性与复杂性,我国学者对城乡发展一体化问题的研究不断深入。

一、国外城乡发展一体化理论发展

(一)国外城乡发展一体化研究的三个阶段

通过对国外城乡关系理论的回顾,我们可以看出,从城乡发展一体化理论萌芽到对城乡融合发展的探索研究,国外城乡发展一体化理论研究发展历程可以总结为"由合到分再到合"的演变,因此我们可以将国外城乡发展一体化研究分为三个阶段(表2-1)。

表2-1 国外城乡经济社会化一体化理论研究的阶段划分

阶段	时间	主要特点	形成的主要观点
第一阶段	20世纪50年代之前	城乡发展一体化理论萌芽	空想社会主义学说:以圣西门、傅立叶和欧文为代表;西方早期城市理论:以霍华德、芒福德、赖特为代表;城乡发展观:马克思、恩格斯为代表
第二阶段	20世纪50年代至70年代	二元经济结构范式统治下的城乡分割	二元结构模型;乔根森模型;托达罗模型;增长极理论;核心—边缘理论;城市偏向理论
第三阶段	20世纪80年代至今	城乡融合发展	选择性空间封闭理论;次级城市战略理论;城乡融合系统理论;城乡融合区模型;区域网络模型;城乡相互作用理论

(二)20世纪80年代以来国外城乡发展一体化理论发展

1.关于城乡发展一体化模式的理论研究

国外关于城乡发展一体化模式的研究,形成了两种著名的模型:城乡融合区模型和区域网络模型。

（1）城乡融合区模式

该理论来自麦基的结论。20世纪末期,亚洲范围内的大型城市周边,即城市与农村之间边缘地带部分,大批工农产业以错杂交织的状态出现。麦基对西方世界中大型城市形成的典型方式进行了深入研究,并得出结论:"城市与乡村界限日渐模糊,农业活动与非农业活动紧密联系,城市用地与乡村用地相互混杂",这种城乡关系已经成为一种新的城市模式,即城乡融合区模式。其分析了城乡联系是否紧密,城乡之间要素流动是否通畅与频繁,进一步研究了经济形势变动和社会发展阶段对区域内部各种状况的利与弊。他将研究重点跳离出城乡差别,而转向于研究空间经济在城乡之间的相互作用及这种相互作用会如何影响融合区的经济行为和聚居形式。因此,他的最终结论与前几种理论主张有所区别,给城乡关系转变领域引入了新的研究视角和内容。麦基的城乡理论一经提出便受到学界的广泛关注,大批学者开始从新的角度去重新衡量和研究城乡之间的关系。

（2）区域网络模型

该模型由道格拉斯提出。道格拉斯研究总结了已存在的发展理论与规划,指出其中最典型的问题是割裂城乡之间的联系,并强调许多发展中国家内部的农村经济处于十分贫困的状态,最终他转换视角,根据以城乡相互依赖性,建立了区域网络发展模型。道格拉斯认为,联系城市和农村之间一系列关系的纽带是"流",其中"流"主要包括五种不同的形式和状态:即人、生产、商品、资金和信息。这五种其中的每一种都包括多种内容,可以引起多种不同的效果,它们所反映出来的是空间联系模式及利益趋向特点。要想实现城市与农村之间的均衡发展,必须要使得"流"可以将城乡之间的联系导向一种"良性循环"。据此,道格拉斯建立了区域网络模型:"网络(Network)概念是基于许多聚落的簇群(Clustering),每一个都有它自己的特征和地方化的内部关联,而不是努力为一个巨大的地区选定单个的大城市作为综合性中心。"这个模型认为只有大力改善居民的生活环境,尽快完善城市与农村的基础设施网络,才能进一步增进城乡之间的融合度。

2.关于城乡发展一体化实现路径的理论研究

国外关于城乡发展一体化实现路径的研究,形成了"自下而上"与"自上而下"两种观点。

(1)"选择性空间封闭"理论

该理论提倡"自下而上"的发展路径。两位学者研究城市与农村之间关系的切入点是空间区域,提出了"自下而上"模式,也可以叫作"选择性空间封闭"。两位学者的观点可以概括为农村的发展目标应该定位于实现温饱,并从事一定的以劳动密集型为主的农业劳动,不需要将最先进的科学技术应用到农村和农业中来。他们强调这种自下而上发展的前提是城乡之间以及农村地区的交通及通信网络等基础设施的完善,且这种发展模式应由下面来发起和控制,需要政府首先考虑在政治上给予农村地区更高程度的经济自主权,能够自由调控价格体系,使之有利于农业生产,并积极发展外向型农村经济活动。

(2)"次级城市发展战略"理论

这是朗迪勒里提出的"自上而下"路径。朗迪勒里在看到城市偏向的"城市—工业"道路和农村偏向的"选择性空间道路"这两种截然不同的道路同样失败之后,提出了"次级城市发展战略"。他指出,政府的经济政策能否真正奏效,取决于城市的规模到底有多大,所以应该建立一个次级城市体系,使其能够承担在城市与农村之间支持经济活动和传递行政功能的作用。与此同时,他认为城市和农村之间的联系能够推动城乡经济均衡发展,强调发展中国家政府若想实现社会与区域的双重发展,应该适当将资本分散,以建立完整、分散的次级城市体系,最终实现城市与农村之间的经济和行政联系,特别是"农村和小城市间的联系,较小城市和较大城市间的联系"。这种理论和我国一部分经济学家的观点比较一致,即在发展中国家里,小城镇的经济落后将会最终牵制农村整体的经济发展。

实际上,朗迪勒里的理论是建立在大多数发展中国家缺乏次级城市系统的基础上,并据此提出他的所有政策建议和战略,他的理论是"增长极"理论与"选择性封闭空间"理论的折中。

3.对中国城乡发展一体化的研究

除此之外,外文文献对我国城乡发展一体化的研究也日益增多。主要集中于以下几个方面。

(1)关于城乡发展差距方面

西维尔(Sylvie)等进行了一系列调查分析最终发现,不同地区之间差异使得 FDI 在中国分布的空间差异,最终导致了中国沿海和内陆地区的城市与农村之间发展状况的不同;樊胜根和张晓波等则认为农村内部的基础设施大大影响了农村的整体发展状态,例如促使大量农民进入城市脱离农村,加快农村的城市化进程等;张晓波等主要研究了公共投资是如何引起中国农村地域之间发展的不平衡;丹尼斯·海尔则着重研究了中国乡村工业的发展模式对协调区域收入平衡的空间模式问题。

(2)关于城乡人口流动方面

梁哉等研究了中国城市化的乡村工业化和内部移民问题;陈阿敏和爱德华·库尔森、李海峥和史蒂文等研究了中国城市移民的决定因素问题;范宅(2002)等研究了中国加入 WTO、农村劳动力迁移和中国城市失业的关系问题;丹尼尔·古肯德等对中国各类人口,尤其是乡村人口流动的现象及成因进行了分析和研究。

(3)关于城乡空间结构问题

宋顺锋等用 1991—1998 年数据分析了中国城市规模分布及变化,证明中国城市体系与帕累托规律相当吻合;易峰等用政治经济学的观点审视了国内人口暴涨、农村城市化进程和政府相关政策之间的联系与相互影响;张和宋等则着重研究了国内改革开放之后不同地区农村城市化步伐加快的成因及解释;范总结和分析了中国城市体系的垂直变化和水平发展的演化及其关系的问题。

（三）国外城乡发展一体化理论总结

1. 研究特点

（1）研究视角多样，成果丰硕

国外没有"城乡发展一体化"这一明确概念，不过基于城市和农村经济均衡发展所牵扯的诸多因素，学者选择了各自较为信服的研究角度，衍生出了许多相关理论学派。这些学者之中，大部分集中于经济学、社会学、地理学、规划学、人口学研究领域，他们所选择的视角有的侧重于区域，有的侧重于城市，还有的侧重于农村，通过不同视角的研究来解释和规划城乡之间的均衡发展。其中不同的学者所采取的研究方法也各有不同，例如有的用理论进行抽象演绎，有的用数据进行实证研究，有的运用实践标准进行规范研究，有的选择多种方法相结合。从研究区域角度来看，这些理论大部分集中于发展中国家城乡理论与实践的研究，对于我国当前的城乡理论发展有重要理论与实践指导作用。

（2）研究重点是城乡差异研究

城乡差异是国外学者的研究聚焦点，他们更多地将眼光聚焦于经济较为落后的发展中国家，通过调查研究对其城市和农村之间的差距展开深入分析，例如，两者之间收入水平的差距、消费结构及水平的差距，等等。除此之外，他们还着重于研究经济发展水平较高的发达国家内部个人和家庭的行为差异。

（3）研究对象多为发展中国家

发展中国家城乡差距问题突出，20世纪五六十年代之后大量城乡发展一体化的研究纷纷转向发展中国家，如东南亚、南美和非洲等地区。

（4）注重空间分析与社会因素影响相结合

最早关注城市和农村之间关系的一批学者是城市规划学者，因此注重空间分析成为城乡关系理论研究一直以来非常显著的一个特点。不过在关注空间分析的同时，要注意将其与社会因素相结合,尤其是对经济发展水平较低的发展中国家来说,在研究城乡关系时不要忽视政府在促进城乡关系发展方面所制定的相关政策。因此,在一定程度上来说,城乡关系研究是离不开政府相关政策的一门理论。

2. 研究不足

西方发达国家城乡理论遵循着一个更广泛的假设:平等和均衡发展将贯穿整个地域。而时代在进步过程中,发展背景逐步发生变化,一些理论势必要面临挑战。目前来看,主要有以下几点不足:一是研究的对象集中在西方国家和第三世界国家,结论是否具有普遍性尚待验证;二是研究视角较为单一,基本是以整体、系统、宏观的角度来展开研究和分析,缺乏从微观层面展开的具体实践分析和研究;三是前期研究大多将城市与农村分离开来进行,最近30年以来,出现了将城乡二者联系起来进行系统研究的相关理论,不过这些理论尚处于概念与抽象阶段,缺乏大量实证数据来支持其理论。

二、国内城乡发展一体化理论研究发展

（一）改革开放以来中国共产党城乡一体化的理论成果

1. 以邓小平为核心的党的领导集体对城乡关系的理论探索

（1）改革是实现城乡互动的根本途径

城市和农村实现经济和社会发展的有效路径就是进行城乡改革。随着改革开放逐步有序地展开,邓小平认为要采取措施使城乡改革活动同时展开,最终实现国内城乡一体化协调发展的经济目标。邓小平同志的这种认识是基于以下原因,即城市改革的前提是农村改革。只有农村稳步推进改革措施,不动摇当下的社会局势,依旧保持住稳定的社会局面,才能保证整个国内局势的稳定,这样才能为城市改革提供社会条件和基础。邓小平着

重提出,在促进工业和商业发展的同时,要牢牢记住中国农村中还有许多生活艰难的农民,他指出:"城市搞得再漂亮,没有农村这一稳定的基础是不行的。如果农村不能稳定发展,那么我们国家的整个社会会受到影响。"1982年胡耀邦十二大报告中指出:"农业是国民经济的基础,只要农业上去了,其他事情就比较好办了。"因此要让农村改革先行,提升农业生产力,把农村劳动力从土地上面解放出来,只有这样才能为城市改革提供良好的条件和基础,才能真正实现城乡关系的改善。

以邓小平为核心的党的领导集体积极推行城乡改革计划,希望通过改革缩小城市与农村之间的收入差距,消除阻碍城乡之间实现交流与沟通的障碍,增加城市与农村之间的互动,这一举措的重大意义正如邓小平所说的,在于为中国未来五十年的发展打下牢固的根基。建立能够促进城市与农村之间的商品、资源自由流通的市场经济体制,消除城市与农村之间因为户籍问题而产生的隔离状态,使城市和农村在医疗、卫生、教育等方面能够享受同等水平的资源,最终保证城乡一体化发展的目标能够顺利实现。

(2)农业是根本,三农问题稳定是城乡互动的前提

毛泽东进行国内形势分析时,总是把保护农民利益作为重要的考虑因素。邓小平继承并坚持了这一思想,改革开放政策实施以来,政府一直将农业发展放在经济发展的首位,坚持将"三农"问题作为经济和社会发展过程中需要给予重视和考量的重要问题,这一做法是马列主义城乡关系理论在中国发展所呈现的重要成果。1978年邓小平在党的十一届三中全会指出:"允许与部分地区、一部分人先富起来,先富带动后富,实现共同富裕",这阐述了社会主义最终目标——共同富裕的实现手段和过程。邓小平的这一指导思想应用在城乡改革的问题上,就是可以让城市首先快速发展起来,并且准备好应对发展所带来的短暂区域不平衡的现象。当城市经济发展到预定水平之后,让兼具经济实力与活力的城市经济带动相对迟缓的农村经济,从而达到最终城乡一体化,实现共同富裕的社会主义最终目标。所以,政府应该制定政

策协调城乡关系,使城市经济与农村经济之间实现顺畅连通,加强城市与乡村之间的发展互动,使得城乡之间的发展差距越来越小,同时逐步取消户籍政策、就业机会和社会保障等方面对农村和农民的限制。

（3）城乡互动的核心是工业农业相互扶持

邓小平一直很重视三农问题,从革命战争时期开始,他始终将目光聚焦在农业问题上,并着重强调农业的发展是农村社会形势稳定的根基和前提,任何时候都不应该放松对农业的支持和扶持力度,要"确立以农业为基础、为农业服务的思想"。将农村问题视为关系国家稳定的重大问题,是邓小平关于城乡关系理论中十分重要的观点,这一点始终贯彻体现在他对待城乡冲突和矛盾的措施和方法上。邓小平重视农业,提出工业要对农业发展提供适当的支持和援助,以加快农业实现现代化的步伐和进程。在这一方面,乡镇企业发挥着举足轻重的作用。

（4）乡镇企业是实现城乡互动的重要桥梁

以邓小平为核心的中央领导集体在实践中认识到了乡镇企业的发展趋势和潜力,指出应该支持和刺激乡镇企业的发展,支持小城镇发展,以小城镇为载体和途径加快我国农村的现代化步伐和进程,并强调这样可以增进城乡之间的互动,并且有利于缩小城市与农村之间的差距。逐步提升乡镇企业的农业生产率和生产效益,可以推动农业现代化的发展,使乡镇企业搭建起连接城市与乡村的途径,为尽早实现城乡一体化协调发展贡献出自己的力量。

（5）1982—1986年连续颁布五个"三农"一号文件

1982年中央一号文件颁布,强调要对农村经济进行适当调整,并制定相应的改革措施,鼓励农民丰富经营方式,扩大经营范围,从而推动农村经济不断向前发展。1983年中央一号文件指出,我国城乡社会主义商品大发展,基于当时的商品市场状况,国家推行计划经济模式,市场作为调节手段参与其中,在经营主体上主要以国营为主,同时还包括多种商品经济形式,国家意在消除城市与乡村之间的割据形式,促进和推动城乡之间的交流和互动。同时,政府主张对农村教育模式进行改革,从而吸引大批优秀人才走进农村带动农村教育。1984年中央一号文件中指出要制定措施加快实现城市与农村之间的商品流通,要在城市地区设立区域销售农副产品,实现城市和农村之间市场信息的交流和沟通,并将这一措施尽快纳入城市建设规划之中。1985年中央一号文件强调,十二届三中全会以后,随着城市经济体制改革步伐的加快,城市与农村之间的交流和沟通会越来越频繁,越来越深入,城乡协调发展将取得进一步发展,要根据乡镇企业的实际情况给予税收和信贷优惠,充分利用经济学中的杠杆原理深化城市与农村之间的发展与融合。1986年中央一号文件强调,当下城市改革与农村改革已经实现接轨,在这种新形势下要继续推进扶持与保护农业的相关政策。为了使得工农业能够实现均衡发展,"七五"计划提出加大在农村的投资额度,用以改善农业基本建设和农业事业,另外将乡镇企业所得税中的一些款项回馈给农村,用于支持和援助农村基本设施建设。农副产品的购买与销售要与城市发展步伐相协调。最终乡镇企业经过充分吸纳农村的剩余劳动力,实现了上千亿元的产值,为城乡经济发展做出了巨大贡献。

2. 以江泽民为核心的党的领导集体关于城乡协调发展的理论

(1)城乡协调发展加强农业的基础地位

1992年10月党的十四大报告指出:"继续大力发展乡镇企业,特别要扶持和加快中西部地区和少数民族地区乡镇企业的发展。"改革开放逐步深入,农业发展步伐加快,然而其发展程度与城市依旧存在巨大差距,例如,在教育、医疗和文化等领域,农村的发展状况仍然大大落后于城市。2000年"十五"计划指出,要根据我国的特殊形式及发展特色制定适合我国发展的城乡一体化道路,最终要实现全国范围内大中小城市均衡发展的目标。2002年11月17日,江泽民在中共十六大报告中指出,实现城乡一体化发展,建设全面小康社会是党和国家下个阶段的重点努力方向,要达到这一目标,最关键的一个环节是实现农村经济的繁荣与发展,所以为了实现城乡一体化发展,要加快实现农业现代化的步伐,改善农村生活条件,大力发展农村经济。

（2）城乡发展要改革国有大中型企业,发展城市工业

城市要想实现发展离不开工业的带头作用,在我国工业的发展过程中国有大中型企业发挥着不可替代的基础作用。要改进城乡关系,实现城市与农村之间的协调平衡发展,就需要改革当下国有企业的经营理念和发展方式,在推进城市工业大步跃进的同时,带动农村经济实现腾飞。江泽民指出:"搞好国有企业特别是国有大中型企业,既是关系到整个国民经济发展的重大经济问题,也是关系到社会主义制度命运的重大政治问题。"卓有成效地实施国有企业改革,可以在一定程度上为我国农村经济改革提供借鉴,并起到一定的示范作用,同时又可以推动我国整体经济快速向前发展,最终达到城乡协调平衡发展的奋斗目标。

（3）城乡协调发展需要工农业的互相支援

党中央经过研究强调,经济发展一旦跨越某条水平线之后,就会转而去扶持和刺激农业部门的发展。改革开放使得我国经济实现了走上了快速发展的道路,国家经济实现了跨越式发展,人们生活水平得到提升,城乡经济均取得了较大的发展。20世纪90年代之后,我国经济迎来了新的发展阶段。市场经济逐步开放,二元体制大大遏制了农村经济的发展,与城市经济发展速度相比农村经济的发展速度要迟缓得多,农民收入较低等问题成为横亘在城乡之间的严峻问题,引起了相关人士的关注。党中央高度重视城乡之间发展差距这一问题,为了改善当前发展模式,实现城乡一体化发展,领导集体提出了"城乡互动"思想,主张城市在发展经济时带动周边农村地区的经济发展,在统筹城乡经济社会发展过程中努力实现城乡经济的良性互动。

进入21世纪,我国经济的发展速度越来越快,城市与农村之间出现的差距迅速加大,城乡之间爆发出的各种矛盾和冲突越来

越多,"三农"问题成为摆在领导集体面前亟待解决的严峻问题。为了妥善解决当前的城乡关系局面,中共十六大将实现城乡统筹发展提上了战略日程。统筹城乡发展战略的制定是基于我国当时的社会和经济发展状况,是考虑和衡量了我国所处的国际大环境、总结和研究了我国城市和农村经济发展的具体状况及特征所作出的,是与时代发展相契合的发展战略。统筹城乡经济社会发展战略的提出和开展,使得城市和农村逐渐融合的趋势更加明显,为我国实现城乡一体化发展提供了强有力的理论基础和支持。

(4)走中国特色的城镇化道路是城乡一体化的战略

党的十六大报告指出:"要逐步提高城镇化水平,坚持大中小城市和小城镇协调发展,走中国特色的城镇化道路。"我国存在许多农村剩余劳动力,为了切实推进现代化,加快实施城乡统筹发展规划的步伐,党中央需要采取措施推进农村城镇化,实现农民身份尽快转变为城市市民。因为我国的特殊国情,仅仅依靠大中城市的发展是无法实现共同富裕的目标的,我们还必须考虑占总人口较大比例的农村人口的发展。江泽民强调,要致力于发展小城镇,将其纳入整体的发展战略之内,将目光投向小城镇的发展和建设。

3. 以胡锦涛为核心的党的领导集体关于城乡一体化的理论成果

(1)以"五个统筹"为原则实现城乡协调发展

2003年10月,党的十六届三中全会上正式提出科学发展观,首次提出"五个统筹"的科学发展理念,统筹城乡发展成为"五个统筹"之首。2006年10月党的十六届六中全会,强调了完善政府体制和市场机制,以促进城市和农村之间二元结构的协调发展,使得城市与农村之间的发展差距逐渐缩小,让农民享受到完善的社会保障,加快促进城乡之间的人才融合和市场融合,使城乡建设能够做到平衡发展。到这一阶段,城乡一体化的战略思想和工作思路逐步明晰。2007年十七大提出了要构建城乡经济社会发展一体化新格局,为我国经济发展树立了明确的方向和目标。十七大概括和总结了改革开放之后我国在实践和推行统筹城乡发展相关理论过程中所取得的重大成果,并对城乡经济的未来发展指明了方向。

（2）2004—2010年党的中央农业一号文件推进城乡一体化发展

2004年中央一号文件强调,实现农民收入的提高不是轻而易举就能做到的事,随着经济发展步伐的加快,当今城市与农村之间的居民收入出现越来越大的差距,这源于深层次的城乡二元结构体制所造成的问题,这时要继续深入推进农村改革,提高农民的平均收入水平,制定和实施支持农业发展的相关政策与措施,以最大限度地提高农民群体的收入水平,使得城市与农村之间的收入差距逐渐缩小。2006年中央一号文件认为,"三农"问题依然是我国实现工业化和城镇化所需要解决的重要问题,是不容忽视而且需要长期关注的历史问题。2008年中央一号文件强调,随着我国工业化、城镇化、信息化及市场化进程的加快,城市吸引了越来越多的农村生产要素进入其中,如何缩小城乡之间的居民收入水平成为更加严峻的问题,面对这种情况我们要不遗余力地加大统筹城乡发展的力度。2010年中央一号文件则再次强调,打破城市与农村之间发展壁垒的难度逐步加大,要坚定地推进城乡经济社会发展一体化新格局的构建和形成。可见,2004年至2010年的中央一号文件,根本目的是要缩小城市与农村之间的经济发展差距,以及城乡居民之间的收入水平差距,保证城乡之间经济统筹发展能够顺利实现。

（3）"两个趋势"的判断指导城乡统筹发展

2004年9月,胡锦涛在党的十六届四中全会上提出:"纵观一些工业化国家的发展历程,在工业化初始阶段,农业支持工业、为工业提供积累是带有普遍性的趋向;但在工业化达到相当程度以后,工业反哺农业、城市支持农村,实现工业与农业、城市与农村协调发展,也是带有普遍性的趋向。""两个趋向"理论的提出,进一步明确了统筹城乡发展的具体形式和最终目标,升华了城市和农村之间的相互联系。"两个趋势"是在中华人民共和国三代领导集体重视三农问题的基础上,继承和发展"农业是基础"这一理念的新思想和新论断。随着经济发展城市和农村之间的差距越来越明显,"两个趋势"提出了"工业反哺农业,城市支持农村"的指导方针,这一具有中国特色的经济发展方针,对改善城市和农村之间的关系、缩小城乡发展差距有着十分重要的意义。

（4）以新农村建设、城镇化发展推进城乡经济社会发展一体化

2008 年 10 月十七届三中全会强调我国目前面临着打破城乡二元结构、促进城乡经济社会一体化发展的艰巨任务,这一任务的完成关系着社会的稳定和我国整体经济的发展状况,党和政府要不遗余力地推进实施城乡社会经济一体化发展。在这一理论指导下,全国各地均加快了推进城市与农村统筹发展的步伐,开展了实现城乡经济一体化的实践。2010 年 10 月,我们党召开了十七届五中全会提出,在"十二五"时期,要根据相关要求切实推进城乡经济社会发展一体化的进程,制定切实可行的社会主义新农村建设规划,逐步缩小城市与农村之间的经济发展差距,提高农村和农民的生活水平,改善农村生活条件。

4. 以习近平为核心的党的领导集体关于城乡一体化理论创新

2012 年 9 月 7 日,省部级领导干部推进城镇化建设研讨班学员座谈会上,李克强分析和总结了当前的国际形势和国内形势,他指出城乡一体化的推进状况直接影响着我国整体的经济发展趋势,要制定从根本上解决"三农"问题的战略措施,最后他明确指出了应该按照何种途径推进中国城乡一体化。十八大报告指出:"推动城乡发展一体化。要加大统筹城乡发展力度,增强农村发展活力,逐步缩小城乡差距,促进城乡共同繁荣。"这一论断的提出代表着我国城乡一体化渡过了政策性调整阶段,正在全面进入布局性、制度性建设阶段,渡过了缓解城市和农村之间冲突和矛盾的阶段,正在步入以全面建成小康社会为目标积极地推进

城乡统筹发展的新里程。这一论断明确了"城乡发展一体化"的关键作用,即可以从根本上解决"三农"问题,使城市和农村之间达到和谐稳定,共同富裕,使两者能够沿着科学发展的道路实现长远的繁荣和突破。

在党的十九大报告中,首次提出"城乡融合发展",把"产业兴旺、生态宜居、乡风文明、治理有效、生活富裕"作为城乡融合发展的总要求,体现了我国城乡关系发展思路从"城乡二元"到"城乡统筹"、再到"城乡一体"、最终到"城乡融合"的根本转变,确立了全新的城乡关系,是我国城乡关系发展思路的与时俱进。

(二)国内城乡发展一体化理论总结

回顾中国城乡发展一体化研究历程,总结其成就与不足,对于推动城乡发展一体化的未来研究具有十分重要的意义。

1.研究成就

(1)理论不断丰富、巩固和提高

学术界对传统城乡关系理论,特别是以社会主义政治经济学为理论基础的"超工业化"理论,该理论的代表人物为普列奥布拉任斯基,以布哈林为代表"协调发展"理论等都针对此问题展开了大量深层次的研究和探讨,明确对城乡关系本质及现状的认识,丰富城乡关系相关的理论。城市与农村改革,还有目前正在蓬勃开展的统筹城乡改革,皆以城乡关系理论为依据,立足当下城乡现状来对我国城市和农村之间的关系进行协调。随着改革开放的不断深入,大量西方的城乡关系理论被国内引入,并展开研究,国内城乡发展一体化理性发展得越来越深入,越来越完善。

(2)中国化特征初步彰显

中国化特征是指不再单纯吸收和模仿西方传统理论,而是把中国的社会文化背景考虑在内,一步步融入研究过程中,以综合创新的方式形成稳定的、具有中国特色的学术思想和研究模式,以此来考察国内城乡发展一体化的研究历程。中国化特征在国内学者的研究中越来越明显：一是"城乡发展一体化"概念本身就彰显着中国传统文化中的"中和"思想，代表着中国人民心底里想构建和谐社会的朴实愿望；二是确立符合中国实际的研究角度和价值立场，以此来彰显中国化特征。中国学者黄平指出我们对中国城乡问题的观察和研究"应该是多维度、多取向、多重的，不应该是一维的"①。三是近几年来，理论界不断总结中国城乡建设的经验，充分考虑中国城乡发展的背景与现状，吸取西方的经验教训，理论研究的中国化趋势逐渐凸显。

2. 研究不足

第一，从研究阶段来看，20世纪90年代中期之前，城乡发展一体化的研究还不够深入，无法探究到该理论领域的内核和本质，不能做到系统地、全面地看待城乡一体化关系的研究。20世纪90年代中后期至今，城乡发展一体化研究逐渐深入，该领域内的学者开始试着去探索更深入、更全面的城乡关系研究，并且得出了一些结论，然而该领域的相关理论仍然未达到系统和成熟的水平。随着城乡统筹改革的深入推进，城乡发展一体化开始出现明显的区域特征和动态特征，不同区域的发展模式、动力、机制和战略等皆表现出不同的形式和发展势头，城乡发展一体化变得较之前更加复杂，在这种情况下相关理论的局限性就逐渐显露出来。因此我国城乡发展一体化的相关理论还有待继续深入和发展。

第二，从研究内容来看，我国各地区在经济和社会发展状况上存在着较大差异，而正是基于这种差异性政府要制定城乡发展一体化战略，从而确定未来的城乡发展方向。不过，关于新时代城市和农村之间所存在的区域性差异分析与研究，在相关领域内尚缺少较为系统的理论与观点。纵观目前我国已经出版的城乡发展一体化相关理论的书籍，其中占据较大比例的内容是对政府政策的多方面解读，而从区域差异入手展开详细论述的相关内容则相对较少，这是目前较为常见的现象。归根结底，要实现城市

① 黄平. 城乡一体化是实现共同富裕的关键 [J]. 人民论坛，2011（22）：42.

和农村的经济一体化就不能忽视其所处的区域背景,不管是对动机的分析,还是对实现条件的研究,都要以其周围的发展环境为研究背景,否则该研究结果就难以摆脱局限性和主观性。

第三节　国外城乡一体化发展的经验与启示

一、欧美发达国家的城乡关系发展历程

(一)英国的城乡关系发展历程

英国最先发起了近代城乡关系的变迁,由于英国工业革命的发展,产业结构随之发生了重大变化,传统农业的产业地位逐渐被现代工业取代,劳动力也因为劳动岗位的变化向工业、服务业等产业转移,原本相互依存的城乡关系逐渐为二元化的城乡分离与对立。

在工业革命之前,英国属于典型的农业社会,农业是英国的第一产业,居于国民经济的基础地位,农村人口占总人口比例较高,1750 年农村人口约占全国人口的 3/4。18 世纪中期,工业革命开始,这使英国的生产方式发生了巨大的变化,进而改变了英国的国民经济结构,工业成为国民经济的最为重要的产业,而传统的农业失去了第一大产业的结构地位,城乡居民的人口就业岗位的结构也随之发生重大流动。

表 2-2 反映了英国 1801—1955 年国民经济结构的变动情况。英国的圈地运动使很多农民失去土地,成为无业农民,同时由于农业生产力的提高,农民的空余时间大大增加,因此在英国农村出现了大量的富余劳动力;加上城市发展迅速,各种生产制造业、建筑安装业和生活服务业的迅速扩张,也提供了大量的非农就业岗位,并且从事非农就业的劳动力的工资收入基本都高于农村雇工,英国及时根据产业结构的变化,调整了针对人口流动

的法律文件,降低了人口流动的门槛,日益发达的交通运输工具以及越来越低的转移成本,都让人口的城乡流动加快速度,使得大量农村的劳动力涌向城市,让城市的人口更加聚集。

表2-2　英国1801—1955年国民经济结构变动表[①]

单位:%

行业\年份	农、林、牧、渔业	制造业、采矿业和建筑业	商业、交通运输和海外收入	政府、家庭和其他服务业	住房
1801	32.5	23.4	17.4	21.3	5.3
1851	20.3	34.3	20.7	18.4	8.1
1901	6.1	40.2	29.8	15.5	8.2
1955	4.7	48.1	24.7	19.2	3.2

注:1801年、1851年、1901年的数据不包含北爱尔兰。

研究看来,英国的农村人口向城市的流动主要是以短距离为主,先是城市周围地区的农村居民向城市迁移,他们走后所形成的真空由较远一些地方的居民迁来补充。

在英国城市化过程中,以工业为主的大城市,靠近海洋的城市以及占据旅游资源的城市人口增长速度较快,而其他工业化程度低、交通运输不便的城镇人口增速则相对较为缓慢。至20世纪初,除两次世界大战期间之外,城乡之间的人口流动速度放缓,趋于稳定,各城市之间的人口流动成为主流。

随着英国城市化进程的不断推进,城乡基本公共服务已经实现了均等化,居民可以根据其个人兴趣自主选择所进行居住的地点,城乡经济社会实现一体化。

（二）美国的城乡关系发展历程

1776年建国时,农业在美国国民经济中占主导地位,北部为小农经济,南部则雇佣黑人奴隶实行种植园大农场制度。在英国工业革命的带动之下,美国的东北部首先出现了工业化,新英格

---

① 王章辉，黄柯可.欧美农村劳动力的转移与城市化[M].北京:社会科学文献出版社，1999，7.

兰地区矿产丰富,邻近五大湖,交通便利,因此在18世纪末19世纪初出现了机器工业生产。

在19世纪20年代之前,美国工业化程度进展缓慢,城乡之间的人口转移并不明显,1810年美国城市化水平仅为7.3%。19世纪20年代是美国工业化进程的转折点。之后美国工业化进程加快,交通运输条件日益改善,农村人口加速向城市转移。到内战前夕,美国北部地区已经基本实现了工业化。

19世纪30年代至50年代,由于领土西扩与开发,美国让大量的移民迁移至西部,通过土地制度的改革,开发了西部农业,还进行了大量的交通建设、基础设施建设,引入大量资金,让西部快速崛起,这就是美国崛起的"西进运动",该运动有力地推进了中西部地区的城市化进程。

随着美国农业开发,农业劳动力人数从1870年的644万人上升到1910年的1 239万人,但农业从业人员在社会总劳动力中所占的比重却迅速下降,1870年占51.5%,1890年下降到40.6%,到1920年则进一步下降到25.6%。随之,在国民经济结构中农业产值所占的比重也在相对应的下降。1870年农业在国民经济中为第一产业,而1890年工业就取而代之,至1900年工业产值达到农业产值的3倍①。到19世纪末,美国基本实现了工业化,其工业总产值占世界工业总产值的比重已上升至30%,美国在也因为工业的发展在经济上跃居世界第一位。

在19世纪90年代至20世纪20年代间,美国农村劳动力向城市转移的规模空前高涨,从城市分布情况来看,向北部和西部的城市转移人数较多,西部新城市发展崛地而起,而北部工业城市人口也得到迅速增加,美国城市化速度在该时期快速推进。1860—1910年,美国10万人以上的城市由9个增加到60个,1万至2.5万人的城市由58个增加到369个。

与此相应,美国城市人口比重由1870年的25.7%提高到

---

① 王章辉,黄柯可.欧美农村劳动力的转移与城市化[M].北京:社会文献科学出版社,1999,57-58.

1890 年和 1910 年的 35.1% 与 45.7%,到 1920 年,美国城市化率达到 51.2%,初步实现了城市化。

表 2-3 反映了美国的城乡人口比重与农业就业情况。

表 2-3　1890—1930 年美国城乡人口比重及农业就业情况 [1]

年份	1890	1900	1910	1920	1930
农村人口比重(%)	64	60	54	48	44
城市人口比重(%)	36	40	46	52	56
农业就业人数(万人)	1 170	1 280	1 360	1 340	1 250
农业就业比重(%)	42	37	31	27	22

特别说明的是,在美国城市化过程中的外来移民在经济社会发展中发挥了重要作用。从 19 世纪 20 年代至 20 世纪 20 年代基本实现城市化的 100 年间,美国外来移民总数达到 3 300 万人,其中 1900—1910 年 10 年间就高达 800 万人。

随着大量人口向城市聚集,城市范围不断向郊区扩展。从 19 世纪末到 1910 年,纽约的面积扩大了 7 倍,波士顿仅在 19 世纪末的 10 年间面积就扩大了 30 倍,费城同一时期面积则扩大了近 60 倍。

第二次世界大战后,美国大都市规模得到进一步扩大,在中心城市与卫星城连成一片的地方,形成了城市群和城市带。20 世纪五六十年代,美国农业现代化进程进一步推进,国防工业和高新技术产业方兴未艾,高速公路连接成网,由此促进了农业人口继续向城市转移。

1950 年美国城市化率达到 64%,1970 年进一步提升到 73.5% [2],美国进入高度城市化的国家行列,城市化进程基本完成。20 世纪 70 年代初,美国城市人口趋于饱和,人口开始由大

---

[1] 王章辉,黄柯可.欧美农村劳动力的转移与城市化 [M].北京:社会科学文献出版社,1999:76.

[2] 王章辉,黄柯可.欧美农村劳动力的转移与城市化 [M].北京:社会文献科学出版社,1999:81.

城市向中小城市和农村地区回流,出现了"逆城市化"现象,这成为缓解大城市压力、实现城乡融合的一种有效途径。随着城市化和农业现代化水平的提高,美国的城乡差别不断缩小,城乡经济社会逐渐实现了一体化。

二、日本的城乡关系发展历程

1868 年明治维新之后,日本开启了工业化与城市化进程。明治维新以来,日本的城乡发展经历了以下四个阶段。

（一）第一阶段：工业化与城市化的准备阶段（1868—1920 年）

在这一阶段,日本政府颁布了一系列促进农业发展的措施,并通过征收高额农业税来为工业发展积累资本。与此同时,政府大力推进基础设施建设,从而为工业化与城市化准备了必要条件。

（二）第二阶段：工业化与城市化的初始阶段（1920—1950 年）

在这一阶段,日本的工业化发展相对而言比较迅速,逐渐形成了京滨工业带、中京工业带、阪神工业带和北九州工业带。1940 年,日本的城市化率已经达到了 37.7%。

（三）第三阶段：工业化与城市化的快速发展阶段（1950—1977 年）

在这一阶段之中,以朝鲜战争爆发为契机,作为欧美国家的战略物资基地,日本经济得到了较快的复苏,工业化水平大幅度提高,城市化速度得到了迅速的发展,人口向东京、阪神和中京三大都市圈集中。1970 年,日本的城市化率已经达到 72.1%。

（四）第四阶段：工业化和城市化的成熟、完善阶段（1990至今）

受 20 世纪 70 年代国际经济危机的冲击，日本经济的发展速度开始放缓。在这一阶段，日本进入后工业化阶段，第三产业占国民生产总值的比重不断提高。由于大城市人口已基本饱和，日本人口开始向中小城镇甚至农村迁移，城乡经济社会逐渐融合。表 2-4 反映了第二次世界大战之后日本三次产业的就业人口变动情况。

表 2-4　第二次世界大战后日本三次产业劳动力就业变动情况 [①]

产业 年份	第一产业		第二产业		第三产业	
	人数（千人）	比重（％）	人数（千人）	比重（％）	人数（千人）	比重（％）
1950	1 748	48.5	7 838	21.8	10 671	29.6
1960	14 389	32.7	12 804	29.1	16 841	38.2
1970	10 146	19.3	17 897	34.0	24 511	46.6
1980	6 102	10.9	18 737	33.6	30 911	55.4
1990	4 391	7.1	20 548	33.3	36 421	59.0
2000	3 173	5.0	18 571	29.5	40 485	64.3

日本城乡发展的特征主要有三点。

第一，政府在工业化和城市化过程中发挥了重要作用，最终形成了高度集中的城市化模式。日本政府通过多种措施引导工业与城市的发展，形成了东京、大阪、名古屋等大都市，1998 年三大城市人口占到全国总人口的 46.8％。

第二，工业化、城市化与农业现代化同步推进。农业发展为日本的工业化与城市化创造了前提条件；日本的轻、重工业发展结构较为平衡，轻工业提供了大量的工作岗位，重工业则为整个

[①] 孙波，白永秀，马晓强 . 日本城市化的演进及启示 [J]. 经济纵横，2010（12）：84-87.

国民经济的发展提供了先进的技术设备,这都推动了城乡经济的发展。

第三,外资在工业化和城市化过程中发挥了重要作用。第二次世界大战之后,日本国内的资金严重不足,朝鲜战争的爆发为日本提供了利用外资的机会。1950—1973 年,日本共引进技术 21 863 项,累计金额 43.56 亿美元,外资的引用为日本的经济复苏提供了很大的作用。

在城市化中后期,日本的农村与农业发展较为缓慢,经过研究,从制度上进行了改革,制定了大批法律政策,积极促进农村经济发展,发布了《过疏地区活跃法特别措施法》《山区振兴法》《半岛振兴法》等政策,并从资金方面加大对农村的倾斜力度,改善了农村经济的发展环境,进而协调了城乡经济社会的共同发展。

三、国外城乡一体化的经验与启示

（一）注重农村移民与城市原住民的融合

国外城乡关系的演进历程表明,农村移民与城市原住民之间的融合与和谐,是城乡发展尤其是城市治理过程中的一个重要问题。农村移民与城市原住民之间要实现融合,必须具备以下三个条件:一是农村移民要完成生活空间从乡村到城市、社会身份从农民到市民的转变,必须要在生活方式、观念以及心理上作出必要调整。二是城市原住民必须要在日常生活中容纳农村移民,给农村移民应有的理解和尊重。三是政府要为农村移民提供与城市原住民均等的公共服务,给予农村移民参加公共事务管理的权利。农村移民与城市原住民的融合,是一个较为长期的过程。但如果农村移民与城市原住民不能实现真正的融合,那么将付出巨大的社会成本。

新中国成立以来,长期实行城乡分割的经济社会政策,导致我国城乡居民之间存在严重的分割与对立,农民工市民化、失地农民市民化困难重重。鉴于此,我国必须高度重视农村移民与城市原住民之间的融合与和谐,加快实现二者在就业、公共服务、生活方式等方面的一体化。

（二）注重发挥工业化、城市化与农业现代化的相互促进作用

国外城乡关系发展实践表明,工业化、城市化与农业现代化三者之间是一种相互促进的关系。

以美国为例,其工业与城市的发展提供了大量的就业机会,于是便形成了对农民向城市转移的拉力。而美国农业的大发展极大地增加了每个农业劳动者所能供养的人数,这一数字在1820年为4.1人（包括该农业劳动者自己在内）,1900年为7.0人,1950年增加到15.5人,1964年和1970年则进一步增加到33人和47人。

美国由于经济发展,西部土地的大范围开拓,使农业发展也较为迅速,能满足不断增长的城镇居民的农产品需求,由于现代化技术的改进,节约了大量劳动力,为农村剩余劳动力向城市转移创造了条件,形成了农民向城市转移的推力。在这种推力与拉力协同作用之下,美国农村人口源源不断地流入城市,最终实现了城乡经济社会的协调发展。

我国是传统农业大国,新中国成立后,工业化得到快速推进,尤其是改革开放以来,城市化也在高速进展,但传统农业由于各种原因却难以长足发展,这不仅形成了日趋严重的"三农"问题,也反过来会影响工业化、城市化的健康发展。因此,我国必须高度重视农业发展问题,加速实现由传统农业到现代农业的根本转变。

（三）注重政府与市场在推进城乡发展中的职能分工

国外城乡关系演进实践表明,政府与市场在推动城乡关系演进过程中发挥着不同的作用。

借鉴国外城乡关系演进实践,要推进我国的城乡发展一体化进程,必须在充分尊重市场规则的前提下,积极发挥政府在保障城乡协调发展中的重要作用:一是制定科学的开发战略与区域发展规划,加快推进城市化进程;二是加快破除户籍分割制度,推进农民工市民化,实现劳动力在城乡之间的自由流动;三是加快农村地区的发展,建立完善的农村社会保障体系,实现城乡基本公共服务均等化。图2-1反映了政府与市场在城乡发展中的职能分工。

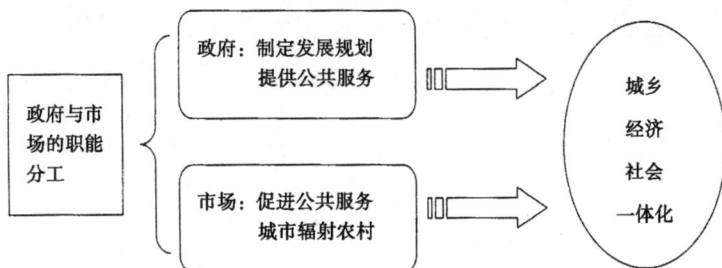

图2-1 政府与市场在城乡发展中的职能分工

（四）注重城乡四个领域的公共服务均等化

发达国家的城乡关系发展历程表明,工业革命兴起之后,在工业化和城市化的早期阶段,生产要素迅速向城市集中,城乡之间在收入、公共服务等方面的差距不断扩大。

在我国城乡二元社会结构下,户籍制度把城乡居民身份割裂,公共服务供给体制在农村与城市之间有着本质的差异,城市的公共服务不断改善提升,基本得到有效供给,但农村公共服务供给严重不足,城乡人口在享受教育、医疗、就业、社会保障等公共服务方面存在着巨大差异,这严重影响了农村居民消费水平、生活方式和生活理念的提升。

因此,要想推进城乡一体化,我国必须加快推进关于城乡基本公共服务均等化、公平化,让城市与乡村享受到基本均等的教育资源、医疗条件、就业岗位、社会保障等公共产品,最大程度实现城乡之间的融合与和谐。

第三章　城乡一体化发展的重点

产业发展是城乡一体化发展的载体。任何一个二元经济国家或地区要兼顾经济增长、充分就业、缩小城乡差距、一定的城镇化速度这四大目标，就必须要依靠产业发展，搭建产业发展载体与平台，同时需要维护公平正义，缩小贫富差距，这就需要加强城乡服务一体化，制定有效的公共服务政策，为全体公民一视同仁地提供基本公共服务。城乡一体化是中国的阶段性目标，城乡一体化不仅仅是城乡经济社会文化等方面的融合与协调，更是城市生态环境与农村生态环境融合发展、人与自然和谐共存的统一。

第一节　城乡产业发展一体化

一、我国城乡产业发展的现状

城乡融合发展是实现城乡发展一体化的重要途径，也是新形势下城乡发展一体化的阶段性目标。从我国城乡关系的现实出发，城乡融合发展则是一个阶段性目标，只有通过城乡融合发展程度的不断深入，才能最终实现城乡发展一体化。

（一）城乡产业发展差距明显

我国城乡企业发展战略的实施，主要借助于城市产业倾斜政策和特殊体制来实施。我国在战略上面一直都采取的是"先工业、先城市的偏向"，因此在政策上面所看重的是工业发展，因此，在产业布局上面,都是将工业放在主要的城市里,同时国家还会给予一定的资金支持,国家将农村的剩余积累转移到了城市,在人口的流通和分布上都采取了相应的安排,但人们在就业和福利制度上却受到了歧视性,使得城乡间的劳动力仍然存在很大区别。

第一,由于农村和城市在产业的发展上并没有直接的关联性,导致了发展脱节,使农村的产业发展滞后,基础设置比较薄弱,农村经济发展与城市的差距过大,形成了严重的对立关系。第二,农村在发展的过程中主要是以第一产业为主,进而使农村市场在扩张上比较缓慢,需求弹性较小,在城市内主要是以第二、第三产业为主要发展,具有很广阔的前景,在产品的需求上也有很大的弹性,城乡产业需求弹性的差异导致了城乡产业发展间极大的不平衡状态。

站在产业结构角度,我国农村服务业主要从事的是农业服务业,比如农业生产资料销售和农业技术推广等生产性的服务,对其他产品的市场缺乏,进而不能满足农村居民的更大要求,尤其是在金融保险、信息咨询、公共服务、中介服务、文体卫生等,与城市的差距拉得更大。

(二)城乡产业关联效应不强

1. 城乡就业信息渠道不畅

在城乡产业分离的影响下,城乡在发展的过程中缺乏连接性,其结果就是使农村的剩余劳动力仍然滞留在农村。发达国家的历史经验向我们展示了:仅仅依靠政策的支持是无法缩小城乡间的收入差距,而是需要依靠人口的转移解决收入差异。但我国在改革开放以后,虽然农村劳动力可以自由流动到城市就业,但严格的户籍制度让其生活在城市,却不能享受城市的福利待遇,这种户籍歧视现象在一定程度上会约束城乡人口流动的速度和规模。2010年农村劳动力流动与城乡收入差距扩大,但是之后,随着农村劳动力的转移,城乡居民收入差距开始呈现缩小的趋势。

2. 城乡产业投资联系失调

在发展的过程中,国家的资金在配置上是更加偏向于城市,更偏向于工业,进而导致了农村无法拥有和城市工业相对等的发展平台和机遇,虽然近些年来,政府制定了一系列的政策将投资向农村倾斜,但历史欠账太多,无法在近期得到彻底的缓解。

第一,政府财政支农资金严重不足,不能满足农业发展的需求。1979 年财政用于农业的支出比为 13.6%,从此以后,比例连年下降,至 1985 年已经降至 7.7%,究其原因是因为当时我国的产业政策向工业倾斜,1986 年以后有所回升,但从 1993 年开始回落,并与 2003 年达到了历史最低,仅占比 7.1%。除去个别的年份以外,我国在农村的财政支出上一直都比较低,徘徊在 7%~9% 的水平上,所占比重较低。

第二,国家财政支农资金结构也不合理。我国政府用于农村的财政资金,主要项目用于农业生产以及农业的水利气象方面,这一部分一直保持在总扶持资金的 50%~70%,政府在农村其他方面投资份额都比较少,比如农村的基础建设、农业的科技经费、农民的保障体系,这些能够提升农民质量的支出都较少,甚至还有下降的趋势。长久下去,我国在农村的财政支农资金占据的份额都不足 1%,这样严重阻碍了农业的产业化发展。我国的农村金融发展不够完善,农业贷款存在诸多门槛,能从政策性银行带出款项的机率也很低,城乡金融环境严重失衡。金融机构贷款的非农化倾向,导致农村的闲余资金无法得到有效利用,外流至城市。农村金融的萎缩导致了农村金融出现更高的风险,金融机构难以收集农户的信贷信息,各种问题导致了农村金融体系逐渐被瓦解,因此,20 世纪 90 年代中期国有银行从农村和农业中撤出了大部分。农村经济在发展的过程中由于缺乏正规金融的供给,因此导致了农村在发展过程中资金的短缺,没有足够的资金投入,资金的缺乏会严重阻碍农村新技术的推广,会抑制需求市场,最终会影响农村收入水平的提高。

第三，城乡产业价格联系扭曲。我国城乡关系政策,过分重视和保护城市工业,同时忽视了农村的发展,这就导致了我国农村和城市的关系发展处于不协调状态,陷入城市二元经济社会结构。1952 年至 1986 年,国家通过工业价格剪刀差从农业中拿走了 5 823.74 亿元,年均为 200 亿~300 亿元。由于价格剪刀差存在减少了农村的资本积累,伤害了农民的生产积极性,但是,至 1985 年,我国取消了农产品的统购统销,但是,由于历史原因以及农产品的市场定价规律,目前,工业产品和农产品之间不等价交换现象依然存在。

$$工农业产品综合比价指数 = \frac{工业品出厂价格指数}{农产品价格指数} \qquad (3\text{-}1)$$

$$比价剪刀差的相对变化幅度 = \frac{农村工业品零售价格指数}{农副产品收购价格指数} \times 100\% - 1 \qquad (3\text{-}2)$$

公式 3-2 反映了农民换回相同数量的工业品要比基期多用农产品数量的百分比。通过市场的调查研究发展,即使当前各项农产品的价格都呈现出上涨的趋势,但从农户手中收购农产品的价格并没有提升,商品的活力还集中在了商品的流通方面。以前缩小"剪刀差"的手段就是提高价格,管理农用生产资料价格,控制农产品的生产成本,降低农用的资料价格。当实施了这些措施一段时间后,并没有起到很好的效果,反之产生了很大的负面影响,不能从根本上缩小"剪刀差"。当前,缩小农产品价格剪刀差的根本途径就是执行"工业反哺农业""城市支持农村"的相关政策。要加强城市和乡村间的有效合作,推动农业产业化的快速发展,发挥出农产品附加值的作用。

（三）城乡产业结构高度同构

产业结构同质化,就是产业结构出现的趋同状况。从我国的历史发展来看,我国的城乡二元分割体制一直都存在,并没有随着改革发展而有所消减,这一结果就导致了我国城乡间产生分离,在工业上面二者并不能进行有效的沟通和融合,进而使城乡工业在发展过程中并没有交点。改革开放之后,我国的乡镇企业带动了乡村工业的发展,使乡村工业不断上升,但是由于在发展的过程城乡产业之间缺乏合理分工,不能进行合理的区分和错位,导致了城乡产业结构的同构性出现。

农村是乡镇企业的发源地,乡镇企业在发展的过程中,农产品加工业会成为首先发展的行业,前向关联部门与农业会形成一种紧密的关系,而农业与后关联部门也会进行整合,这种整合结果会促进农村的整体协调发展。但是无论在行业间,还是在产品上,我国农村工业与城市工业同构性较高,进而导致了产业布局上不合理。

首先,城乡产业同构性致使城乡间不能进行合理地分工,城市某些产业仍然为劳动力密集型产业,各种粗粗放型加工型产业仍存在,导致了各种污染环境的状况出现,严重阻碍了产业升级发展。其次,城乡产业同构性的存在,会使农村与城市在发展的过程中对能源、材料发生争夺,不能合理配置城乡要素。最后,城乡产业同构性会打破城乡工业间互补关系,而产品的同质性也会增加竞争难度,使市场失去短期均衡,导致消费市场的产品过剩,使得城乡产业发展处于恶性循环中。

二、加快城乡产业发展一体化的路径

(一)制订城乡一体的产业发展规划

规划是对未来整体性、长期性、基本性问题的思考,是区域经济发展的总纲和指南。正如习近平总书记所指出:规划科学是最大的效益,规划失误是最大的浪费,规划折腾是最大的忌讳。科学合理、统筹协调、符合国情和区情的产业规划有利于发挥地区比较优势,促进相关产业协同互动,有利于扩大就业、增加税收,带动国民经济健康发展。当前,我国经济运行的主要问题是经济发展中不平衡、不协调、不可持续的矛盾依然突出。因此,要立足于经济发展全局,从更广阔的宏观背景和条件出发,将三次产业作为整体加以谋划。从城乡产业空间布局、承接产业转移、发展产业集群、生产要素跨区域与跨产业流动等多方面进行谋划。

1. 在思想认识上要将城市和乡村看作一个整体

摒弃那种将城乡隔离的传统认识,又要正视城市和乡村各自的特殊性,根据城市和乡村各自比较优势与资源禀赋,科学规划产业空间布局。在突出城市积聚效应和辐射带动作用的同时,也要关注广大农村腹地的均衡发展,重视乡村的规划修编和产业布局,将乡村发展纳入区域经济总体规划中,充分发挥规划在城乡经济发展中的提振和引领作用,逐步形成城区三产互动,近郊产业园区,远郊现代农业,层次清晰、重点突出、科学合理的城乡产业空间布局。

2. 强化三次产业间联系,推动城乡产业有序转移

党的十八届三中全会站在顶层设计的高度指出,"推动大中小城市和小城镇协调发展、产业和城镇融合发展,促进城镇化和新农村建设协调推进"。在实际操作中既要避免过去城市发展非农产业,乡村发展农业的单一产业格局,也要防止出现城市工业与乡村工业齐头并进的重复建设。

应在遵循产业发展规律,区域发展规律的前提下,促进城镇化与农业现代化同步推进,既要产生积聚效应,也要避免重复建设,使城乡发挥各自优势,在产业布局和结构层次上形成优势互补。如将不再具有比较优势的非农产业由城市转移到乡村,这样既可以为乡村注入新的现代化元素,有效地提升乡村产业结构,也有利于城市集中优势资源发展高端产业,让城乡之间互补,形成新的双赢产业结构。当前的工作重点,因为农村的发展较为滞后,因此应该加强对乡村的非农投入,比如,加快农村基础设施建设,创造产业发展环境,让非农产业在农村有序健康发展。

3. 加快构建全国统一性的市场

统一市场既包括产品市场,也包括要素市场,对我国而言更加紧迫的是构建统一的要素市场。要素市场有利于盘活农村的劳动力、土地和资本等主要要素资源,缩小产业差距,使产业关系逐步从政策驱动转化为市场驱动。

大市场的构建必须以妥善处理好政府与市场的关系为前提,政府要改革行政管理体制中不合理的制度安排,通过深化改革释放制度红利,解除阻碍城乡要素流动的体制障碍,为统一大市场的建立和发展创造健康的环境,要打破城乡间和区域间的地区分割,充分发挥市场配置资源的决定性作用,推进城乡产品和要素的平等交换,促进资本、劳动力、技术等生产要素在城乡间自由流动。

4. 大力发展现代产业集群

按照布局合理、产业协同、资源节约、生态环保的原则,对产业集群进行规划布局和功能定位。产业集群发展规划要纳入区域发展规划,与城乡规划、土地利用总体规划等有机衔接;加快完善产业集群能源供应、给排水、排污综合治理等基础设施,加强节能管理和"三废"有效治理,推动绿色低碳循环发展。

充分发挥龙头骨干企业的示范带动效应,鼓励龙头骨干企业将配套中小企业纳入共同的管理体系中,推动协同制造和协同创新;调动行业协会、技术机构、龙头骨干企业和中小企业作用的积极性,联合打造区域品牌;加强产业网络建设,深化移动互联网、云计算、大数据、物联网等新一代信息技术在产业集群中的应用,构建"智慧集群";努力延伸和拓展农业产业链,加快推进农产品加工业发展。

5. 加强城乡产业统筹发展的利益分配机制的建立

随着市场经济在我国的逐步深入,依靠指令性的行政命令方式越来越难以为继,产业协调发展涉及多个市场主体,是一个长期博弈的复杂过程。只有尊重各方利益,承认彼此的利益诉求,通过建立共赢共享机制推动城乡产业协同发展,才能实现城市乡村产业协调发展,最终实现一体化发展。因此,应该构建城乡产业发展的共享机制、上下游产业之间的利益分享机制、承接产业转移的利益传导等机制是实现产业协调发展的关键。

(二)推进产业结构调整,助推城乡产业互动

产业结构演变的基本动因是科学技术和生产力水平的提高。根据产业结构演变规律,三次产业结构总是从第一产业居最高逐步向第二、第三产业的次序位移变化,产业发展的重心也随之转移。在西方发达国家中,第三产业占据国民生产总值的比重超过50%,就业人数所占比重都在70%以上,像美国、日本等发达国家其第三产业比重更高达70%~80%。当前我国三次产业结构不甚合理,亟须推进我国产业结构的优化调整,对加快产业转移升级意义重大。推进我国产业结构升级,在三次产业之间要分层次有重点,在各产业内部也要有层次、有差别地推进。

1. 进一步推进农业产业化进程

促进农业产业化的延伸与拓展,用先进技术和科学管理方法,使传统种植农业功能逐渐向农业旅游休闲、生态维护、文化传承等新功能方向拓展;同时要向第二产业延伸和向第三产业融合,形成三次产业融合的"第六产业"格局。鼓励以家庭农场、股份合作社、公司化运营等多种形式促进农业适度规模经营,实现农民与市场相"对接",实现农业产业化与村庄组织化的互动发展。积极利用生物技术、物联网、电子商务、电子信息技术等现代科技技术改造农业,推进农业机械化发展,提高农产品产量和农业生产效率。

2. 有差别地推进工业结构优化升级,突出工业的支撑作用

中小城市要抓住特大城市、大城市产业结构升级的有利机会,优先发展劳动密集型产业,为城镇化发展提供大量的就业岗位。通过加强研发和设计,提高文化含量,提升在区域价值链的

分工层次,推进劳动密集型工业向产业价值链高端发展。小城镇应该充分利用城镇本身土地、劳动力等生产要素成本比较低的特点,培育与城市工业相配套的产业集群,引导原有的乡镇企业向小城镇聚集,并逐步实现体制、技术创新,使乡镇企业做大做强,发挥产业聚集效应。构建以高新技术产业为支撑、以先进制造业为主体、城乡产业融合发展的现代产业体系,以增强非农产业对农业剩余劳动力的吸纳力。

3. 促进服务业转型升级,多层次地发展服务业

服务业是"最大就业吸纳器",需要强化服务业的支撑作用。通过大、中、小城市差别化地推进传统服务业向养老服务、社区服务、健康服务等新兴服务转化,促进传统服务业转型升级。针对中小城市和小城镇,要强化相关配套设施发展,通过配套完善的教育、医疗等服务业吸引人口向城区集聚,提升城镇的消费能力,激发城镇发展动力。对于特大城市和部分大城市,在关注传统服务转型升级、挖掘就业潜力的同时,更要注重现代服务业的发展。根据工业产业转型升级的需求,大力发展生产性服务业,促进制造业与生产性服务业的深度融合,建设生产性服务业集聚区,优化城市空间结构。

(三)利用重要战略机遇期,促进农村产业发展

农村作为人们生活和生产的最大空间,也是我国目前产业发展最为薄弱的地区。从三次产业的发展差距而言,促进我国产业协调发展的难点在农村,重点在农业。目前,我国经济发展正处于增长速度换挡期、结构调整阵痛期和前期政策积累消化期叠加的关键时期,既是我国发展非农产业的重要战略机遇期,也是转变经济发展模式的关键期、突破资源环境约束、实现可持续发展的攻坚克难期。因此,坚持以促进农民增收为中心、农村经济发展为目的,按照"企业主导,市场引导,政府推动"的原则,加强农村产业结构调整显得尤为重要和迫切。

1. 加快培育农业产业化龙头企业，带动农业产业化发展

农业产业化龙头企业是指企业加工或流通的商品必须以农产品为主，通过各种利益联结机制与农户相联系，带动农户进入市场，使农产品生产、加工、销售有机结合、相互促进，在规模和经营指标上达到规定标准并经政府有关部门认定的企业。

农业产业化是促进传统农业走向现代农业的必由之路，不仅可以延伸农业产业链，提高初级农产品的附加值，而且有利于农业专业化、社会化和商品化发展，提高农业的整体效益。龙头企业则将开拓市场、引导生产、深化加工、科技创新、融通资金、销售服务等功能整合在一起，既是农业产业化最重要的市场主体，也是加快推进农业现代化的重要支撑。

2. 建立农民合作经济组织

以农户经营为基础，以某一产业或产品为纽带，通过专业合作社、股份合作社（在合作制基础上实行股份制的一种新型合作经济组织）以及专业协会等方式建立农民合作经济组织，提高农民的专业技术水平和进入市场的组织化程度，实现农民增收致富和促进农村第二、第三产业发展的目的。

3. 积极发展特色园区经济

围绕地域特色优势，进一步优化产业布局，引导同类企业或产业链上的配套企业向园区集中，向最具比较优势的小城镇集聚，提高土地集约化程度，发挥产业集聚效应。努力做好农业科技示范园区、农业旅游园区、农产品物流园区等现代农业与第二、第三产业协同发展的试点和推广。

4. 加快发展农村生产和生活性服务业

重点发展现代物流、金融保险和信息服务，促进农业生产、农村生活走向现代化。加快发展。农副产品交易市场，创新农商对接、农超对接新模式，促进农产品进城、工业品下乡；完善和延伸现有市场的储藏、加工、运输、信息、检疫、检测绿色农产品认证、

名牌农副产品培育等功能的农村商贸流通服务业；开展劳务输出对接，引导农村富余劳动力有序外出务工；培育、发展一批为先进农业技术推广和技术指导、为优质粮食和畜禽品种提供供应和良种繁育以及加工、物流等提供服务的社会化服务企业。

5. 大力发展乡村旅游业和特色文化产业

深入挖掘独具特色的农业景观资源和民俗风情资源，加大乡村旅游市场开发和培育力度，扶持和引导有条件的农户积极发展农家乐和观光休闲农业，努力为农民增收致富提供更加广阔的渠道。

（四）完善城乡一体的社会管理制度

长期以来，城乡分离的一系列社会管理制度将城市和乡村人为划分为两个分离的世界，城市居民与乡村农民事实上的不平等成为城乡隔离的核心。根据产业发展内在规律，逐步建立起城乡一体的户籍管理、劳动力就业、社会保障和土地等一系列社会管理制度并加以完善，这是促进城乡产业协同互动的基础和前提。

1. 逐步实现"一元"户籍制度

在有条件的地区逐步取消城乡户籍差别，取消农村户口，并以合法固定住所或稳定职业为依据，实行城乡统一的户籍管理制度，实现由身份管理向职业管理的转变。农民在取得城市户口以后，应与原城市居民同样获得平等的就业机会，在公共服务和公共物品上享有相同的市民待遇。

政府应当逐步缩减直至取消城市各种消费补贴和城市特有的社会福利，同时加大对农村公共设施和公共服务的投入，较大幅度地提高农村居民的生产条件、生活环境和福利水平，不断缩小城乡公共服务和基础设施差距。

2. 统筹城乡社会保障制度

从推行社会保障制度改革入手建立一元户籍制度。户籍改革的难点在于社会保障在城乡之间存在较大差异。目前虽然有部分地区已经宣布取消农业户口，实行统一的居民户口，但这并未完全解决城乡之间、地区之间人口自由流动问题，而仅仅是户口在名称和形式上的变化。如果不实行城乡统筹的社会保障制度，仍然会形成新的国民待遇不平等，甚至会造成对农民财产另外一种形式的侵害。

统筹城乡社会保障制度就是要拓宽社会保障覆盖范围，把具有一定工作年限的农民工纳入社会保障范围。同时，探讨建立适合于我国国情的农村社会保障制度途径和模式，逐步在养老、医疗和最低生活保障等方面实现城乡统筹，使农民工在公共服务和公共物品上享有与市民同样的待遇，最终实现城乡社会保障一体化。

3. 培育统一城乡劳动力市场

建立起城乡统一的劳动力市场和公平竞争的就业制度，首先要取消针对农民工制定的限制性和歧视性就业政策，降低农民进城"门槛"，疏通农民进城渠道。其次，通过立法，在法律上规范劳动关系，充分尊重进城务工农民的合法权益，保证其正当利益不受损害。最后，培养新型农民，提高农民就业能力。通过对农村劳动力的培训，增强农民适应新生活和新工作的能力。

第二节　城乡公共服务一体化

习近平总书记指出"要采取有力措施促进区域协调发展、城乡协调发展，加快欠发达地区发展，推进城乡发展一体化和城乡基本公共服务均等化。""发展要城乡协调、地区协调。""城乡一体化要协调好，城乡一体的人员流动、布局、社会发展等问题都要规划好。"公共服务一体化是城乡一体化的重要组成部分。2017

年1月23日,国务院印发了《"十三五"推进基本公共服务均等化规划》,提出"基本公共服务均等化是指全体公民都能公平可及地获得大致均等的基本公共服务,其核心是促进机会均等,重点是保障人民群众得到基本公共服务的机会,而不是简单的平均化。"可以看出,推进城乡公共服务一体化是我国当前社会发展的一项重要建设任务。

一、城乡公共服务一体化的内涵及意义

城乡公共服务一体化的目的是通过采取适当的手段逐渐消除城乡间公共服务的本质差别,其实质就是促进城乡公共服务融为一体的状态与过程。

(一)城乡公共服务一体化的内涵

1. 城乡统筹性质

城乡公共服务一体化是城乡一体化的重要内容。城乡一体化是指在一个相互依存的区域范围内,促使城市与乡村这两个不同特质的经济社会单元融合发展、协调共生的过程。城乡一体化是城乡全面对接、共同发展和整体融合的系统工程,包括城乡空间布局一体化、基础设施一体化、产业发展一体化、劳动就业一体化、社会保障一体化、社会发展一体化,以及生态环境建设与保护一体化等,其中公共服务一体化是城乡一体化最重要、最核心的内容。主要是因为,一方面,公共服务是政府"使用公共权力和公共资源向公民提供的各项服务",有公共设施建设服务、文化教育服务、医疗卫生服务,以及科技服务、体育服务、娱乐服务等,内容广泛。如果如此多的公共服务都不能实现一体化,那城乡一体化便无从谈起。另一方面,公共服务尤其是基本公共服务是实现人类全面发展的基本条件,主要是为了满足人类生存、人类尊严和健康安全的基本需要,而这恰恰是城乡一体化发展的逻辑归依。没有保护人类生存和发展方面的公共服务一体化,其他方面的一

体化就会黯然失色,失去现实意义。

2.公共服务分类

城乡公共服务一体化的重点是民生服务。公共服务的范围很广,涉及各行各业,可以将其划分为不同种类,如在领域方面,公共服务可分为基础性公共服务、经济性公共服务、社会性公共服务和安全性公共服务;在公共资源的稀缺程度方面,公共服务可分为无偿性公共服务和有偿性公共服务;在表现形态方面,公共服务可分为有形公共服务和无形公共服务;在地位上,公共服务可分为基础性公共服务和非基础性公共服务等。在这里,领域上的基础性公共服务与地位上的基础性公共服务是不同的,前者是指政府为提高和改善居民生产、生活环境而提供的道路建设、供水、供电、供气,以及交通、通信等基础设施建设和维护服务,和有形公共服务或公共产品类似,而后者是指在形成一定的社会共识的基础上,结合国家财政供给能力、社会发展总体水平和公民需求状况,维持社会稳定、保护公民基本权利、促进人类全面发展的公共服务,包括公共就业服务、社会保障服务、基础教育服务、基本医疗卫生服务、公共文化体育服务等。城乡公共服务一体化是公共服务的全面一体化,但一体化并非没有重点,不分主次,在公共服务发展的任何阶段中,民生服务都应该成为城乡公共服务一体化的重要领域。

3.公正理念

城乡公共服务一体化要尊重社会成员的公民权利。城乡公共服务一体化发展既要提高公共服务的普惠性、可及性,保障广大农村居民——不论居住得多么偏远,也不论他们的经济收入和生活水平存在多大差异——都能享有与我国经济社会发展水平相当、结果大致均等的公共服务,而且还要秉持公平正义的发展理念,确保广大农村社会成员都能享有《宪法》赋予的公民基本权利。城乡二元体制形塑下的城乡公共服务不平衡状况,违背了社会的公平正义,损害了农村社会成员的公民生存权、发展权和自由选择权,因此,城乡公共服务一体化战略的实施,要增强为农村居民的生存和发展提供公共服务外,同时,要特别注意尊重他们的自由选择权。不能因为公共服务是政府免费为农村居民提供的,就不考虑农村社会成员公共服务的真实需求,擅自替他们做主,也不能借口农村公共服务要与城市对接,就强迫农村居民居住到公共服务水平高的城郊社区或农民集中社区,更不能以农民"不听话"为理由,就肆意减少、削弱甚至剥夺部分农民的公共服务享有权利。

4. 发展趋势

城乡公共服务一体化既是一个渐进过程,又是一种社会结构状态。城乡公共服务一体化是一个长期的实践过程,不能一蹴而就,需要经历由低到高、先易后难的渐次推进过程。但不论城乡公共服务一体化推进到何种程度,城乡公共服务一体化绝不是城乡公共服务的一样化。正如有学者在城乡公共服务均等化研究中指出的,城乡公共服务一体化"不是追求平均化和无差异化",强调的是享有"公共服务的机会与权力平等,是最低标准的均等和最终结果的相对公平"。即使城乡公共服务一体化完全实现,农村居民与城市居民拥有的公共服务也可能存在差别,服务水平也可能有高低之别,但农村居民享有公共服务的权利与城市居民应该相同,他们都有自由选择公共服务的权利。因此可以说城乡公共服务一体化就是一种新型的社会结构状态。在这一新型社会结构中,城乡不再是二元的,政府为城乡居民提供的公共服务是互补、共生的,即城市与农村的公共服务各有特色,但没有公共服务水平的高低区别,城乡间公共服务已形成一个封闭、完整的双向对流体。

（二）推进城乡公共服务一体化的重要意义

1. 有利于缩小城乡差距

我国在 20 世纪五六十年代建立了城乡二元体制,该体制直接将城乡之间彻底隔离,在此基础上形成了牢固的城乡二元经济社会结构。1978年以后,虽然国家"放权""让利"的农村发展政策解决了农民的吃饭问题,减轻了农民负担,增加了农民收入,农民的生活日趋改善,但与城市相比,农村发展远远落后,城乡差距不仅没有缩小,反而越来越大。对此,国家出台了一系列政策以理顺城乡关系,如1998年提出建立公共财政制度,要求公共财政覆盖农村。在党的十六大召开前,国家政策仍在"祖护"城市,农村建设和农村发展得不到国家公共财政的真正支持。这种状况到党的十六届五中全会后才有了实质性的改变。新农村建设开展后,国家发展农业、建设农村的"多予、少取、放活"等各项惠农政策相继出台,"公共财政对农村发展的支持由原来比较狭窄的农业生产向农村公共服务和公共基础设施建设延伸,逐步把农村教育、医疗卫生、养老、文化和乡村道路建设、人畜饮水、农村能源纳入公共财政支出范围"。但"总体上,我国城乡基本公共服务非均等化的格局还没有根本改变,统筹城乡社会发展仍然处于初级与起步阶段"。

从20世纪80年代开始,我国大力发展乡镇企业和建设小城镇,自20世纪90年代开始城市化进程又不断加快,实际上这并不是城乡的孤立行动,而是已经将城镇化作为城乡连接的桥梁。20世纪80年代的小城镇建设是中国国情的城镇化,20世纪90年代的城市化承继了西方发达国家的城市化发展路径,符合城市化共性,但实践证明,小城镇建设和传统城市化的发展策略对缩小城乡差距的作用微乎其微,都不能解决中国城乡差距问题。城乡公共服务一体化弥补了以前城镇化的两个不足:一是城乡一体化仍要搞小城镇建设,仍要扩张城市发展规模,但它是高于小城镇和单纯城市扩张的举措,有助于将农村、城镇和城市形成一个连续体;二是赋予城乡一体化以新的载体或新的平台,即通过公共服务发展,尤其是农村公共服务发展,推进城乡一体化,最终使农村居民从享有与城市居民均等的公共服务向全面一体化合拢,进而使农村居民能过上与城市人均等的经济社会生活。

2. 有利于解决民生问题

民生问题直接关系到国家和民族的生存和发展,它的解决关系到国民基本权利保障。"十一五"规划实施以来,随着科学发展观的提出和贯彻,社会事业发展便以改善民生为重点,并且各级政府在和谐社会建设中也高度重视民生问题,财政对教育、卫生、社会保障、文化等主要民生领域的支出力度逐年增大。从保障民生角度看,"公共服务是指与民生密切相关的纯公共服务";从实践经验看,城乡一体化推进快的城市,如成都市、苏州市等都把城乡一体化的重点放在文化教育、就业培训、医疗卫生,以及最低社会保障、养老保障、医疗保障等民生服务领域上,并以此为"破冰"点来促进农村居民享有与城市居民均等的公共服务。

我们应紧紧围绕民生问题推进城乡公共服务一体化发展。一方面,可以增强政府建设新农村和发展农村城镇化的自觉,促使公共服务资源包括人力、物力和财力向农村倾斜;另一方面,可以确保政府在经济发展的基础上不断提高城乡居民生活水平和生活质量,使城乡居民"学有所教、劳有所得、病有所医、老有所养、住有所居"。为此,城乡公共服务一体化实施应该将与民生相关的公共服务作为发展重点,主要包括以下六个方面。

一是城乡基础设施建设一体化,大力推进公交、供水、供电、供气、通信等公用基础设施向农村延伸。

二是城乡社会保障一体化,健全多层次、广覆盖、可转接且与经济发展水平相适应的城乡社会保障体系。

三是城乡公共事业发展一体化,让农村人享受到与城市居民均等的教育权利、文化权利、健康权利、卫生权利、食品安全权利,以及治安和环境保护权利。

四是城乡劳动就业一体化,采取非农就业和产业内就业"两轮驱动"措施,完善城乡统一的就业体系,使城乡就业的机构、登记、培训和城市一体化。

五是城乡生态文明一体化,开展美丽乡村建设,改善农村人居环境,逐步使农村的河道、污水、路灯、绿化、厨房、厕所、垃圾的治理与城市对接。

六是城乡社会管理一体化,健全农村社区村民或居民自治制度,推进乡镇和村两级社区服务中心建设,强化基层政府公共服务能力,以统一城乡社会管理和社会治理。

3. 有利于促进我国经济发展

我国制度和政策的"城市偏好"安排,使得城乡公共服务发展不平衡,但造成农村公共服务落后于城市的根本原因是我国低生产力水平和弱经济实力。今天倡导城乡公共服务一体化,就是要纠正过去制度和政策上的失误。改革开放以后,我国经济快速发展为城乡公共服务一体化奠定了坚实的基础。只有在经济发展的推动下才可以实现城乡公共服务一体化,但是城乡公共服务一体化并不仅仅是受益于经济发展,同时还是拉动内需、促进经济增长的内生动力。居民消费不足、内需乏力,已经成为制约我国经济持续发展的痼疾,而我国消费最大群体是居住在农村的农民,如果政府能通过公共服务这一集体消费形式引导并带动农民个体消费,那么城乡公共服务一体化将成为促进我国经济发展的"增长极"。由于农民收入增长缓慢,加上国家为农民提供的社会保障不全面且水平低,他们中多数人担忧"消费风险",不敢过"富人"生活。居民消费风险直接影响到公众的消费水平和消费质量,导致消费严重不平等,需要政府通过提供公共服务来分担居民消费风险。城乡公共服务一体化,既可以通过增加公共服务设施建设和公共服务提供的"公共消费""集体消费",改善农村居民消费状况,提高他们的公共性消费水平,拉动内需;又可以引导农村居民放下消费包袱,大胆进行"私人消费",追求自己理想的消费生活。因此,随着城乡公共服务一体化的深入,农村公共消费市场和私人消费市场将随之兴旺和繁荣起来,这将成为破解我国经济发展僵局和实现社会公平的持久动力。

4.有利于落实政府公共服务职能

政府职能在推动城乡公共服务一体化的过程中具有十分重要的作用,这主要体现在城乡公共服务一体化的实现程度上,政府职能导向决定了这一程度。尽管政府主要有经济调控、市场监管、社会管理和公共服务等四大职能,但长期以来,我国政府重经济发展而轻社会建设,重行政管理而轻社会管理和公共服务,造成了政府职能畸形成长和机理失调,使政府在经济社会发展的作用与其执政地位严重不匹配,并且严重浪费了公共资源,削弱了政府执政能力,降低了政府公共服务质量。城乡公共服务一体化的推进,有助于政府公共服务职能的进一步落实,加快政府由管理型向服务型转变。

城乡公共服务一体化及相关体制的建立不仅很大程度上取决于政策导向,同时还可以反作用于政府职能,促使其不得不发生职能转变,从而更好地履行公共服务责任。第一,城乡公共服务一体化战略的实施,有助于进一步明确各级政府的权责,使权责对称并协调统一起来,确保省级以上政府在城乡公共服务一体化中承担更多的责任。第二,城乡公共服务一体化目标的确立,有助于建立健全各级政府的公共服务绩效考核体系,完善上级政府对下级政府及其官员的公共服务问责制,促使政府将管理职能转移到公共服务上。第三,城乡公共服务一体化社会政策的颁布,有助于政府在推进城乡公共服务一体化进程中不断修改、完善扶持和支持农村公共事业发展的各项制度和政策,清理已有的城乡发展不合理的政策,并坚决杜绝新的不利于城乡公共服务一体化发展的制度。第四,城乡公共服务一体化的多中心治理体制建立,有助于市场和社会力量参与公共服务的供给与管理,帮助政府更好地履行公共服务职能,以尽快实现城乡公共服务一体化的治理目标和治理价值。

二、城乡公共服务一体化面临的困境

（一）新型农村社区服务体系建设中的问题

1.服务资金渠道单一

对于新型农村社区服务体系建设来说，必须有足够的资金支持，这项服务体系属于基础设施建设范畴，主要取决于资金的投放力度和效用。所以资金的筹集成为最关键的因素。由于历史原因，城乡二元化体系的长期存在使得城乡发展不平衡现象日益明显，当前中央和地方各级政府对农村社区服务体系建设的投入仍然存在不足，当前全国很多农村仍然存在严重的欠债现象，当前阻碍我国新型农村社区服务体系建设的原因在于资金来源渠道过于单一，无法满足建设需要。因此，建设新型农村社区服务体系，就必须通过有效方式拓宽资金来源。

2.服务设施总量供给不足

虽然现在社会信息化发展迅猛，但农村的社区服务信息化程度较低，农村居民想要了解社区服务信息只能通过广播或信息张贴栏，这就导致信息传播的速度和效率都比较低。由于信息传播方式落后，信息传播的范围狭小，村民获取信息的速度迟缓。当前，很多农村的村民活动中心缺少基础设施，或者设施比较陈旧，只是摆样子，并不能真正意义上丰富村民的业余生活。因此，农村公共服务建设的一项重点就是完善农村社区的基础服务设施，基础设施是组织村民开展丰富多彩的活动的基础。

3.卫生医疗服务不健全

我国农村建设仍然存在卫生医疗条件较差，医疗服务不完善、医疗资金不足等问题，"看病难，看病贵"，因病致贫的现象依然困扰着大部分农村居民。由于卫生所和卫生服务中心较少，并且因为专业性较强，农民对药物的了解有限，所以有些乡村医生为了利益,会随意抬高药价,甚至小病大看,而当前农村医疗卫生服务的监管体系并不完善,这直接降低了农村医疗卫生服务的水平,为农村居民享受医疗服务造成不良影响,也就形成了"看病难"的问题。因此,建设新型农村社区服务体系的过程中,应该加强社区卫生服务中心的建设和完善,以此真正为农村居民解决医疗卫生服务问题。

4.养老机构服务欠缺

"养儿防老"是我国的传统思想,直到今天我国还有大部分农村居民秉承这一理念,这就导致我国农村直至今天依然以家庭养老为主体。第一,农村老人具有比较强的居家观念,他们喜欢留在农村老宅养老,而不喜欢移居到别处养老;第二,子女出于好意将年迈的父母送到别处养老会引来非议,子女需要承受来自村民的舆论压力,对他们精神造成一定伤害;第三,农村社区内的养老服务十分欠缺,没有专业的养老服务机构和专业的服务人员;第四,城市的专业养老服务机构费用较高,很多农村居民的收入水平难以支撑这笔开销,导致他们无法选择这些专业机构为老人养老。当前来看,因为农村老人的居家养老观念的存在,很多农村老人都希望能在本村建立养老机构,并且接受养老机构进行集体养老的理念。

5.志愿服务不规范

当前,我们必须构建一套针对农村的志愿服务体系,以配套农村服务体系。农村社区与城市社区不同,周边并没有高等院校环绕,因此缺少积极参与志愿活动的大学生等群体,城市社区通常会有志愿者组织各种活动,如到社区打扫卫生、慰问老人小孩等,农村社区则很少有这类活动。也有一些农村社区会组织志愿活动,但是这些活动缺乏连续性,很多活动都沦为"一次性"活动,并且志愿活动的质量并不高,也就是表面工程,并没有真正发挥志愿活动在社区建设中的积极作用。很多农村社区组织志愿者服务单纯为了应付上级检查,志愿者活动的内容也仅仅是打扫卫生等基本工作,专业性的,服务范围狭窄,因此,农村社区不仅要积极组织志愿者活动,还应该拓展服务范围。

6. 就业指导服务低效

农村社区中有很大数量规模的失业待业人员,这些人员有些属于结构性失业,比如原来主要从事农业,而现在家庭占用土地较少,机械化程度提高,大部分时间是在农闲期,还有些农民已经把土地流转出去,所以造成真正从事农业的农民人数大幅度下降。而农民因为缺乏长时期的技能训练,创新意识较差,导致其在其他产业的就业能力比较差,所以在寻求工业、商业、服务业领域的岗位时,往往由于技术含量较差,没有竞争优势。农民的信息掌握不充分,在当前信息化时代,很多就业的需求与供给都是通过短平快的咨询下发的,所以大部分农民不知道如何找工作,也不知道自己适合什么工作,自己需要为工作准备哪些技能。而我们的农民就业指导服务在这方面欠缺很多,有一些地区也组织了一些技能培训,但由于这些技能不能与岗位结合,使培训效果较差。

(二)城乡一体化下的农村公共服务发展情况

由于相关政府机构对农村公共服务建设的不重视,农村社会成员长期没有公共服务理念,对其需求也表现出漠视,和城市公共服务之间的差距较大。公共政策制定的基础是利益表达,但是目前农村公共服务建设的一个重要问题是农村居民的利益表达比较淡漠,这就导致了相应政策上在制定时会出现偏差。

1. 农村公共服务需求表达面临城乡一体化新处境

通过我国农村建设实践中可以看到,在一些新农村建设取得不错成果的地区,经济发展要快于公共服务表达意愿,二者的发展并不同步。近年来,地方政府积极推进新农村建设和发展并且取得了一定成果,这些地区的建设重点是改变现有农村规划,如并村建区、撤院住楼等,新的农民居住区搭载比较完备的公共服务,农村居民对公共服务的满意程度也随之不断提高。但是当前的新村/社区建设大多属于政府行为,也就是说,公共服务是以"自上而下"的方式供给,并不是完全以农民的需求表达为基础而开展的建设。在农村建设和调整的过程中,政府也开始清晰地认识到更高水平的发展应该相伴随高质量的政治参与才会更有效,并且也通过一定途径积极采纳了村民的意见,但也有许多村民认为自己的力量太小,意见表达并不会采纳,从而不与政府及官员博弈,还有一部分村民则因为"害怕孤立"而在农村建设上不敢表达自己的意愿,这种心理驱动下,很大一部分农民在公共服务表达行为上出现了晕轮效应。

一些经济发展滞后的农村,农村居民不能很好地表达自身的公共服务需求,而这种情况的普遍存在并不及时纠正导致了意见表达越来越冷漠的趋势,主要表现为以下几个方面:第一,村中表达能力和表达意愿比较强的通常是中青年人,但是绝大部分中青年村民都为了更好地发展而外出务工,他们每年回到村里的时间十分有限,甚至有的年轻人几年才回一次家,即使回了家他们也大多不会操心村里的公共服务问题。第二,随着城市不断发展,很多农村逐渐陷入"空心化"或"半空心化"状态,村中只有留守的老人、妇女和儿童,村中几乎没有青壮年男性,虽然他们是农村公共服务的主要受益者,但是这些人群文化知识水平较低,信息量较少,导致话语权较弱,所以他们无法正确地表达对农村公共服务的需求。第三,一些经济条件比较好的村民会对农村公共服务的落后感到不满,但是为了满足他们对医疗、购物、教育和社会保障等各个方面的需求,他们选择逃离农村,投奔城镇,以此寻求更全面、更优质的公共服务,而不是选择向政府表达不满,要求政府提高公共服务水平。在农村社会公共服务建设中,农民的公共服务弱表达或不表达十分不利于建设工作的开展,如果意见表达越来越冷漠,那么农村的情况只会越来越糟。

2. 农村公共服务供给面临城乡一体化新路径

农村集体经济和农民是我国农村公共服务的重要供给主体,

政府在该方面提供的只是辅助力量。虽然在新世纪我国各级政府开始加大力度支持农村公共服务建设,但是并没有获得预期效果,政府在推进农村公共服务建设的过程中,很多地方出现了"政府干、农民看"和"干部累、群众骂"的现象。在这样的实践下,农村公共服务供给问题成为一个很难解决的问题,政府加大支持力度并不是单纯地由政府取代农民,而是要在之前建设发展的基础上寻求新的供给路径。社会供给和政府供给都可以由于某种原因出现农村公共服务供给失灵的情况,为了应对这种情况应该采取农村公共服务供给的"一主多元"模式,在这种供给模式下,政府发挥主要作用,与此同时,民间组织供给、社会市场供给和农户自主供给作为有效补充,不同的供给途径相互依存、互为补充,如图 3-1 所示。

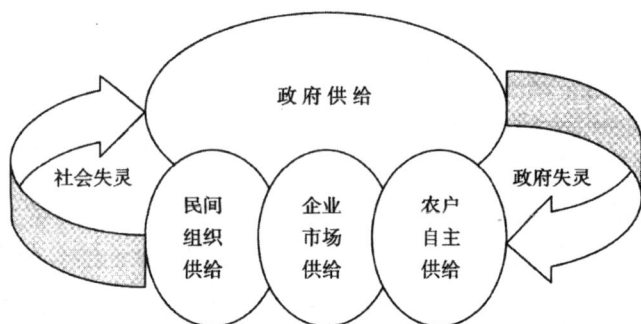

图 3-1　农村公共服务供给主体关系

　　虽然"一主多元"供给模式对于缓解农村公共服务的供给不足问题起到了重要作用,同时这种供给模式还可以有效解决多个供给主体的角色紧张的问题,但是当前我国农村公共服务供给存在的根本问题并不在于此,因此"一主多元"的供给模式不能从根本上解决当前我国农村公共服务供给不足的问题。因为我国农村民间组织的数量少并且发展也比较落后,虽然近年来农村合作组织发展迅速,但是这些组织的实际能力并不足以改变农村供给不足的现状,这些供给主体并不能为农村提供长期、充分地农村公共服务;农村市场经济虽然近年来得到了一定发展,但仍然处于比较低级的发展阶段。农村纯公共产品在性质上的非竞争性、非排他性,导致市场提供会失灵,因此作为城乡一体化的企业这个载体很难提供。在承包责任制后,集体经济所发挥的作用不断衰弱,农村的公共服务的提供渠道狭窄,政府成为供给最重要的主体。农村公共服务与城市公共服务相比,服务水平低,并且城乡之间在很多方面都存在显著差距,过于强调农村公共服务供给主体的多元性,这样就为政府在供给方面推脱责任创造了条件,这十分不利于我国城乡公共服务一体化的建设。

3. 城乡公共服务应一体化统筹发展

虽然近年来我国加大了农村公共服务建设的力度,但该领域发展依然相对滞后,从实践中可以看出,不同地域的基本条件以及城乡公共服务一体化程度都存在很大差异,并且就目前的实际情况来说,仍没有有效的推进措施。从地域的角度分析,东部沿海发达地区和城郊结合部的农村的公共服务建设和发展的速度比较快,在农民比较聚居的地方,比如小城镇、大村庄公共服务水平相对较高,有些农村的公共服务正在积极与城市公共服务对接,甚至有一些发展迅速的农村的公共服务水平已经超越城市社区;中西部地区的农村公共服务发展则滞后一些,存在比较严重的"空心村"情况,这些地区的政府财政支付能力差异,进一步拉大了城乡之间公共服务发展差距,这些地区的农村公共服务难以与城市对接,也就更不要说实现城乡公共服务一体化了。从服务领域结构方面来看,政府推动农村公共服务建设的过程中,将主要精力和财力放在道路建设、学校改建等有形公共服务以及最低生活保障、医疗保障和养老保障上,因此这种支持并没有实现所有领域的全面覆盖。但农村公共服务发展涉及的领域十分广泛,例如,产品市场开拓服务、技术指导服务、就业培训服务、销售信息服务等与农村居民的收入水平挂钩,社会治安服务、卫生知识普及服务、文化体育服务、垃圾处理服务等则直接影响了农村居民的生活质量,但是在这些领域政府的支持并没有完全覆盖。一些农村地区的基础设施建设和社会保障服务类公共服务发展速度很快,但是并没有很好地和城市对接。如虽然一些农村在政府的支持下有了硬质路面,但是存在路面狭窄的问题,并不能满足农村发展的实际需要,或者是有了路却没有交通工具,农村居民仍然面临出行困难的问题;农村虽然有了新型合作医疗,可以为农村居民提供基础医疗服务,但是农民的医疗报销水平较低,很多农民因为看不起病而不去治疗;当前我国的养老保障覆盖面不断扩张,但是仅仅依靠养老补贴并不能真正解决农村居民的养老问题。

三、城乡公共服务一体化的措施

(一)建设新型农村社区服务体系

1.加强农村医疗卫生体系建设

当前,群众看病难、看病贵的问题仍是全社会普遍关注的热点,也是新型农村社区医疗卫生体系建设的重点。

第一,规范并完善农村医疗卫生机构的管理机制。政府应该组织卫生局和相关部门认真落实医改政策,改革农村的妇幼保健机构、疾控中心的组织运营方式,建立健全管理机制和运行机制,对医疗卫生机构进行科学管理、投入和监督,不断提升医疗卫生机构的技术水平、改善服务态度,以此保证农村医疗卫生事业可以沿着正确的方向发展。

第二,科学调整城市医疗卫生资源结构。对于新建的社区卫生机构,医疗部门应该严格审批,要充分考虑人口分布、医疗资源布局等各相关因素,要让农村卫生机构尽可能地满足一定范围内的群众的就医需要。为了保证农村卫生机构的正常运行,政府要建立并实施相应的投入机制,要按照相关政策为卫生机构划拨资金。对于农村居民认可的农村卫生机构,为了让农村居民更及时地就医,社保部门应该将这些卫生机构纳入医保定点机构范围,推行农村首诊制度,实现患者的科学引流。

第三,完善各类参保人员医药费的报销规定。基层调查是各主管部门必须重视的调研手段,相关人员应该到医疗机构和患者中间进行深入调研,遵循国家政策的前提下,为了让群众更好地享受医疗服务,要进一步调整、细化并调高医药费用的报销比例。相关部门应该积极宣传医疗报销政策,让农村居民接受分级治疗,根据自己病情的轻重选择不同级别的医院,让低级医院发挥其作用,高级别医院缓解病号过于集中,医院资源过于紧张的压力,让病情轻重不同的病人都可以得到有效及时的治疗。

2. 加强农村新型社区教育建设

对于当前的社会发展来说,持续学习、终身学习是每个社会公民的事,建设并完善社区教育、建设学习型社区是全社会的事,因此,为了保证这项工作的顺利展开必须建立健全有效的保障机制。

第一,加强并充分发挥政府的统筹职能。我国农村社区教育的管理机制和运行机制还存在很多问题,这要要求相关部门要进一步探索及完善。政府应该加强对农村社区教育的重视,将其纳入国家经济和社会发展整体规划中,在推进教育改革和发展的过程中将农村社区教育视为重要内容,将加强农村社区教育纳入政府的工作职责范围之内。政府在农村社区教育建设工作中,应该充分发挥自身的统筹功能,积极为建设工作提供支持,营造良好的舆论环境,制定并落实有利于农村社区教育发展的政策。各相关部门应该将日常工作与农村社区教育发展有机结合起来,为我国农村社区教育建设和发展提供有力支持,让农村居民可以有更便利的学习条件和更舒适的学习环境。

第二,加大农村社区教育的资金投入。农村社区教育具有鲜明的公益性,应忽略其经济效益,衡量其社会效益。因此作为一种公共产品属性的支出,应由政府投资作为主流,建立专项资金,并配套相应的财政资金使用制度,从而保证农村社区教育可以在需要时及时获得资金。明确相关部门的职责,并明确落实的情况。

但是,由于我国各区域经济发展不均衡,导致农村社区资金投入差异较大,因此在经济发展落后区域,还应通过拓展多种渠道,拓展资金来源,促进社区教育的均衡发展。

第三,建设专业化的师资队伍。发展农村社区教育光有政策和资金支持还不够,还需要一支专业化的师资队伍提供教育力量。当前,我国各地社区都纷纷组建了自身的教育师资队伍,主要由专职人员组织管理,聘请各行业专家作为兼职教师,利用行业知识,满足农村社区教育的需求。农村社区教育师资队伍的师资配备除了专职和兼职以外,志愿者也是一种不可忽视的组成部分。专职教师是指各级教育行政部门的农村社区教育的组织者与管理者;兼职教师主要来自学校选聘和社会应聘,属于专业化技术人员;志愿者教师则大部分为各个院校的退休教师,还有一部分是各行政事业部门的培训教师。专职教师可以发挥指导、督导与示范的作用,兼职和志愿者教师则承担具体的培训内容。

3. 加强新型农村社区市场服务建设

农村社区市场不健全就无法吸引大批企业进驻,这就会限制农村社区市场的商品的品种,无法提供完备的售后服务,最终就会从整体上对农村社区的服务功能产生不良影响。同时,农村社区市场是农村经济的组成部分,在促进农村经济发展方面起到了积极促进作用。只有保证经济的健康发展,才能以此为基础建设和发展农村社区。农村社区在交通、基础设施、社区服务等各个方面都存在不足,有待进一步建设,而只有依靠发展经济才能解决这些问题。而培育和完善农村社区市场就是促进农村社区经济发展的一条有效途径。

4. 加强新型农村社区志愿服务建设

而加强农村社区志愿者队伍建设,是农村社区发展的重要组成部分,因此应从以下几个方面逐步完善。

第一,强调志愿服务的全民参与。一是拓宽宣传渠道,利用村民培训机构,村民网络平台,召开村民会议,宣传志愿者服务的必要性,吸引村里的能人和权威人士首先加入志愿者队伍,形成示范作用,通过实际行动带领人们积极参与志愿活动。二是找准定位,引导全民参与志愿者活动,遵循"分类指导,分层推进"的原则,科学划分农村居民的服务要求以及农村居民自身的服务能力。将服务主体划分成不同层级,按照这一分类建立相应的志愿者群体,以此提供更全面的志愿服务。三是加强制度的建立完善。应该尽可能地将志愿者服务内容细化,划分不同类型的小组,让服务有效;同时在条件具备的农村社区,应该针对志愿活动建立相应的奖励政策和补贴政策,以此激励人们更积极主动地参与志愿活动,为农村社区的建设提供重要力量。

第二,强调志愿服务的全程参与。一是建立志愿者队伍服务的登记考勤制度,要保证记录的完整性和标准化,通过这一制度反映参与志愿活动主体的实际参与情况。二是建立健全服务质量信息反馈和报告制度,该制度是为服务质量提供保障,确保志愿服务不只是做样子,而是切实为农村居民解决实际问题。三是建立经常性的测评制度,只有科学有效的测评才能及时发现和改正志愿活动中存在的问题。农村社区可以开展以小组为单位的自评和以村为单位小组的互评,以此保证服务的水平和质量。通过建立以上这些机制,有效保证志愿服务的持续性、全面性和高质量。

第三,强调志愿服务的全方位服务。一是扩大服务对象。针对老弱病残群体开展广泛的帮扶性服务,同时要加强对村级公共事务管理的重视程度,将其作为服务对象,组织和引导农村居民广泛参与各种活动,志愿服务应该覆盖民政保障、社会平安、农村文明和科技知识教育等各个方面的内容。二是丰富服务形式。通过群体对群体、一对一等方式,将志愿者队伍服务与农村社会组织服务有机地结合在一起,充分发挥农村志愿者队伍的作用,有机结合社群文化团体和经济合作组织,从而形成相互促进的关系,开展更广泛、有效的志愿活动。三是加强农村普法工作。通过组建专业性宣传队、设立监督岗,做到社情上下畅通。

第四,强调志愿服务的全体系管理。一是民政部门应该加强对志愿者队伍建设的正确指导,同时应该加强对专业协会的严格审批和管理,以此保证农村志愿者工作可以顺利开展,保证志愿服务事业的健康发展。二是建立健全志愿者队伍组织,实行村级民主管理。同时,相关部门应该不定期的联合农业部门、卫生部门、安全部门等各相关部门组织活动,为农村志愿服务提供有力的制度保障。三是引入民主管理的机制,志愿者队伍的加入以及考核依赖民主评议标准,志愿者服务内容及效果在全村内公示,接受全民监督。

(二)推动城乡基本公共服务均等化的财政制度改革

1. 明确中央与地方财权分配关系

我国当前的分税制并不善,导致省级以下政府的事权和财权并不匹配,在县级政府和乡镇政府上表现得尤为明显,而因为县乡财政困难,严重影响了我国城乡基本公共服务均等化进程的推进。由此需要明确中央和地方财政之间的分配关系。

中央财政首先制定并实施城乡基本公共服务框架,列定具体服务的最低标准,这是在我国有效推进城乡公共服务一体化的基础,也是在我国实行有效财政转移支付的前提条件,在设定这一最低标准时,应该充分考虑各地区的实际财政和经济指标,依次进行片区划分,根据实际情况制定不同的标准,保证标准的指向性。

基层财政在城乡基本公共服务建设工程中,主要职责是提供城乡具体公共服务,这需要大量的资金投入,财政问题就成为地方服务的最大问题,只有解决了基层财政问题,才能有效地减轻农村居民的负担。这就要求省级政府制定并完善相关体制,提高省以下财政转移支付规模,要通过各种方式途径加强县乡财力。

此外,中央政府应该对地方政府的财政运行情况进行实时监控,及时了解财政运行中出现的问题,从而及时补救,对于地方政府存在的各种问题和矛盾,中央政府应该采取适当的方式引导它们及时解决。同时,应该加强财政管理的创新发展,尽可能,减少中间环节和管理级次,实施运行省直管县的财政管理体制。省财政应在预算中保证转移支付的规模,保证县级财政可以正常运转。

2. 健全规范转移支付制度

在构建我国的公共财政体制的过程中,必须选择科学有效的财政转移支付机制和方式,只有这样才能保证我国提高城乡基本公共服务水平的目标可以实现。这既是一个关键性问题,也是一个基础性问题。当转移支付的专项化倾向过高时,地方政府就会在一定程度上欠缺财政支配力,在投入建设公共服务时就会受限,公共服务同质化严重,会忽视个性化需求,从而减弱公共服务的效用水平。因此应当采用一般性转移支付为主,专项转移支付为辅的形式,这样可以提高地方政府的财政支付力,让地方政府可以更好地满足当地公众对公共服务的个性化需求,避免地方公共服务的同质化。

此外,中央为了推进财政转移支付制度落实,中央政府还应该对我国的实际情况进行充分考虑,建立激励机制,对于在公共服务领域增加财政支出的地区,于下年预算中,中央政府应该适当地增加转移支付规模,以此保证地方政府有足够的资金用于城乡基本公共服务建设,推进城乡基本公共服务均等化;如果地方政府在增加财政收入方面比较消极,那么中央政府则应该适当减少转移支付规模,以此有效防止或减少不积极增加收入现象的发生。此外,对各级政府进行公共服务考核,考核不合格的予以惩罚,以增加其不积极的机会成本。从总体上说,单纯地将地方政府的财政缺口作为中央政府用以确定转移支付规模的依据并不全面,健全转移支付制度,必须充分考虑地方政府在增加财政收入方面的实际情况和具体态度,不可一概而论。

3.配套地方政府财政支出机制

只有保证与财政支出结构调整相关的其他体制也做出相应的调整,才能是财政支出效用最大化,降低成本,弥补市场失灵。第一,构建科学合理的人事组织结构,推进政府机构改革,以此为基础有效地减少政府在行政管理方面的支出。第二,推进教育、医疗、养老保险等基本公共服务体制的改革,明确并充分发挥预算资金在公共服务中的基础作用,加强基本公共服务配套的建设和完善,形成多层次的供给结构。第三,财政资金管理方式的改革创新也必须同步进行,建立健全财政资金的预算编制制度,完善资金拨付制度,改进财政支出绩效评价制度,提高财政资金的使用效率。

4.加强农村基本公共服务供给制度改革和创新

第一,加大农村基本公共服务财政投入力度。农村基本公共服务的现状与城市相比较薄弱,随着经济与社会的发展,现阶段农村公共服务的需求不断增加,而供给的增加远远不能满足需求增加的速度,这就造成了社会运转的不协调。因此,各级政府应该在最大限度加大对农村基本公共服务的资金投入力度。尽快建立和坚决执行稳定的投入增长机制。

第二,加快农村基本公共服务供给制度改革。一是保障农村基本公共服务的供给。首先,建立健全农村基本公共服务决策机制,通过适当的方式引导和鼓励农村居民参与到农村基本公共服务供给的决策过程中,充分发挥农村居民在决策中的主体性作用,保证农村居民和政府在决策过程中共同发挥作用,从而更为有效地保障农村基本公共服务供给。其次,通过有效方式和途径对农村居民开展民主教育,加强农村基层民主建设,从而让农村居民正确认识并学会使用自己的权利,从而使他们在农村公共服务建设事业中充分发挥主体作用。此外,还应该提高农民的组织化水平。二是促进农村基本公共服务的信息化、科技化。首先,借助信息化手段,建立健全农村基本公共服务信息平台,为农村居民提供良好的教育、医疗卫生网络平台,提高农村公共服务水平。其次,要以信息化为载体,完善监督和管理体制,为农村基本公共服务提供全程的服务,同时有效提高农村基本公共服务效益。

第三节　城乡环境保护一体化

中国改革已取得巨大成就,经济总量达到世界第二,经济始终保持高速增长,国内外经济学界甚至以中国模式来概括中国的发展历程。在发展目标的确定上、发展路径的选择上,中国更加自信。但经济社会取得非凡成就的同时,生态环境付出了巨大代价,有的地方生态环境遭受的损害甚至无法用经济取得的成就补偿,可以说,中国高速发展是以牺牲生态、破坏环境的巨大代价换来的。城乡一体化是中国的阶段性目标,城乡一体化不仅仅是城乡经济社会文化等方面的融合与协调,更是城市生态环境与农村生态环境融合发展、人与自然和谐共存的统一。

一、城乡一体化建设面临的生态环境问题

(一)城市生态环境问题

1. 空气污染

随着城镇人口的迅猛增加,城市工业的快速发展,城市生产、生活排放中的二氧化碳、二氧化硫和烟尘、粉尘等污染物越来越多,导致城市空气污染日趋严重。2013 年年初,北京长时间的"雾霾"天气让全国人民印象深刻。从 1 月 1 日至 4 月 10 日,100 天中雾霾天数有 46 天,为近 60 年最多,其中,一月份雾霾天气的天数达到 25 天,全月只有 5 天空气相对干净。"雾霾"发生时北京城区、郊区空气质量指数 AQI 均在 200 以上,为五级重度污染。

数据还显示,2013 年 1 月 1 日至 4 月 10 日,全国平均雾霾日数为 12.1 天,较常年同期偏多 4.3 天,为 1961 年以来历史同期最多,全国有 30 个省(区、市)先后出现不同程度的雾霾天气。总的来说,经济加速推进但相应的生态环境治理落后是城市空气污染的主要原因,国务院发展研究中心的李佐军教授的研究表明,在诸多影响因素中,城镇化对工业废气排放的影响最大,即城镇化率每上升一个百分点,会导致工业废气排放增加超过一个百分点。

2. 水污染

水污染是城市主要的污染,据估计,全国每年约 1/3 的工业废水和 90% 的生活污水未经处理就排入水体。环保部门监测显示,目前全国城镇每天至少有 1 亿吨污水未经处理直接排入水体。由于城市生活污水的收集和处理设施建设状况没有得到根本改善,集中处理设施严重缺乏,污水处理技术还有待提高等原因,导致大量生活污水未经处理或处理不达标而直接进入水体。现在,生活污水排放量已经明显超过工业废水排放量,成为城市水污染的主要源头。

3. 噪声污染

城市噪声污染早已成为城市环境的一大公害。城市噪声污染主要有交通噪声、工业噪声、施工噪声以及社会生活中产生的噪声,其中,对城市影响最大的是交通噪声,如机动车辆、火车、飞机等,这些交通工具产生的噪声流动范围很广,影响非常大,城市中机动车辆产生的噪声是影响城市生活最主要的噪声。城市噪声对人体健康十分有害,一般会影响人的休息、睡眠,使人感到烦躁、萎靡不振,影响到工作效率;噪声污染过大不仅造成听力下降,还可损伤心血管、神经系统等。对正处于生长发育阶段的婴幼儿来说,噪声危害尤其明显。经常处在嘈杂环境中的婴儿不仅听力受到损伤,智力发展也会受到影响。

4. 固体排放物污染

城市固体排放主要是工业同体排放和生活垃圾排放。高速城镇化使工业与生活固体排放量剧增。中国仅"城市垃圾"的年产量就接近 1.5 亿吨,而且大部分露天堆放,不仅影响城市景观,而且侵污了大气、水和土壤,对城镇居民的健康构成极大威胁,垃圾已成为城市发展中最棘手的问题。垃圾不仅造成公害,更是资源的巨大浪费。年产 1 亿多吨的城市垃圾中,据估计被丢弃的"可再生资源"价值高达 250 亿元。

（二）农村生态环境问题

1. 农村土壤污染

近年来,随着工业化、城镇化的快速发展,耕地面积不断减少,成为影响农业持续发展的重大障碍。土壤污染是影响农业产出、农产品品质的另一重要因素。据中国农科院土壤肥料研究所近年来在全国的田间定位实验与调查显示,全国各主要农区广泛存在的不合理耕作、过度种植、农用化学品的大量投入和沟渠设施老化已经导致农田土壤普遍性的耕层变薄,养分非均衡化严重,土壤板结,土壤生物性状退化,土壤酸化、潜育化、盐渍化增加,防旱排涝能力差,耕地土壤基础地力不断下降。研究结果还显示,全国污染土壤已占耕地面积的 1/5,约 20% 的集约化种植农区氮磷肥料严重超高量使用。因养分供应极度失衡,作物病虫害严重,农田农药用量大幅度增加,导致耕地土壤盐害、酸化严重,结构破坏、农药残留、土壤污染问题十分突出,土壤生物性状、健康功能严重衰退,生产性能大幅度下降。

2. 农村生态植被严重受损

农村本是植被茂盛、空气清新、更适于居住的地方,但在资源开采、工业转移的情况下,农村生态植被受到极大影响。一是森林资源不断减少。受到乱砍滥伐、毁林种粮以及森林水灾等影响,森林资源不断减少,据估计,全国每年减少的天然林达 40 万公顷。二是草场退化严重。草地是一种可持续利用的自然资源,不仅是发展畜牧业的物质基础,还是人类重要的生态屏障。但由于自然因素、人为因素导致草场退化极为严重。农村生态植被遭到破坏,使农业生产失去生态屏障,导致水土流失、荒漠化、洪灾、虫灾等自然灾害频频发生。

3. 农村水污染

随着农村经济的快速发展,农村水污染时有发生,已经成为农村生态环境保护中的严重问题。常见的农村水污染主要有三个原因:一是农业生产中农药、化肥等的过度使用。二是农村非农产业生产中的废物排放。三是农村生活垃圾随意倾倒。

4. 农村大气污染

与城市一样,农村大气污染也成为农村生态环境逐渐恶化的重要原因。与城市不一样的是,农村大气污染主要有:焚烧秸秆、燃煤造成的大气污染。农村非农产业造成大气污染。农村非农产业的兴起为农村经济发展带来了希望,但高污染、高排放又对农村大气环境带来影响;农药、化肥的大量使用造成大气污染。除此以外,农村不断增多的汽车、拖拉机、三轮摩托、二轮摩托等农用车辆会排出大量尾气,以及农村道路路况太差,经常出现漫天灰尘,这些也造成了农村的大气污染。大气污染不仅对农民身体健康带来危害,也对农作物的正常发育造成影响,而且严重影响着农村经济的发展。

二、城乡一体化建设中保护生态环境的意义

(一)生态环境是城乡居民赖以生存的家园

人是生态系统中最聪明、最活跃的要素,但人不可能脱离生态环境单独生存,生态环境为人类的存活、繁衍提供了必要的条件,良好的生态环境是人类生存与发展的基础。原因有:一方面,生态环境为人类提供了水、气、生物等基本生存资源。另一方面,生态环境不仅为人类提供基本资源,还满足了人类对舒适生活的

需求。但自工业革命以来,人类对大自然的索取越来越多,对生态环境的破坏越来越大,城乡均出现严重的空气污染、水污染、噪声污染,生态环境、生态系统承受了巨大压力。保护生态环境也就是保护与人类休戚相关的水、大气、土壤以及生物资源,使人与生态环境的关系始终处于协调、融洽状态,生态环境始终能为人类的生存与发展提供持续的资源。

（二）生态环境是城乡经济持续发展的载体

经济发展严重依赖于生态环境。经济生产的所有原材料均来自生态环境,农业生产中种植业需要土地、水、空气、阳光和种子,畜牧业需要水、植物;工业生产需要石油、煤炭、天然气、地下金属等资源,工业加工需要水、气。经济生产中所有有用的产物被人类吸收,无用的如废气、废渣、废水重新排进生态环境。所以,经济发展一刻都离不开生态环境。我们应坚持生态环境保护与经济发展协调共进,就是在经济发展的同时注重生态环境的保护和恢复。也可以将生态环境恢复保护纳入经济发展体系中,使经济主体从保护、治理、恢复生态环境中受益,与其经济发展中利润最大化的目标一致,实现经济与生态环境共同持续发展。

（三）生态环境保护是城乡生态文明建设的需要

在漫长的人类历史长河中,人类分别经过原始文明、农业文明、工业文明三个阶段。三百多年的工业文明是人类改造自然最成功、最有效的时期,但同时为生态环境带来巨大创伤,工业文明越来越难以承担起继续改造世界的重任,改造世界需要新的文明,这就是生态文明。如果说农业文明是"黄色文明",工业文明是"黑色文明",那么生态文明就是"绿色文明"。生态文明与农业文明和工业文明的共同点在于:都主张改造自然和利用自然,从中提高人的生存能力和生活水平。与农业文明和工业文明不同的是,生态文明重视生态环境保护,强调在改造和利用自然的同时必须保护环境、爱护环境,以达到保持人类永续发展的目的。

城乡生态文明是城乡居民之间、城乡居民与社会、城乡居民与自然之间的充分融合,城乡生态文明建设是城乡一体化建设的重要内容,保护城乡生态环境是实现城乡生态文明的重要途径。当前,在生态文明建设日趋重要的情况下,要加大生态环境保护力度,要大力打击破坏生态环境行为,遏制生态环境恶化趋势,改进和提升生态恢复能力,改善生态环境质量,维护生态环境,最终实现城乡生态文明。

三、城乡一体化建设中环境保护的措施

(一)保护生态环境的途径和重点领域

1. 大气复合型污染防治

城镇大气"复合型"污染防治不仅应加强末端减排治理,更应注意源头及全过程的控制等。除了集中控制大的点源、面源,尚需加强低矮面源、采暖期散煤使用及无组织排放的控制等。

大气复合污染的源头在于 NO_x、SO_2、NH_3 和 VOCs 等气态污染物和烟、尘等多种一次污染物的存在,因此,控制大气复合污染必须多种污染物综合控制。须全面削减与大气复合污染有关的一次污染源[机动车、燃煤(点源及面源)、生物质燃烧]的排放,并加强对 PM2.5 和 O_3 生成的前体物的控制。减排 NO_x 和 VOCs 有助于同时控制 O_3 和 PM2.5 的大气浓度。当前来看,我国对 SO_2 和 NO_x 的控制加强了重视,已经具有较成熟的系列性技术。但对于 VOCs 和 NH_3 的控制尚处于起步阶段,必须加大投入,加快科研与实践的步伐。由于 PM2.5 以及 O_3 污染具有区域性输送的特征,并且均与一次排放密切相关,因此,必须建立区域尺度联防联控的协同控制策略及相应的权力机构。

大气污染控制措施要有坚实的科学、工程和经济分析数据支持,需要成本分析以评估技术效果和可执行性,并发展新的污染

控制技术使排放达到更严格的标准,要对大中小污染源实施综合治理。大的污染源是污染减排的首要目标,各地需要尽快对工业源实施严格的规制,以及控制机动车尾气污染。后续还必须要对中小污染源实施治理,否则无法从根本上解决大气污染的问题。

总的说来,大气污染问题是一个复杂的问题,其治理需要长期的努力。为了尽快减少对公众健康的影响,可以采用利用外因来减轻内因负荷的办法,从奥运、世博、亚运等重大活动中采取的应急措施得到的经验看出,这种可能性是存在的。也就是在充分研究气象条件、污染源分布和空气质量三者关系的基础上,划分不同天气过程影响城市空气质量的源区,采用常态化的预测、预报、预警技术,有针对性地在污染天气系统出现前,开展分区、分源预先控制的办法,就有可能在一定程度上降低局地大气重污染出现的频率,尽可能以相对较低的污染控制代价来达到较大的空气质量改善效果。

2. 在城镇化发展过程中解决水问题的途径

水资源短缺是我国城镇生态健康的最大瓶颈之一,水污染除了加剧城市水资源短缺外,还危及饮用水安全,直接威胁着整个国民的健康。解决城镇水问题,应坚持节水优先,控制消耗;治污为本,源头削减;注重开发利用非传统水资源,提升污水废水的资源化利用水平。主要可以通过以下方面来进行。第一,城镇化发展必须着力提高各种节水措施。通过变革灌溉方式,综合利用工程节水技术、生物节水技术等,建立完善的农业节水体系。此外依据调整农作物种植结构,推广耕作保墒技术等低投资管理措施增加节水途径。未来工业生产节水主要需要提高工业用水重复利用率,调整产业结构,发展低耗水型工业。第二,城镇化发展必须严格依照区域生态规划,充分考虑水资源的承载能力。要对现有的水资源进行保护,尤其是提高对水源及其相关流域的保护意识。此外,完善水源保护法律法规,加强执法力度,严格控制污染物质进入水源地。科学合理地规划水资源的使用,加强区域性的整体规划管理。第三,城镇化发展必须大力推进城市雨水的资源化利用及中水回用。第四,完善水资源管理体制。环保部门要继续完善严格控制污染源的法律法规,各地区要结合自身实际,制定本地区的相关政策、水环境保护规划等。此外,在水资源管理层面,建议建立相应的监控体系,制定具有地方操作性的管理方案。

3. 固体废弃物污染控制及资源化途径

解决城镇固废污染问题的途径主要有以下三个方面。一是要把城市垃圾看作是可以利用的宝贵资源,大力开发城镇矿山,把大宗工业固废、生物质废物、生活垃圾与污泥等城镇固废资源化和能源化,缓解我国城镇发展的资源环境瓶颈,同时减少对环境的污染,还可带动相关战略新兴产业发展。二是完善城镇生活垃圾收运体系,增强居民环保意识,实行垃圾分类回收处理。三是在我国现阶段必须加快固体废弃物的法制建设,将其纳入法制管理轨道,尽快完善固体废弃物污染防治的法律、法规和标准,建立绿色国民经济核算制度,推行绿色 GDP。

4. 生态破坏问题解决途径

解决城镇化过程中的生态破坏问题,管理者必须树立尊重自然、顺应自然、生态优先的理念。

第一,保护和维护区域整体生态安全与健康。城镇化过程不能以牺牲生态安全为代价,不能肆意破坏土地的生命机体。在制定城市规划前,必须优先划定出对于生态系统至关重要的敏感性区域作为城市发展的禁建区,保护健康与完整的区域生态安全格局;并将保护与恢复生态系统,保证生态安全贯彻到城市规划、规划建设、规划管理的全过程中。

第二,应在城镇建设中构建生态基础设施,逐步恢复生态系统服务。具体来说包括:维护和恢复河道的自然形态,保护和恢复湿地系统,保护和建立多样化的乡土生境系统,建设具有雨洪调蓄功能的"绿色海绵"系统,建立以开放空间和公园绿地为主的休闲游憩系统,构建完善与连续的绿色廊道及慢行系统等。

第三,需要建立一套优先保护生态安全的制度体系。生态系统是一个完整的生命有机体,各个要素相互联系。只有进行系统性的保护与管理,才能保证生态安全,充分发挥生态系统服务。当务之急是探索创建能够有效统筹管理的制度体系,高度协调的机制体系,才能理顺诸多部门的关系,更好地履行生态保护的监管职能。

(二)以生态环境保护理念贯穿城镇化建设的全过程

城镇化建设是一项复杂的系统工程,它涵盖了城镇空间规划与布局、城镇交通与产业发展、生态环境保护、人口迁移、城镇文化与人居建设、城市治理等各个领域,涉及了经济建设、政治建设、文化建设、社会建设等各个方面;为了实现人与自然、环境与经济、人与社会的和谐共生,建立起具有永续发展能力的空间格局、产业结构、生产方式和生活方式,真正走出一条有中国特色的新型城镇化道路——要以生态文明理念贯穿于城镇化发展全过程,将环境友好和资源节约作为城镇化发展的基本准则,全面落实到各大领域。

1. 生产领域

发展绿色产业。绿色产业是指采用绿色生产技术,采用无害或低害的新工艺、新技术、新方法,大力降低原材料和能源消耗,实现少投入、高产出、低污染,尽可能把环境污染物的排放消除在生产过程之中的产业,其产品称为绿色产品。绿色产业包括:绿色工业、绿色农业、绿色交通、绿色能源、绿色建筑、绿色旅游、绿色服务业等。发展绿色产业,是生产领域生态文明建设的重要内容,是推进新型工业化的重要途径。

在城镇生态文明建设过程中,在保持经济稳步发展的同时,促进绿色技术创新、绿色产品生产、绿色服务体系构建,降低经济社会发展对资源能源的消耗,减弱发展过程中对生态环境的负面影响,引领和推动城镇经济的绿色发展。发展绿色产业的具体途径主要包括:一是大力发展环保产业。二是发展绿色技术和标准。三是生产绿色产品。四是增强绿色管理理念。

2. 消费领域

引导公众绿色健康消费。在政府积极推动绿色采购的基础上,通过出台相关政策或者法规,加强政策导向,扩大绿色产品在市场上的占有率,以引导公众选择绿色产品。消费者作为绿色消费的主体,政府和企业应当各自承担对消费者的绿色教育,培育绿色需求。通过开展"绿色消费""科学消费"等主题活动,强化绿色消费行为。同时,要建立起有关干部培训、专业教育、大众宣传立体教育网络,全方位普及新的消费理念,深入开展构建低碳社会的宣传教育,营造全民积极构建低碳社会的氛围。要提高全社会参与意识,倡导低碳、节俭、适度的消费理念,引导消费方式的变革,探索性建立主要家电产品碳标识等有利于低碳消费的制度,使低碳生活方式成为每个公民的良好习惯和自觉行动,建立理性消费理念,让绿色消费深入人心,推动生态教育,走向健康的发展道路。

要加强对消费的下游效应和弹性效应的关注,宣传"要舒适不要奢侈,要消费不要浪费"的消费观,建立文明、节约、绿色、低碳的大众消费理念,推动形成适合我国国情的绿色生活方式和绿色消费模式。引导公众绿色健康消费,倡导选择绿色出行,完善和强化我国绿色消费产品标识,加大企业绿色技术开发,制定完善我国消费政策。

3. 城镇规划设计及基础设施领域

城镇规划主要包括对城镇的规模、方位、性质、三产分布、区域划分、绿化风景以及各类建筑的分布和特性等进行总体设计与布局。要把生态文明建设的理念落实到城市规划、设计的各个方面和全过程中。

第一,加强城镇水资源循环利用。应着重控制城市的规模、人口及城市群的空间分布；开展工业节水、农业节水、生活节水；推行清洁生产,源头控制污染,加强废水处理；加强废水资源化、能源化,在废水处理的同时回收水资源、能源、化工原料；开发非传统水资源,着重开发利用中水、雨水、海水、空中水等非传统水资源。

第二,城镇矿山开发利用。据统计,全球每年将产生数十亿吨废旧机电、报废汽车、废旧家电及电子电器等社会消费废物,其中蕴含大量金属、橡胶、塑料等再生资源,成为永不枯竭的"城镇矿山"。"城镇矿山"开发利用成为 21 世纪的朝阳产业,对于保障资源安全供给和减轻环境压力意义重大。废旧电子电器中含47.9％的铁,12.7％的有色金属,20.6％的塑料。构建高效的资源回收利用体系,提高城市资源利用率,不仅有利于缓解资源瓶颈,还能促进经济增长。

4. 城镇天然生态系统保护领域

城镇生态基础设施的建设,需要注意两个方面的问题。

第一,优先保护和恢复区域天然生态系统,保证整体生态安全与健康。在城乡区域尺度要注意加强保护森林、草地、河流、湖泊、湿地等天然生态系统；尤其要保证对生态安全特别关键的绿色空间、河湖湿地,不能被城镇发展、道路建设而随意侵占；在重要生态功能区、陆地和海洋环境敏感区、脆弱区等区域划定生态红线,实行强制性保护,建立人口与产业退出机制,对污染严重超标的区域,建立人口迁出机制,关停一些企业,在某些特别严重的区域,可以选择行业的整体性退出；保障城市河湖的水质,特别应保障饮用水源的水质安全；应保护与人类共生的一切动物、植物,营造和谐的生态环境。同时,城镇的发展应以保证生态安全为前提和基础,优先进行不建设区域的控制和恢复,再根据社会经济发展的需要进行建设用地规划和布局。这个禁止建设区域是城镇发展不可逾越的生态底线,是城镇生态基础设施的核心与基础。

第二,加强城镇内各类生态基础设施的建设,为城镇和市民提供全面的生态系统服务。随着城镇化进程的提速,城市规模不断扩大,城市用地不断向外扩张。诸多不合理的开发模式导致一系列环境和生态问题的出现,城市中的绿色空间越来越少,可以提供的生态系统服务也越来越少。构建生态基础设施,就是要将城镇中的自然生态系统作为规划建设的骨架,维护和恢复其提供生态系统服务的能力,大力改善城市的生态环境。

5. 法制领域

建设生态文明并非是一朝一夕就可以完成的工作,而是需要我们经过长期艰苦的努力才能实现的系统工程。在这一过程中,我们需要借助政治、经济、法律等领域的相关知识,其中法律知识占据着最基本的位置。

第一,强化生态文明相关立法。在我国城镇化建设进程中,政府应该高度关注环境立法相关事项,使其服务于建设资源节约型、环境友好型社会,从法律方面做出约束条文,促使企业和居民在生产和生活过程中节约能源资源、保护生态环境,加快我国经济发展方式的转型升级,实现经济社会发展和环境资源保护之间的均衡,使人类与自然环境能够友好和谐共处。此外,还要转变发展战略,摒弃过去以"经济效益为主"的发展战略模式,将发展目光聚焦于"经济、社会、生态效益并重,生态优先"的发展模式。针对我国生态经济法律制度存在的不足,需要在资源税、增值税、消费税等方面采取相应措施,扩大资源税的征收范围,构建一个完整严密的资源税网体系,全面加强对我国资源环境的保护。调整不同行业类别增值税的税基和税率,从产业层面推进增值税的绿色转变,提高增值税的调整能力;同时加大消费税,特别是奢侈品的课税额度。

第二,生态专利制度改革。在推动城镇生态文明建设过程中,各部门应重视推动生态专利法律制度的改革,通过法律法规促进城镇生态文明建设技术的进步和推广。目前我国尚未形成完善的生态专利法律体系,因此政府应该加强授予范围、审查方式和强制许可等方面的监督力度,制定明确的专利权法律法规,引导专利申请的生态导向,通过制度设计拒绝公害技术的法律保护,鼓励环保专利的快速产生。同时加强国际合作,努力争取绿色专利技术援助,大幅度降低许可使用费,充分发挥生态专利的技术引导作用。

　　第三,规范行政执法行为在我国城镇化建设中,各有关部门应加强监管,进一步规范行政执法行为。一是加大相关培训力度,保证执法队伍的素养。在生态环境保护行政执法机关内部,及时开展相关法律培训,增强执法人员的法律意识和执法能力,完善执法队伍的整体素质。二是规范执法程序。执法人员在执行过程中应该严格遵守执法要求,规范佩戴执法证件,明确告知行政相对人所触犯的法律法规,出示执法部门所搜集的相关证据,严格按照法律要求执法。三是要加强执法监管。要进一步加大生态环境行政执法监督管理力度,强化行业行政执法内部监管和层级监管,建立执法检查、重大案件督查等层级监督管理制度,及时纠正和处理各种违法和不当的行业行政执法行为,对于环境保护失职的相关人员,除党纪政绩处分外,还要承担相应的法律责任。四是要强化环境行政强制执行力度。要对生态环境行政强制执行权的行使重新加以分配,赋予环境机关独立的地位,使其拥有独立的强制执行权。

第四章　城乡一体化发展的难点：农民工转型

改革开放后我国的城镇化水平进程有了很快发展,当前,我国总体上已经进入以工促农、以城带乡的发展阶段,逐步踏入城乡经济社会发展一体化的关键时期。基于这样的现实背景和客观需要,如何保障不同类型的农民工的各种正当权益,满足其合理诉求,提高其经济社会地位,就要从农民工转型问题上来进行探索。

第一节　农民工转型问题的出现

一、农民工的内部分化

早从 20 世纪 90 年代中期开始,从事非农产业的农民日益增多,有的成为拥有生产资本,并雇佣他人的企业主,有的成为自我雇佣的个体户,还有相当一部分农民成为给别人工作的被雇佣劳动者。

在调查时,我们将其职业划分为 10 种不同类别:自谋职业、非技术工人、技术工人或熟练工人、办公室一般工作人员、工程师及高级技术人员、服务行业人员、中层及以上管理人员、私营企业主、家庭主妇或失业和其他职业。

大约高级技术人员、私营企业主及管理人员占据 10% 的比例,这部分人凭借自己的技术优势已经成为专业的精英人才,他们的社会地位有很大的提高。

大约办公室的白领占据 20% 的比例,这类农民工基本实现了"去农化"特征，他们的职业已经发生转变，体力劳动已经转变为脑力劳动。

　　但是大约 50% 左右的农民工还是属于非技术工人，仍然就业于传统产业。其中靠体力劳动的农民工大约占到 2/3 左右，1/3 的产业工人为熟练工人。

　　以上农民工的就业分化主要取决于受教育的程度以及拥有资本的数量等因素，在制度环境相同的情况下，年龄、性别也是造成人力资本差异的重要原因。除了农民工自身主体拥有的自制因素意外，外界制度的约束也很大程度上约束了农民工的分化。

　　我们可以用农民工职业获得的多元 logistics 回归模型，直观分析结果。

　　模型的分析结果见表 4-1。

表 4-1　农民工职业获得的多元 logistics 回归模型

	自谋职业	非技术工人／体力劳动者	技术工人熟练工人	办公室一般工作人员	工程师及高级技术人员	服务行业人员	中层管理人员及以上	私营企业主
男性	0.976	1.836**	1.521*	0.490***	0.963	0.431***	1.008	1.418
	（-0.12）	（2.83）	（2.20）	（-3.31）	（-0.11）	（-3.94）	（0.03）	（1.15）
新生代	0.390***	0.416**	0.829	1.188	0.547	0.568*	1.366	0.555
	（-3.54）	（-3.19）	（-0.73）	（0.52）	（-1.26）	（-1.98）	（0.76）	（-1.56）
人力力资本								
文化程度	0.978	0.879**	0.932	1.445***	1.373***	1.042	1.325***	1.056
	（-0.53）	（-2.99）	（-1.79）	（7.82）	（4.20）	（0.91）	（4.64）	（0.89）

续表

	自谋职业	非技术工人/体力劳动者	技术工人熟练工人	办公室一般工作人员	工程师及高级技术人员	服务行业人员	中层管理人员及以上	私营企业主
进城工作年限	1.070**	1.034	1.067**	1.064*	1.073	1.029	1.138***	1.065*
	（3.04）	（1.46）	（2.95）	（2.35）	（1.90）	（1.15）	（4.49）	（2.15）
专业技术	1.024	0.449***	1.534***	1.214	1.909***	0.945	1.270	1.145
	（0.23）	（−5.75）	（4.48）	（1.86）	（4.64）	（−0.50）	（1.86）	（0.95）
政治资本								
党员	1.010	0.323*	0.797	1.190	0.843	1.054	0.691	1.547
	（0.03）	（−1.99）	（−0.59）	（0.44）	（−0.29）	（0.12）	（−0.70）	（0.84）
村干部	0.903	1.269	0.746	1.151	0.350	1.019	1.048	0.958
	（−0.19）	（0.41）	（−0.55）	（0.24）	（−0.92）	（0.03）	（0.06）	（−0.06）
参军经历	0.828	0.600	0.497	0.794	0.000	0.837	0.914	0.352
	（−0.44）	（−1.01）	（−1.67）	（−0.47）	（−0.00）	（−0.36）	（−0.16）	（−1.46）
社会资本	1.292	3.799***	2.636***	1.448	0.741	1.849**	0.912	1.046
	（1.22）	（6.18）	（4.93）	（1.60）	（−0.75）	（2.78）	（−0.30）	（0.14）

	自谋职业	非技术工人/体力劳动者	技术工人熟练工人	办公室一般工作人员	工程师及高级技术人员	服务行业人员	中层管理人员及以上	私营企业主
常数项	1.224*	2.641***	0.546	−4.278***	−5.865***	0.664	−5.207***	−1.756*
	（2.33）	（4.85）	（1.08）	（−6.50）	（−5.59）	（1.17）	（−6.13）	（−2.25）

注：括号内为 t 值；***$p < 0.001$，**$p < 0.01$，*$p < 0.05$。

非技术产业工人是农民工群体的主要的组成。从结果进行分析发现，对该职业最显著的影响有性别、年龄、文化程度、专业技术、党员身份以及社会资本等。其中，从性别分析，女性农民工比男性农民工的数量要少很多，因为我国的历史因素以及男女先天的身体因素，男性更容易从事纯体力劳动。从年龄结果看，年龄越大非技术工人占比越高，这是因为年轻的农民工在现行教育体制下，比年龄较大的农民工接受教育程度高，所以技术含量提升，非技术工人数量减少。有研究证明，非技术工人与受教育年限呈负相关，边际发生倾向为负值，大约为 −12.1%。政治资源也是影响农民分化的一项重要因素。党员从事非技术产业工人的比例远低于非党员，差额达到 67.7%。最后，在调研中还发现非技术产业工人寻找工作的渠道单一，大部分没有通过正规的劳动市场，而是通过亲戚邻居介绍的途径。

技术工人有着一定的专业技能，技术工人又分为一般技术工人和熟练技术工人。熟练技术工人与技术工人之间的最主要因素是从事该行业的年限不同，边际发生率为 6.7%。技术工人中男女比例差距也较大，女性比男性要少 52.1%。

在调查中，还发现专业技术水平的级别对职业分化的影响巨大，专业技术水平每增加一级，成为技术工人的概率就增加 53.4%。并且一般技术工人工作的获取途径大部分是亲戚朋友介绍的社会关系。

高级技术人员或工程师需要更强的专业性，该阶层的农民工实质上已经脱离农民工阶层。本职业的影响因素主要是接受文化程度,而文化程度又与专业技术紧密相连,受教育年限与技术精英的发生边际倾向为37.3%。技术水平的影响更为显著,边际倾向为50%。

办公室工作人员有着明显的去体力化特征。各因素中性别差别较大,女性农民工的发生率比男性要高51.0%,接受教育程度的显著性也较大,受教育年限与白领发生的边际倾向为44.5%,此外工作年限与办公室白领发生的边际倾向为6.4%。

管理精英与文化程度相关系数尤为显著,受教育年限与管理精英发生的边际倾向32.5%,进城工作的年限与是否成为管理精英关系较为密切,二者的边际发生率为13.8%。

私营企业主的比例数也在逐年增加,私营企业主的影响因素中进城年限较为显著,其他因素相关性较差。据调研,这部分农民工大都与有商业思维,并且在农村已有工商业就业经验。

由以上分析可以看出,中国农民工的职业已经有了很大的分化,职业区别大部分取决于受教育程度、身体因素、个体差异,具体表现为性别差异、年龄差异、技术水平差异。很大 ·部分农民工已经脱离体力劳动,与市民从事无差异岗位,新时期的农民工要根据其不同的从事职业区别对待。

二、农民工社会信任的差序格局

改善农民工就业状况,需要以农民工的信任为前提,才能引导他们稳定有序地走入城市。而农民工在调查中对不同对象的信任却出现了一种反常的现象,就是逆差序格局。

如调查问卷的信任序表(表4-2),中,对研究对象取值范围界定了14种群体,用分值表示信任度。从调研结果看,信任度最高的对象为家人,血缘关系是不可比拟的社会纽带。其次较为信任的是自己的社会关系。

表 4-2　不同置信对象的信任度排序

	作答人数	平均值	标准差
家人	3 044	1.235	0.514
亲戚	3 039	1.755	0.779
老家朋友	3 036	2.096	0.845
老家邻居	3 041	2.211	0.883
中央政府	3 025	2.317	1.160
务工创业所在城市的警察	3 031	2.662	1.147
同城市务工的外地朋友	3 035	2.818	0.951
务工创业所在城市的政府	3 021	2.890	1.083
家乡的乡 / 镇政府	3 034	3.001	1.100
务工创业所在城市的市民	3 029	3.084	0.947
领导干部	3 036	3.111	1.039
做生意的人	3 033	3.478	0.956
企业 / 公司的产品宣传广告	3 034	3.656	1.072
初次接触的陌生人	3 038	3.784	0.980

　　尽管如此，农民工社会信任的这种差序格局状况中包含了两个值得注意的"例外"现象。农民工对政府的信任呈现出"逆差序格局"。从逻辑上来而言，农民工应该与自己家乡的乡镇政府联系最为密切，但农民对自己的父母官信任度却非常低，甚至低于务工所在地的政府。在所有的政府中，农民工对中央政府的信任度最高。

　　农民工对领导干部的信任度也非常低，这对公务员的公信度提出了很大的挑战。这种情况的原因有很多，但大部分是政府对农民工的关心程度不够，存在一定偏见，甚至歧视务工农民的原因。这是农民工在与政府博弈过程中对自己的一种应激反应，这种应激反应会带来一系列的农民工问题，需要我们高度重视。

第二节 农民工市民化发展

一、农民工市民化现状

（一）农民工市民化的内涵

农民工这个概念可以说是一个很中国特色的概念,在社会学、政治学和经济学的教科书中都没有这样的称呼,国际上也没有这样的概念。这个概念是与我国原先严格的户籍制度紧密相连的,只要是农村户口没有在城市落户的,不管是在乡村务工还是进城打工,一般都被统称为农民工。农民工是一个非常庞大的流动群体,到 2014 年全国农民工总量达到 2.739 5 亿人,其中外出农民工 1.682 1 亿人,本地农民工 1.057 4 亿人,比较过去都有一定程度上的增长比重。从农民工的概念来看,农业转移人口的市民化在某种意义上也可以称作农民工的市民化。对于已经在城市打工和生活下来了的农民工,我们可以把他们作为农业转移人口市民化的先行主体,以便为今后全面实现农业转移人口市民化积累经验。

在国内的学术界,关于农民工市民化的研究已经进行了很长时间,许多专家学者都对农民工市民化提出了一些自己的想法和见解。国内高校研究农民工市民化的代表人物是中国人民大学社会学教授郑杭生和武汉大学教授刘传江。2005 年 4 月郑杭生教授在他的《农民市民化:当代中国社会学的重要研究主题》文章中,指出农民市民化是指作为一种职业的"农民"和作为一种社会身份的"农民"在向市民转变的过程中,发展出相应的能力,学习并获得市民的基本资格、适应城市并具备一个城市市民基本素质的过程。这个概念中包含了农民身份的转变、职业的转变、市民基本资格的培养和市民素质的发展。另外还有很多学者教授对农民工市民化概念和内涵进行了比较深入系统的研究,归纳起来,农民工市民化主要包含着六个方面的内涵。

一是市民化是一个长期的过程,并且这个过程是分阶段逐步进行的。

二是农民工市民化涉及身份的转变,农民工要从农村居民向城镇居民转变,至少从户口上发生了身份的改变。

三是农民工市民化还涉及职业类型的转变,农民工要从涉农产业向非农产业转变,工作对象发生了根本性变化。

四是农民工职业地位和社会地位的改变,农民工市民化后应该享受与城镇居民同样的权利和义务,享受与城镇居民同样的职业选择,享受与城镇居民均等的公共服务。

五是农民工市民化不仅是农民工的待遇发生变化,主要还要求农民自身的转化,包括生活方式的转变,思想行为的转化等等。

六是农民工市民化还依赖于农民工自身综合素质的提高,包括对所在城市文化的认知、对国家法律法规的认知、对社会心理和人际交往的认知和对自身职业能力的培养。

总的来说,所谓的农民工市民化,是指农民工从农村居民转向城市居民,在这个城市化过程中伴随着农民工身份的改变、从事产业的改变、生活方式的转换、思想行为的变化、社会心理的调整和对城市文化的认同。农民工市民化是一个复杂的系统工程,涉及农村和城市两个环境,理顺好农村和城市的关系,农民工的市民化进程就会进展顺利。

（二）农民工市民化的现状

当前来看,虽然农民工市民化的研究和实践活动在国内已经进行了很多年,也取得了一定的成效。但是由于受到户籍制度、农村土地制度和公共服务制度的限制,我国农民工市民化工作没有得到全面的推进,农民工依然处于城市的边缘化状态,还没有完全融入现代城市生活。

1.农民工市民化进程由缓趋快

改革开放后,我国农民工向城市转移已经走过了四十年的风雨历程。农民工进城后基本上都进入了次级劳动力市场,大多从事的都是制造业、建筑业和服务业的工作,这些行业都是城市中比较辛苦劳累的行业,农民工是这些行业的主体力量。虽然农民工在城市里承担了繁重的工作,却也为城市发展和服务城市居民贡献了自己的力量。但是与城市居民相比,农民工在做出了大量的贡献后,没有得到与城市居民均等的公共服务,工作做得比城市居民辛苦脏累,生活过得温饱及格,社会保障得不到全保,文化生活过得平凡单一,社会交往相对局限,缺乏城市社会的认同感和归属感,这些问题还没有得到全面改善,农民工的边缘化和孤岛化状况没有从根本上得到好转。

多年来,各级地方政府也在农民工市民化方面进行了一些努力,也制定了许多落户政策来鼓励农民工在城市落户,但是有些政策不是定得过高就是脱离实际,农民工要想在城市落户非常困难。例如各地的购房落户政策,看起来漂亮诱人,实际上要想实现很是艰难。

如广东省珠海市规定凡购买成套新建商品住宅,面积达到75平方米以上(含75平方米)的,允许办理入户手续;对于违反计划生育户,已经计生部门处理、且购买的商品住宅面积达120平方米以上(含120平方米)的,允许办理入户手续。重庆市规定凡一次性在主城区购买建筑面积90平方米以上成套商品房,购房人及家人迁入购房地入户,不受学历限制。

江苏省苏州市规定购买市区成套商品住房75平方米以上,取得房屋所有权证3年以上,且被单位合法聘用3年以上,按规定参加社保3年以上,具有合法稳定的经济收入的,允许其本人、配偶及其未成年子女整户迁入。以在苏州购买75平方米的商品房为例,按照2015年苏州售房市场最低价一平方8 000元的价格计算,光是购买商品房就至少要花费60万元,其中还不包括各项税费和装修费用等。60万元对于大量进城打工的农民工来说是一个天文数字了，即使有这60万元很多农民工也是愿意回老家去盖自己的宅基地了，价格便宜，面积也不小，不会到城市购房落户的。

还有的城市如上海市推行积分入户，对于农民工要拿满积分入户太难了。因此来看，有的时候政府的政策出发点都是好的，都是想给外来人提供一些落户的途径，实际上执行起来就会问题多多，想快则快不起来。总之，我国农民工市民化工作依然在不断探索中前行，党的十八大召开后，农业转移人口市民化又成为话题，2013年中央政府就多次提出要推进城镇化，而城镇化的核心就在于农业转移人口的市民化。可见，从2013年开始，我国的农民工市民化工作开始进入快车道了。

2. 农民工市民化水平由低向高

我国的城乡二元结构还没有被彻底打破，户籍制度把城乡给区分开来，形成了农村居民和城镇居民两种身份，也就形成了两个相对独立的生活环境。农村有农村的地理环境、劳动特征、生活习惯、生态文明和文化氛围，与城市社会生活有些不同。要把生活在两个不同环境里的人相互对换都是困难的，让其中一方转为另一方也是困难的，需要有很好的顶层设计和科学改造方法。要把农民工转化为城市居民同样需要我们的政府拿出好的决策和有效的解决方法，尤其是各项政策或规章制度在实践过程中要提高执行力，注重执行效果。

农民工市民化的推进过程中，在推进户籍制度和农村土地改革步伐上比较谨慎，虽然也先后制定了一些政策，提出了一些改革措施，但是这些政策和措施突破的力度不够，很多事情想做却又束手束脚，影响了农民工市民化的进度。其中有的政策或制度站的视野不宽，缺少战略眼光，政策水平不高。在户籍制度改革上有的地方政府采取了一些具有积极意义的改革，并也有了一定的突破。但是这些突破往往都是在省内执行的，不是全国性的。

农村土地制度的改革由于涉及农民的根本问题,从中央到地方各级政府都鲜有力度较大的改革。先前的土地改革在一定程度上提高了农村的生产力,提高了农民的积极性。但是对农民究竟如何处理自己的土地以及土地与农民工市民化究竟是什么关系,我们的政策都没有明确规定。2014年12月2日中央审议通过了《关于农村土地征收、集体经营性建设用地入市、宅基地制度改革试点工作的意见》,将征地制度改革、农村经营性集体建设用地入市和宅基地改革作为未来进一步深化土地管理制度改革的主体,我国土地管理制度改革的"新秩序"基本建立起来。

中央在2015年2月15日又审议通过了《关于全面深化公安改革若干重大问题的框架意见》及相关改革方案,将进一步推进户籍制度改革,取消暂住证制度,全面实施居住证制度。这一字之变将有2亿多人受益,居住证制度的全面推行将直接影响这部分人口。居住证持有人可与当地户籍人口享有同等的多项权利,包括免费接受义务教育、平等劳动就业等,并可逐步享受同等的中等职业教育资助、就业扶持、住房保障、养老服务等。

这些新的改革措施有助于推进农民工市民化,居住证制度的实施是我国推进农民工市民化工作进入了新的阶段,市民化水平越来越高,层次越来越高。但是,居住证的改革,只是一个新的起点,仍有许多问题需要解决。若想与户籍人口立即"同城同权"并不现实。北京大学社会学系教授陆杰华指出,目前大城市的居住证及落户制度,比较偏向于高端人才,门槛依旧很高。

3. 农民工市民化环境复杂门槛多

在全面建成小康社会的背景下,农民工市民化的进程变得越来越快;在全面深化改革的环境中,加快农民工市民化进程的各项政策制度改革也会越来越快,各项政策和制度法规不断出台,农民工市民化建设的水平和层次也正在走高,农民工市民化工作迎来一个新的发展机遇。但是在新的机遇下,农民工市民化面临的问题还有很多,需要解决的困难和障碍也有很多。总体上分析,农民工市民化生存的环境依然复杂,市民化面临的门槛依然较多。

农民工离乡进城后,面对的是一个陌生的环境,生活环境、工作环境都有了一个全新的变化。在城市里,农民工要适应城市的生活方式和生活习惯,而且这种适应需要一定的时间,一定的过程。即使经过一定的时间和过程后,农民工已经养成的生活方式和生活习惯也不一定能够改变。从目前农民工生活的"孤岛化"状况来看,绝大多数农民工还没有实现市民化的转变,原有的农村生活习惯、生活内容和生活态度还在,没有达到与城市居民一样的生活水平。

具体来看,农民工吃得简单,住得简陋,业余文化生活枯燥,集聚的地方治安环境也经常受到挑战,要想使农民工达到与城市居民一样的生活标准,还需要经过艰难的市民化教育和转变,这种教育和转变是复杂和困苦的,甚至是费力不讨好的。形成一套新的生活态度和生活习惯,需要各级政府和农民工自身共同做出努力。

在工作环境上,农民工获取就业信息的渠道复杂,自身的职业技能又不能满足企业用工的要求,很多企业又设置了户籍的限制、学历的限制以及工作经验的限制,农民工要找很好的工作岗位比较困难,从事的工作大多集中在劳动力的二级市场上,劳动强度都比较大,工作待遇一般,有的时候是靠加班来提高收入的。不熟悉就业渠道的农民工还经常会被一些不是很正规的人力资源中介坑骗,不停地向农民工索要各种介绍费用,最后工作没找到钱财损失不少。

有些农民工进城找工作非常盲目,对自己能干什么不清楚,对招聘公司也不了解,只要能挣到钱先干再说,工作没有长性还好,就怕最后人财两空。有的农民工盲目进城后一段时间里无法找到合适自己的工作,只能先靠父母给的那点路费和生活费勉强生活,到最后花得干净身无分文,无法继续生活下去,有的就走向了违法犯罪的道路,有的还为此搭上了自己的性命。

随着社会经济的不断发展,各级政府会对于农民工的就业情况会重视起来,企业也会为农民工创造更多的就业岗位,提供更好的工作条件。随着自身技能的不断提升,就业经验的不断丰富,农民工也越来越成熟,也会开始重视自己的工作待遇和工作环境。但是,城市居民面对农民工有着先天的优越感,在思想观念上对农民工存在着偏见和歧视,在日常行为上也会有一些不恰当的表现,在人际交往上基本上相互往来不多,农民工与城市居民相互信任度比较弱,这些不正常的表现如果影响了各级政府社会政策的制定,势必会影响到农民工的市民化进程。

在就业过程中,农民工没有很强的自我保护意识,对劳动合同的签订和社会保障问题关注度不够强,时常会发生一些劳动合同纠纷,自身的合法利益又得不到有效的全面的保障。甚至农民工其他的很多权利也由于自身身份的限制无法享受到与城市居民同样的权利,得不到与城市居民一样的尊重。农民工要进城落户又受到各地落户门槛的限制,各种限制对于普通的农民工而言都是难以逾越和突破的,需要付出诸多的努力才有可能实现跨越。

二、农民工市民化的必要性

根据中国共产党的十九次全国代表大会报告,颁布的《中华人民共和国国民经济和社会发展第十三个五年规划纲要》,走中国特色新型城镇化道路、全面提高城镇化质量的新要求,明确未来城镇化的发展路径、主要目标和战略任务,统筹相关领域制度和政策创新,指导全国城镇化健康发展。

规划的颁布标志着我国城镇化建设进入全面建设的新阶段,标志着我国已进入全面建成小康社会的决定性阶段,也标志着我国已经进入加快推进社会主义现代化建设的重要事情,对实现中华民族伟大复兴的中国梦,具有重大的现实意义和深远历史意义。

在《国家新型城镇化规划(2014—2020)》中,对有序推进农业转移人口市民化作了专门论述,对农业转移人口的落户问题、享有城镇基本公共服务问题、市民化推进机制问题提出了具体的要求,为最近一段时期推进农业转移人口市民化工作提出了指导性意见,农业转移人口市民化工作进入实质性实施阶段。

（一）解决"三农"问题的需要

"三农"问题指的是农村、农业、农民这三大问题。在广大的乡村区域,主要以种植业为主,为农民的生存状态的改善、产业发展以及社会进步问题进行探索,系统地指出在 21 世纪的中国,城市逐渐地现代化,第二、三产业不断发展,城市居民不断殷实,而农村的进步、农业的发展、农民的小康相对滞后的问题。

20 世纪 90 年代中期,我国提出了"三农问题",之后逐渐被媒体和官方所引用。实际上"三农"问题自中华人民共和国成立以来就一直存在,但主要是因为我国当前存在的"三农"问题比较严重,主要表现为:一是中国农民数量众多,解决起来规模较大,二是由于中国的工业化进程单方面独进,"三农"问题积攒的时间长了,解决起来难度较大,三是中国城市政策设计带来的负面影响和比较效益短时间内凸显,解决起来更加复杂。

21 世纪后,新一届的领导集体更加关注"三农"问题,首先,在提法上对其有了新的表述,称其为"全党工作的重中之重",而之前的提法是"把农业放在国民经济发展的首位""加强农业基础地位";其次是深入认识"三农问题",对"三农问题"进行了总结,即农业基础仍然薄弱,亟待加强;最后,农村的发展仍然比较滞后,需要扶持,农民需要加快增收。同时提出了农村改革发展的指导思想、基本目标任务和遵循原则,并指出"三农"问题是中国改革的焦点问题。

"三农"问题主要涉及农村的土地问题和基层政权问题,涉及农业的粮食安全问题和农业政策问题,涉及农民的素质问题和增收问题。从这些问题上看,实质上是一个从事行业、居住地域和主体身份三位一体的问题。因此,我们应该把这些问题统一起来看,放在一起来思考,放在一起来解决,在现实生活中,我们把这些问题隔离起来的时候比较多,没有树立统筹思路。农业大发展了,农民生活富裕了,整个农村的发展也就可见了。

农民的积极性提高了,对农业生产各方面投入多了,才会促进农业生产发生良好的变化,农村生活也就会出现变化。农村的发展变化需要农业生产的进步和农民的积极性。当然,我们现在面临的问题是地少人多,怎么样把土地向务农劳动力稳定流转集中。这里就涉及农村剩余劳动力的转化问题,关注的是人的问题,就是要关注农民的问题、农民工的问题。

因为农村地少人多,土地集中不充分的问题,造成了大量农民进城打工,以提高自己和家庭的生活水平。大量农民工进城打工对农业生产和城市生活都带来了一定的影响,这种影响有积极的,也有消极的。一是减轻了农村的承担压力,增加了城市的负荷,增加了农民的收入。二是大量农民工长期奔波于城乡之间,家分两地,是一种不彻底的转移,不彻底转移就会产生后续矛盾和问题,就会影响农民工的正常生活。三是大量农民工进城打工后,他们大部分的工作时间都留在了城市,尤其是青壮年农民工的黄金时间都用在了城市,城市得到了快速发展,进一步导致了城乡和区域差距的扩大。

我国"三农"问题突出,城乡居民收入差距持续扩大,根本原因就在于土地分散,农民分散,劳动生产力不集中,劳动生产率水平低。在一户半亩地上搞不出生产效率来,也做不出现代农业,也就更谈不上实现小康社会了。只有实现农民的彻底转移,实现农民的市民化,从根本上改变城乡资源配置,才能为发展现代农业、持续增加农民收入创造条件,才能富裕农民和繁荣农村。

由此来看,实现农民工的市民化工作,可以为农民实现彻底转移探索出一条新的实践之路。进城打工的农民工随着在城市生活时间的增加,对城市生活会越来越熟悉,对城市文化认同感会越来越强,从农民工转变为城市市民会相对顺利,比较自然。农民工市民化会消解我国农村地少人多的矛盾,便于土地集中提高生产效率,对促进农业生产和农村发展具有极大的推动作用,有利于"三农"问题的解决。

（二）促进经济发展的需要

城市经济的基本特征就是其空间的集聚性,城市因空间集聚而产生、发展和壮大,很多大学生毕业后首先想到留在北京、上海、广州、深圳这样的大城市,其原因就是这些大城市的劳动生产率高,可以挣到更多的钱。其中机制就是来自于城市所发挥的集聚和规模效应。因此,农民工的市民化进程也会进一步充分发挥城市的集聚效应。大量农民工从农村的农业转移到工业和服务业,这样的劳动力重新配置会为经济增长带来巨大贡献,他们的劳动生产率与在农村相比有了大幅度的提高,从而为社会创造了更多的价值。从一般情况来看,城市规模越大,人均劳动生产率就越高。

当前我国还是一个发展中国家,乡村人口占比依然较大,面临着农村地少人多的状况,面临着大量农村人口转移的问题。根据刘易斯的二元经济理论揭示的社会经济发展的一般规律,实现农村剩余劳动力向现代部门的转移则是促进国民经济结构转换、生产方式转换及向现代化迈进的关键。

从世界各国经济发展的历史来看,几乎所有国家都经历了农村劳动力向城市工业及其他非农产业转移的过程。18世纪英国的工业革命,蒸汽机的发明与运用带动了冶金、制造、纺织和交通业的发展,促进了农村劳动力向城市的集聚,使英国成为世界上第一个城市化国家。在英国工业革命的带动下,法国、德国和美国也相继完成工业革命,并在较短时间内实现了农业人口的转移,1920—1930年,德、美、法的城镇化水平已达到50%以上。

经过改革开放40余年的发展,中国的农村向城市转移了大量劳动人口。但是这种转移并没有完成,同时还存在着很多的问题:如贫富差距扩大、地区发展不平衡、城乡文化素质差距的扩大,等等,已经成为影响和制约中国国民经济及现代化发展的障碍。

解决这一矛盾的根本出路是在发展农村经济的基础上走城

镇化道路,实现城乡良性互动,逐步减少农村人口,转移农村剩余劳动力,增加城镇人口,提高劳动生产率,优化第一产业结构,促进第二、三产业的发展,从而提高农村整体的经济效益和社会效益。所以说,实现农民工的市民化可以做到有效转移农村剩余劳动力,既可以实现农村土地的集中化运营,也可以促进国内城镇化工作有序发展;既可以化解我国二元经济结构的矛盾,又可以推进我国经济的持续增长。

农民工市民化会导致更多的农村人口向城市集中,必将推进农业适度规模经营,增加农民的收入,进而会提高农民的消费水平,因此,进一步提升农民工和农民的消费水平也是当前扩大内需促进经济发展的重要任务。

随着城乡居民收入的继续增加,全国居民消费支出也持续增长,按常住地分,城镇居民人均消费支出 19 968 元,农村居民人均消费支出 8 383 元。从数据中我们可以看出,农村居民的人均消费支出远远低于城镇居民的人均消费支出,不到城镇居民消费支出的一半。而且主要的耐用消费品和日常生活用品的费用支出都远远低于城市居民的消费支出,农村的住房条件和环境也不能与城市的社区相比,整体上农民的生活水平和条件较差。

随着大量农民工进城打工并逐渐在城市里租房安家,农民工的消费习惯也开始有了比较大的变化。在这种背景下,随着农民工的收入不断增加,随着安家落户后生活成本的增加,农民工的消费范畴会扩大,消费能力会有所提高,消费的行为也会发生较大的改变,必然会促进其衣食住行等方面的消费升级,消费支出也必然会增加。因此,广大农民工的消费升级和消费支出的增加,至少会让我们的 GDP 增长不少。

大量农民工进城落户后,还会促进城市公共服务和基础设施投资的扩大,有数据测算过,每增加一个城市人口就需要增加 50 万元的投资额,按照每年我国有 1 000 万人口转移到城市计算的话,每年就会有 5 万亿元的投资,这对于基础设施建设而言也是一个巨量投资。同时,随着城市化进程不断加快,随着农民工市民化步伐不断加快,城市人口的集聚不断加快,城市人口规模也就不断扩大,城市的市政公用基础设施建设需求也将会逐步增加,也会助推房地产业的发展。

农民工实现市民化后,除了其身份发生重大改变外,其职业也会有重大转变,从原先涉农的第一产业转向第二产业和第三产业,大量的农民工走进了国企、合资公司或是民营企业里打工,也有大量的农民工到宾馆、酒店、KTV 等消费场所从事服务业。因此,大量农民工市民化后对产业结构升级会起到一定的助推作用。

当前,我国的产业结构正处在一个“工业型经济”和“服务型经济”并存的态势,工业收入在整个国民经济中的比重不断上升,劳动力逐步从第一产业向第二产业和第三产业转移。而且随着经济社会的快速发展,第三产业会成为国民经济中最大的产业,市民化的农民工却恰恰又是第三产业的主力军,是农民工劳动力最为密集的产业。因此,农民工市民化会在一定程度上推进我国经济的发展。

（三）城镇化健康发展的需要

亚里士多德就曾说过:“人们为了生活来到城市,人们为了美化的生活而留在城市。”一语道出了城市生活对人类生活的影响。想过上与城市居民一样的生活,一直是中国农民心里最直接的最朴实的想法,也是很久以来的一个梦想。眼下,中央政府把推进城镇化工作放上工作重点,农民的愿望可以实现了。

改革开放 40 余年来,我国农民已经基本解决了生活问题,都实现了温饱的生活,农村的生活条件和生活环境都有较大的改观。但是,由于历史的原因、自然的条件和传统的发展限制,我国农村的生产水平和生产能力依然比较低,农村的整体生活水平与城市居民生活相比还有着一定的差距,并且随着改革开放力度的不断深入,城乡之间的差别还在进一步加大。

由于我国大量农民工进城工作,在很大程度上推进了城镇化的水平。但由于历史的城乡二元制没有完全破除,农民工在城市里很难发展,无法获得与城市居民一样的市民身份,也就没有办法获得与城市居民相同的权利和待遇,社会提供的公共服务也得不到,是城市的"边缘人"。从这个角度来看,我国的城镇化进程是不成熟的,农民工的市民化工作是不成熟的。大量农民工在城市里打工就业更多的是参与了工业化进程,推动了工业化发展,但是,农民工不能永久地生活在城市里,其自身的市民化进程却得不到加强,这也是我国目前城镇化建设质量不高的一个原因。

李克强总理指出,新型城镇化是以人为核心的城镇化。以人为本就是要保证人的全面发展,促进人的能力和素质的提高。推进城镇化建设,本身就是希望让更多的农民过上幸福的生活,能够享受到与城市居民一样的幸福感受。近十多年来,我们的经济发展了,城市发展了,但是,农民工进城落户问题,市民化问题却没有人关心,也没有人去做。这样的劳动力转移只是空间上的转移,也只是从事工种的转移,身份没有变,待遇没有给,不是真正意义上的城镇化和市民化。

对于已经进入城市打工的农民工而言,他们城镇化的诉求就是实现身份的市民化和享受公共服务的均等化。在让农民工进城的过程中,政府不仅仅是只要其付出劳动和服务,也要让其享受福利和服务,要让农民工可以享受到与城市居民一样的福利待遇和社会服务,享受到城镇化和市民化带给他们的幸福和富裕。因此,有效推进城镇化工作的核心首先就是要解决好已经进城的农民工市民化问题,为全面推进城镇化工作创造经验和方法。

随着我国城镇化进程的加速,农村劳动力将持续大量涌进城市。我们必须改善农民工城市化的制度环境,使得农民工与市民同质。如果农民工市民化转型顺利的话,其实可以从另一方面来说,影响我国农民工市民化的两个重要制度障碍,也就是户籍制度和土地制度得到了重大改变,降低了农民工进城打工和落户的条件及成本,将符合条件的农民工转化为城市居民。农民工市民化也可以改变我国城镇化滞后的现状,假城镇化和区别城镇化现象也能得到改善,使城镇化建设能够健康发展。

（四）社会和谐发展的需要

中国共产党在 2004 年首次提出了社会主义和谐社会的理念,也是社会发展的战略目标,是一种和睦、融洽并且各阶层齐心协力的社会状态。近年来,中国共产党提出将"和谐社会"作为执政的战略任务,"和谐"的理念要成为建设"中国特色社会主义"的价值取向,"民主法治、公平正义、诚信友爱、充满活力、安定有序、人与自然和谐相处"是和谐社会的主要内容。

同样,随着我国城镇化建设不断加速,农民工市民化工作也成了当下全社会上下都比较关注的问题,各级政府部门关心的是究竟如何才能全面实现农民工市民化? 农民工市民化以后对当地经济社会发展会起到多大的作用? 农民工自身则是关心自己的市民化是不是真实的,有没有实际价值? 这些问题都是我们在城镇化过程中必须重视的问题。政府的问题还可以通过相关政策或制度加以解决,农民工的问题是一个心理认同问题,心理问题不解决,城镇化和市民化工作就有可能得不到他们的理解和支持,现实中有的农民工不想离开农村放弃土地成为市民就是这个问题的一个外在表现。

农民工群体的出现,其实质就是进城打工的农民工没有完全变为城市居民,身份一直没有得到改变,"农民工"的称谓也就随之而来。长期工作在城市的农民工在城市里长期被当作廉价劳动力存在,得不到应有的身份尊重、权利尊重和地位尊重,甚至有的时候还被城市居民歧视和伤害,时间久了必然会积聚各种社会矛盾,形成相互怨恨,处理不好的话还会在城市居民和农民工之间造成对立,形成冲突。

农民工市民化是当下最大的民生工程,关乎我国"三农"问题的解决,更关乎我国经济发展和产业结构转型升级。在社会管理体制和政策制定上,政府部门要有开放和包容的心态,不要把农民工进城视为异己,把农民工与城市居民同等对待,我们会发现问题其实很好解决。对农民工想到的不是排斥,而是容纳,对农民工想到的不是管制,而是服务,大家都是一家人,大家都是一个小区的居民,见面打声招呼,有事相帮相助,这就和谐了。相信农民工在这样和谐的环境下生活、工作就没有了被"边缘化"的心态,也就忘记了农民工的身份,大家权利义务平等了,社会地位也就平等了。在这种环境下,农民工就能在城市里安居乐业,城乡之间的发展才能和谐。可见,农民工市民化工作关乎国家安定、社会和谐,是国家之大事。

三、农民工市民化的基本原则

在全面推进城镇化建设的过程中,农民工较之以前具备了新的内涵,时代特征更为明显。因此必须在全面了解农民工的实际特点基础上,才能有效地制定农民工市民化的政策,提高市民化进程的效率。对农民工市民化工作应做到以下几点。

（一）宏观原则

1. 战略:高度重视农民工市民化工作

将农民工市民化建设放到战略高度,给予足够的重视。从顶层设计、具体的政策制定到政策的实施都要体现该工作的重要性。在城镇化速度高速发展的时期,要平稳有效的推进市民化,确保市民化的良性发展。作为惠及农村的一项最重要的大事对待,做到解放思想,深入改革现有的二元制体系,将市民化作为突破口,实现城乡统一协调发展。

2. 战术:高效寻求农民工市民化途径

除了将农民工市民化问题提升到战略方针以外,寻求正确的市民化途径是成功的关键。途径的选取直接关系问题的成败,丝毫不能懈怠。必须要经过系统地调研,掌握农民工的发展现状,了解农民工的实际需求,了解农民工与市民之间差异的本质所在,研究经过科学地分析,制定切实可行的方法与手段,才能高效完成农民工市民化的进程,保证城镇化与城乡一体化的健康持续发展。

（二）微观细则

1. 总量坚持平稳控制

李克强总理在《政府工作报告》中提出,今后一个时期,要把约1亿有能力、有意愿并长期在城镇务工经商的农民工及其家属逐步转为城镇居民。即使要在今后五年内完成1个亿的农民工市民化工作,工作任务也是比较重的,每年也必须完成2000万农民工及其家属的转化问题,因此,总量还是比较大的。在实际操作过程中,要把更多符合条件的农民工分阶段、按先后逐步转为流入地居民,坚持总量控制。

平稳控制就是要考虑到农民工的各项转化条件是否满足,就是要看是否有生存能力、是否有长期在城市生活的愿望、是否在城市有稳定的工作岗位和经商场所,满足了这三个基础条件,农民工市民化才有了可能条件,否则进了城没有几天也就跑掉了,市民化也就无从谈起。具备了转化条件,农民工市民化工作就变得了成熟起来,推行起来也会更有效。

2. 流向务必合理有序

农民工市民化的流向问题是一个极有讲究的问题,流向的合理布局会促进城镇化建设获得科学性发展。当下,大量农民工进城主要融入经济相对发达、生活比较富裕的直辖市、省会城市或是较大的城市,也就是主要集中在一、二、三线城市,到县城打工的比较少。相对小城镇,大城市对农民工具有较强的吸引力,因为在大城市里比较容易找到工作岗位,工作报酬也相对比较高,生活环境也比较好。但是,如果大量农民工都纷纷涌进大城市,会造成城市人口剧增,给城市会带来许多"城市病"。

这就需要对农民工市民化流向要加以控制引导,严格控制农民工向大城市流动,适当控制中等城市流动人口数量,引导农民工向中小城市流动,尤其是向小县城流动。同时,在流动时还可以考虑到各地具体特点和实际情况做好市民化工作,可以鼓励农民工向适宜开发的城市聚集,鼓励向产业集聚和经济条件较好的城市聚集,鼓励青壮年农民工向适宜农林牧副渔的地区聚集,促进人口、经济、资源和环境的协调布局。

3.公共服务保证均等

公共服务均等化,也就是指公共服务能够全民覆盖,享受水平均等。公共服务均等化属于公共财政的基本目标之一,是指政府要为社会公众提供基本的、在不同阶段具有不同标准的、最终大致均等的公共物品和公共服务。

在农民工市民化进程中,要考虑到城乡基本公共服务制度和措施的衔接问题,使进城后的农民工能够与城市居民平等地享有基本公共服务,逐步缩小城乡间基本公共服务差距,使在城市生活的与在乡村生活的居民实现基本公共服务均等化,使流动人口与定居人口之间实现基本公共服务均等化,最终使全体城乡居民不论生活在哪里工作在哪里都可以享受到均等的公共服务。

4.社会融合顺利通畅

社会融合是指一个群体在确保具有风险和社会排斥的群体能够获取必要的机会和资源,通过这些资源与机会,能够全面地参与到经济、社会以及文化生活中去,享受正常的社会福利。社会融合就要保证这个群体能够最大限度地参与到与他们生活和基本权利有利的决策。

一个融合社会的基本特征就是要广泛共享社会经验和积极参与,让全部公民都享有广泛的机会平等和生活机会,人人都有基本社会福利。在农民工市民化进程中,要切实注意尊重和保护农民工的基本权利和基本福利,尊重农民工自由选择市民化的权利,保护农民工作为农民本身应该享有的基本福利,不拿土地换利益、换权利,消除农民工市民化后的身份差异和不平等待遇,进一步促进社会融合。

正如李克强总理在《政府工作报告》中曾经提出："有序推进农业转移人口市民化。"在农民工市民化进程中，原则和细则是至关重要的，原则坚持得好，大方向就不会出错；细则执行得到位，工作就会不断有成效。所以说，有秩序、有纪律是农民工市民化有效推进的基础保证。

四、我国农民工市民化的现状

（一）我国农民工市民化的发展状况

虽然从规模上看城镇化进程不断加速，但从本质上分析，广大进城农民工并未实现从外而内的市民化转变。农民工在现阶段自身仍然存在很多不相容的因素，市民化相应的条件还没有完全具备。因此说，市民化应该分为两个阶段，第一个阶段是农民进城，产业市民化先行。第二个阶段就是从各个方面全方位进城，也就是我们所理解的农民工市民化。我国现阶段，农民工市民化还处于第一阶段，针对农民工进城后被城市边缘化，得不到同等的福利待遇，这些社会问题依旧很多，已成为我们现阶段城镇化最大的问题，也是我们现阶段城镇化的最主要的特征。

1. 农民工市民化规模与质量不一致

如表4-3所示，2000年我国城镇人口为45 906亿，城镇化率为36.22%，2011年我国人口达到69 079亿，城镇化率为51.30%，以2000年为基期，新增城市人口约23 000亿。至2014年我国城镇人口达到74 916亿，城镇化率达到54.77%，仍以2000年为基期，我国城镇人口又增加了29 010万人，增长幅度为63.2%，这个比例说明我国城镇化速度已经远远高于西方国家，人口规模的迅速扩大使城镇化的难度加大，城镇还没有做好迅速接纳如此规模人口的各项工作，城镇化问题越来越凸显。

表4-3 2000—2014年全国城乡人口对比

年份	城镇人口(万)	占比(%)	乡村人口(万)	占比(%)
2000	45 906	36.22	80 837	63.78
2001	48 064	37.66	79 563	62.34
2002	50 212	39.09	78 241	60.91
2003	52 376	40.53	76 851	59.47
2004	54 283	41.76	75 705	58.24
2005	56 212	42.99	74 544	57.01
2006	58 288	44.34	73 160	55.66
2007	60 633	45.89	71 496	54.11
2008	62 403	46.99	70 399	53.01
2009	64 512	48.34	68 938	51.66
2010	66 978	49.95	67 113	50.05
2011	69 079	51.30	65 656	48.70
2012	71 182	52.57	64 222	47.43
2013	73 111	53.73	62 961	46.27
2014	74 916	54.77	61 866	45.23

数据来源:国家统计局

2.农民工市民化发展速度比较慢

在我国经济发展的高速时期,城市建设日新月异,农民工在城市基础建设中发挥了很大的作用,在建筑工地进行调研时,发现大约80%以上的工位都来自农民工,所以他们成为我国发展过程中一个不容忽视的重要力量。但是农民工进城务工后,却难以融入所生活的城市。他们面临着户籍约束,无法享受同等的社会保障,不能负担高昂的居住成本,不能得到充分的子女教育权利,在思想上没有归属感,这些现实问题都严重束缚了农民工市民化的进程。

当前来看,我国的城镇化进程由于经济条件、城镇基础设施发展的脚步相比较农民工进城的速度相对缓慢,所以农民工市民化的改革不能一蹴而就,需要渐进式发展,所以从当前的发展阶段来看,并没有实现突破性进展。约束性最强的社会保障制度和户籍制度还未得到根本性的解决,对于架构城乡发展一体化制度短期内很难快速行进。农民工也就不能立即完成市民化的转变。

（二）农民工市民化时代特点

1. 家庭式移居趋势明显

我国的家庭务工结构大致分为三个阶段,第一阶段,男主人一人外出务工,女主人留在农村带领老小进行生产生活。第二阶段,农村妇女离开农村,夫妻二人共同赶赴城市务工,老人孩子在农村留守。第三阶段,孩子随父母离开农村,到城市接受教育。我国现阶段已经处于第三阶段,家庭式移居已经成为农村向城市迁移的主要模式。

2. 农民工年轻化趋势显著

随着年龄的增长,老一代农民工逐渐回归农村,新生代农民工成为主流,80后以及90后的农民工群体已经超过了1亿,并且速度还在增加。调查数据表明(图4-1),农民工依然以青壮年为主,年龄在16到40岁的占比56.5%,其中16到30岁的占比33.7%,超过了整个外出就业农民工的三分之一。

这些年轻人可以划分成两大类型,一类是从小就随父母迁移至城市,接受城市的教育,与城镇居民生活在一起,他们的生活方式、思想意识已经融入城市。还有一部分是新进城市群体,这部分年轻人虽然生长在农村,但大部分孩子都没有从事过务农,对土地没有依赖。

3. 农民工受教育程度提高

生产力的不断提高,资本的稀缺性决定了科学技术已经成为生产力提高的第一要素。因此我国的教育在短期内得到了迅猛的发展,义务教务、职业教育几乎全面覆盖,这在极大程度上提高了农民工的受教育程度,也为农民工市民化提供了良好的教育基础。

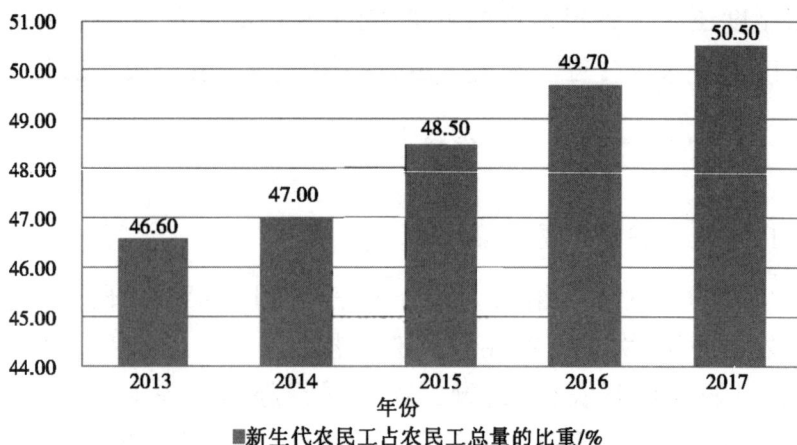

图 4-1　2013—2017 年全国新生代农民工占农民工总量的比重

如图 4-2、图 4-3、图 4-4 所示,农民工中,未接受过教育的群体微乎其微,高中文化程度、大专及以上占比 27.4%。大专及以上文化程度农民工所占比重比上年提高 0.9 个百分点。外出农民工中,大专及以上文化程度的占 13.5%,比上年提高 1.6 个百分点;本地农民工中,大专及以上文化程度的占 7.4%。

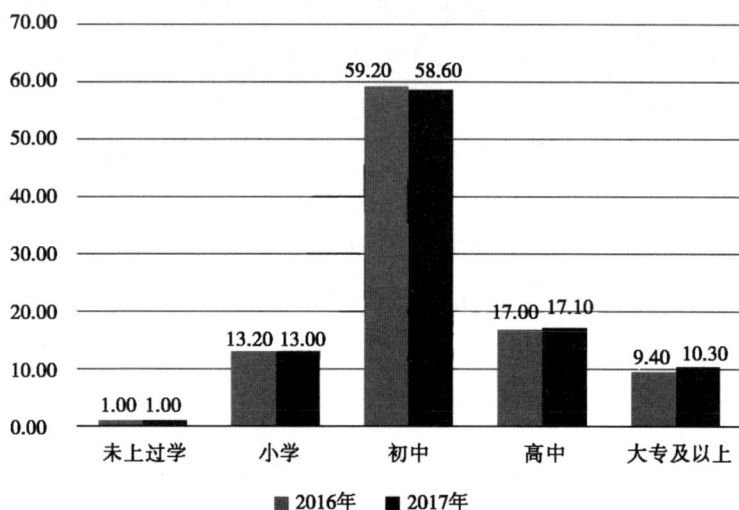

图 4-2　2016—2017 年中国农民工文化程度构成与比重

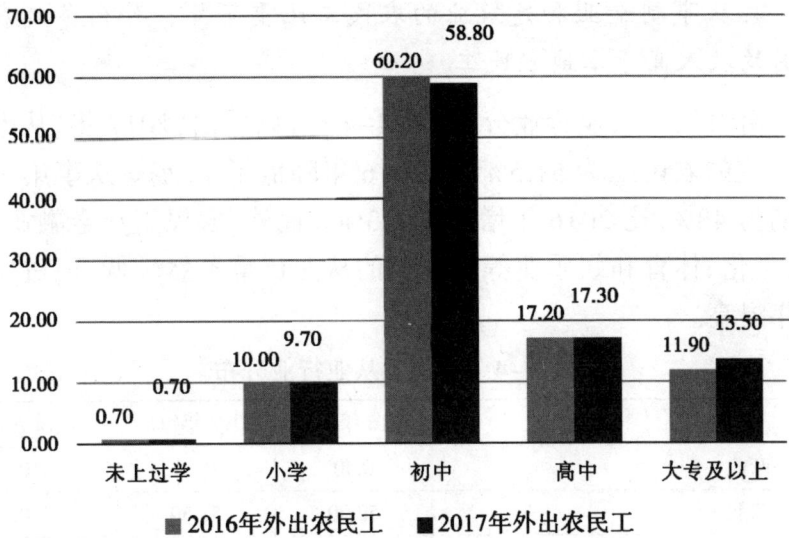

图 4-3　2016—2017 年中国外出农民工文化程度构成与比重

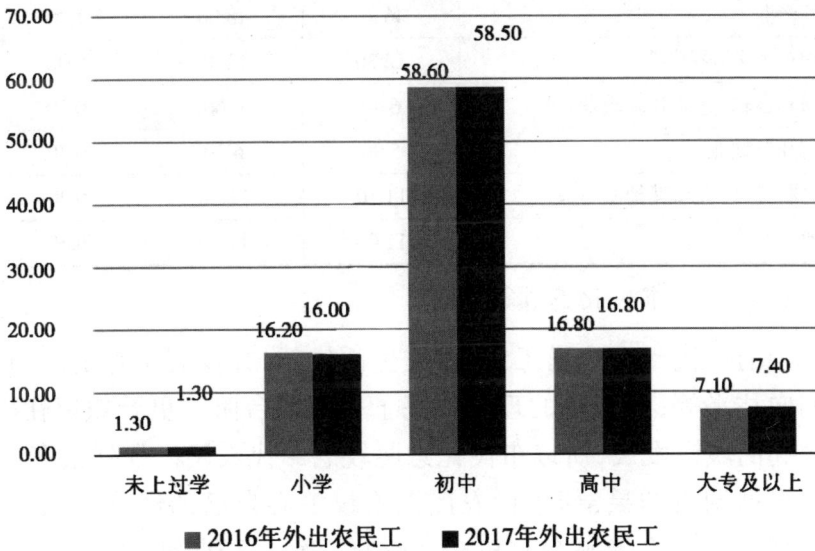

图 4-4　2016—2017 年中国本地农民工文化程度构成与比重

4.从事制造业和建筑业的农民工比重下降，外出务工农民工月均收入高于本地农民工

由农民工从业行业分布（表4-4）可以看出，2017年，从事第二产业的农民工为51.5%，比2016年降低了1.4%。从事第三产业的为48%，比2016年增加了1.3%。此外，农民工在金融业、教育、文化、体育和娱乐业等服务业的从业比重虽然较低，但占比在逐年提高。

表4-4 农民工从业行业分布

	2016年（%）	2017年（%）	增减/%
第一产业	0.40	0.50	0.10
第二产业	52.90	51.50	−1.40
其中：制造业	30.50	29.90	−0.60
建筑业	19.70	18.90	0.80
第三产业	46.70	48.00	1.30
其中：批发和零售业	12.30	12.30	0.00
交通和运输、仓储和邮政业	6.40	6.60	0.20
住宿和餐饮业	5.90	6.20	0.30
居民服务、修理和其他服务业	11.10	11.30	0.20
其他	11.00	11.60	0.60

5.农民工市民化意愿增强

当前一代年轻农民工们，物质生活优越，并没有生存的压力，他们向往平等，对幸福的理解提高了一个大台阶。更希望留在生活便利的城市发展，所以市民化意愿较老一代农民工强烈很多。

根据调研结果，新生代农民工不仅关心自己的经济收入，还会要求更多的发展平台与机会，社会保障与福利，他们对真正融入城市充满了无限的渴望，他们希望享受均等的城市公共产品，这部分群体是实现城乡一体化发展最主要的一个群体，他们能够比较清晰地表达自己的愿望与需求，他们能够提出较为真实的诉求，根据这些诉求，政府可以更为高效的制定农民工市民化发展的相关政策。

第三节　农民工返乡创业研究

面对政策的吸引、就业的压力和权益受损、家庭的需要以及创业意愿的驱动，一部分农民工开始返乡创业，为解决社会主义新农村建设中所面临的村级集体经济薄弱、农民增收乏力、村庄建设规划滞后和长期投入机制尚未建立等难题奠定了基础，促进生产发展、生活宽裕、乡风文明、村容整洁和管理民主新农村建设目标的实现。

一、城镇化：返乡创业的物理空间

农民工返乡创业的实践活动，首先要寻求宏观层面的合法性，即将返乡创业置放于特定的情境与时空背景下进行考察。从当前的现实情况看，农民工返乡创业实践出现在城乡一体化时期，城乡二元结构的松动、市场的开放以及社会经济发展体制的确立，为返乡创业提供了相应的制度保障。小城镇的发展和农村的建设为农民工创业提供了舞台，使得返乡创业进一步得到发展，并由此有了从想象走到现实的可能。

对于大部分农民而言，城镇是较为理想的生活空间。城镇生活环境更为集聚，基础设施较为完善，生活方式更加丰富，医疗条件更为便捷，教育资源更为充足，因此城镇化吸引了大部分农民在一定范围内开始流动。

政府在改革开放以来，也制定各项政策引导城镇化的发展，比如土地政策改革，使土地流转成为可能，让农民从土地中解放出来，减免农业税，降低农民对土地的依赖等。因此，在现实生活中，在政府部门的号召和努力下，在农民个体的比较之下，农民群体之中掀起了"城镇化"运动。

与之相对，农村逐渐呈现出"空壳化"状况，可谓是越搬越空，越空越搬,只剩下没有能力搬迁到城镇居住的农户。随之带来的是,农村缺少相应的生机和活力,而城镇之中逐渐生机无限,特别是有经济条件的农村家庭加入、年轻人的加入,城镇社会中的高楼到处兴建、城镇的空间地理边界也在不断被打破、不断向外拓展。从城镇化或城市化趋势而言,城市化比率还在不断向上攀升。

城镇规模的不断扩大以及新建城镇的不断增加,预示着在城市生活的人数也在大幅度上升。乡镇、小城镇、县级市、地级市与省会城市等都有着不同程度及不同形式的人口聚集。在一线城市中农民工就业机会较多,收入水平较高,吸引了最大部分的农民进入,但是在大城市里的生活成本太高,高昂的住房价格,让其只能望洋兴叹,大部分农民并不能从此驻扎在这样的大城市。他们又对城市生活充满着希望,因此在自身能力等条件决定下,按照城镇人的居住门槛,进而选择自身及家庭容身之处,由此便形成了各类城镇的人口不同程度的增长。

城镇人口的增长使社会生活需求结构层面产生了变化,即现有的需求大大增加。作为生物性的人,难以脱离基本生存的需求,否则无法存在。按照马斯洛需求层次理论来讲,生存需求是最为基本的需求,只有满足了最为基本的需求,才有可能实现其他层面的需求,如自我实现的需求等。因此,如果缺少必要的生产供给形式,必将对小城镇的秩序及其发展造成较大的负面影响。

事实上,如果在城镇之中难以满足最为基本的生活需求,那么他们也会主动再次搬迁回到农村社会之中。从农村搬入的农民已经不能在此空间内实现"男耕女织"式的自给自足的生活。因此,城镇单位内的社会成员大部分依靠市场实现生活的运行。小城镇或城镇的兴起与发展,特别是人口的大量聚集促进了城镇的商业化发展。对于寻求就业的农民工而言,城镇化的发展为他们进入市场提供了具体的路径和商业空间。

农村人口不断从农村搬迁入城镇,农村相对显得较为"凋敝",而农村的土地则由于"不动产"的性质难以进行相应的搬迁。由于距离因素的影响,许多农民工会选择将土地流转出租,这就为另一部分返乡就业的农民提供了生产资料。他们大规模的租入土地，进行规模种植，特色种植，形成规模效应，提高土地的利用率，增加农民的农业收入。将农业作为经营运作的产业，提供了较多的农业就业岗位，带动了农业服务业的发展。村里的居民日益减少，宅基地出租也进入市场，一些农业辅助产业也有了发展的空间，这些都为当前农民工返乡创业提供了相应的可能性。

二、政府扶持：返乡创业的政策空间

政府大力扶持农民工返乡创业始于2008年的金融危机。十七届三中全会报告提出：引导农民有序外出就业，鼓励农民就近转移就业，扶持农民工返乡创业。国务院办公厅也在《关于切实做好当前农民工工作的通知》中提到：大力支持农民工返乡创业，让其积极进行新农村建设。

在中央的政策引领下，地方政府先后制定了一系列的关于返乡创业的优惠政策，鼓励有技术、有经验、有资本的农民工回家创业。如在使用土地时简化审批程序，减免政府性收费，给予税收优惠等，降低创业门槛等相关创业政策，以支持农民工回家创业。为农民工返乡创业无偿提供信息化服务，让相关部门给予创业指导，相关金融部门为创业项目降低贷款门槛，甚至在一些外部性较强的项目给予政府贴息，鼓励农民工根据地域优势以及技能优势，积极发展农产品的相关产业发展。

三、自主实践：农民工返乡创业的历程与意愿

（一）创业历程

有文字记载的"返乡创业"现象出现在20世纪90年代初期。对于农村外出打工者返乡创业的现象还没有无全国性的数据，所以一般性整体情况难以把握。但是根据部分调查数据，我们可以想象返乡创业规模的变化历程。根据相关统计数据显示，

据对 3026 名回乡创业农村外出打工者的调查,1990 年以前回乡创业的农村外出打工者只占 4%,1990—1999 年回乡创业的占 30.6%,2000 年回乡创业的占 65.4%。

20 世纪 90 年代中后期,不少农业大县苦于资金和人才不足,纷纷出台"筑巢引凤"政策,从而吸引外出农民工返乡创业,农村外出打工者回乡创业步伐正在明显加快。301 个被调查村回流农村外出打工者 3.7 万人,其中回乡创业者占到了 16.06%,回流创业的农村外出打工者人数约为 800 万人。

据国家级贫困县陕西省山阳县的统计,1996 年全县已有 1 500 多名外出打工者相继返回家乡,他们已投资 4 000 多万元,兴办或并购企业,开发山地,或创办公益事业等;四川省金堂县在竹篙镇成立了"返乡创业"示范区。1999 年年底,"返乡创业"示范区内有个体工商户 2 000 多户,在镇内兴办的私营企业有 22 家,资金投入达 200 万元。

但从总体上看,由于种种条件制约,绝大部分没能达到预期效果。除了配套政策落实不足、本地经济和基础设施条件有限等原因外,其中一个重要因素就是农民工返乡创业机会成本较高,加上资金和经验都不足,很多外出农村劳动力回乡意愿不强,创业动力不足。

近些年来,在农村劳动力外出比较多的贫困地区,"返乡创业"出现了十分红火的局面。在 2008 年金融危机的影响下,返乡创业的人数在不断地增加,返乡创业群体规模不断地扩大。因为,在经济不景气的背景下,沿海工厂出现了关停倒闭现象,一部分农民工提前"返乡",在这部分回乡的人之中,部分人又加入到"返乡创业"行列之中。

（二）创业意愿

对山东省济南市市中区的 500 名农民工的创业意愿进行主观调研,调查结果如表 4-5 所示。从调研结果可以看出,接近 20% 的农民工有很强烈的创业愿望,仅有 14.3% 的农民工对创业意愿不强烈,大部分农民工都表示如果条件允许,会优先选择返乡创业。他们在城市生活后,对自己的生活环境标准以及价值标准也在不断提升,他们强烈渴望通过创业改变自己的社会地位,提高经济收入,体现自己的个人价值。

表 4-5 农民工的创业意愿

创业意愿	频数	有效百分比/%
很强烈	568	18.8
比较强烈	1 124	37.3
不太强烈	892	29.6
不强烈或没想法	431	14.3
合计	3 015	100.0

虽然大部分农民工又有创业的愿望,但不同的农民工的具体愿望差异性较大。调研将农民根据不同的特点划分为几大类型。第一按照性别进行分类,第二按照年龄进行分类,第三按照接受文化教育的程度进行分类。调研结果如表 4-5、表 4-6 所示。

由数据可以看出,男性比女性的创业意愿更为强烈,在很强愿望里男女的比例达到 2∶1,说明在长期的男主外女主内的家庭结构中,男性在对事业的重视程度上要高于女性。而在以年龄为特征的分类里,年轻人的强烈创业意愿也比第一代农民工高出 5~10 个百分点,说明新生代农民工有着冲破传统体制的强烈愿望,新生代农民的信息化程度更高,对技能的掌握程度也较高,因此对创业的自信程度较高。在以文化程度分类的对象表述中,文化程度越高,创业愿望越强烈。大专及以上群体与小学文化群体的有着强烈创业意愿的人数的比例达到 2∶1。究其原因,因为文化程度越高的群体,对收入水平和社会地位的追求越强烈,他们的技能水平较高,人际交往范围更广,就业渠道更通畅,所以对创业充满信心与渴望。

表 4-6　创业意愿与不同变量的相关分析

创业意愿		很强烈及所占比例	比较强烈及所占比例	不太强烈及所占比例	不强烈或没想法及所占比例
性别	男	23.3%	39.4%	26.7%	10.6%
	女	12.1%	33.9%	34.1%	19.9%
	总体平均	18.8%	37.2%	29.6%	14.3%
年龄	第一代	15.9%	31.1%	28.5%	24.4%
	新生代	20.3%	40.9%	30.2%	8.6%
	总体平均	18.7%	37.4%	29.6%	14.4%
文化程度	小学及以下	10.6%	28.3%	30.8%	30.3%
	初中	20.2%	36.1%	29.1%	14.7%
	中专或高中	18.9%	40.5%	30.6%	9.9%
	大专及以上	21.2%	43.5%	28.5%	6.7%
	总体平均	18.82%	37.3%	29.6%	14.3%

　　总的来说,要理解返乡农民工的特殊性,特别是理解他们特有的实践活动,必须将其置放于既定的时空背景之中进行理解。在社会转型加速期,市场经济体制的转轨、新型工业化道路的提出与城镇化的增长等是当前理解返乡创业现象或实践活动的有效路径。相对而言,市场化、工业化与城镇化三者是农民工返乡创业,或者有效进入市场活动的充要条件。

四、农民工返乡创业的国家战略整合

　　2008 年,金融危机爆发,沿海大量工厂倒闭、关闭、停产、减产,返乡创业成为国家政府部门应对大量农民工失业问题的有效解决途径。随着金融危机影响的逐渐消散,曾经的热点和焦点已经发生转变,农民工的社会适应性及其城市融合性再次成为社会各界的主要话题,尤其是农民工市民化问题。农民工的返乡创业问题已经被抛在脑后,似乎从当前情况来看,原先状态下所关注的农民工返乡创业问题并非是一个真正的学术问题,不具备相应的学理探讨价值和意义。

从实践来说，大量的返乡创业者破产事件使得人们更加有理由相信农民工返乡创业的"滑稽可笑"，犹如市场中的过往云烟，甚至不得不得出看似较为合理的判断，"小农"，即使对于已经"洗脚上岸"并接受过城市化与市场化洗礼的农民工而言仍然难以有效应对市场风险。因此，农民工返乡创业的提倡和推广并不能在常态情境下得到认同。

但从既有的理论来看，农民工返乡创业应该有着较为广阔的市场和空间。并且，农民工返乡创业问题在宏观层面有着相应的合法性，在微观层面有着相应的合理性，当两者予以结合或者在一定成熟条件下，自然也就会产生日常生活中所见的返乡创业实践活动。事实上，在日常生活中，不乏农民工返乡创业成功的案例，也更加不缺少二次创业、三次创业的案例。从所掌握的个案来看，我们不否认农民及农民工应对市场风险过程中所存在的局限性，特别是由于其市场抵御风险能力较弱，致使一些破产或倒闭现象的存在，等等。

在强调失败个案的同时，也不能无视那些创业成功的个案，尤其是已经实现从小规模转换到大规模的创业实践者，甚至有些已经实现产业升级的创业实践者。为何会出现这种与以往判断相反的社会事实，以及如何对待农民工返乡创业问题，主要有以下方面。

其一，表达与实践的背离，模糊了我们对农民工返乡创业的理解及其定位，混淆了人们对农民工返乡创业问题的判断，以至于某些层面的判断失误，将"返乡创业"问题置于"假问题"的地位，破坏了有关返乡创业研究的延续性和长期性。这就需要我们在当前重新面对"返乡创业"问题时，有必要对以往的研究进行回顾和反思，从中找出问题的症结，以此实现农民工返乡创业的常态化和常规化。

在实践中，对待农民工返乡创业问题，要予以区别性对待，具体问题具体分析，从而认清农民工返乡创业成功和失败的特征之所在,找出其中所存在的差异,探究农民工返乡创业实践的有效运行机制。进一步而言,对待农民工返乡创业问题需要从整体上进行把握,这也是社会及底层群体的实践要求。从整体上进行把握,也在于事物发展过程中相互间的关联性,具体到农民工返乡创业问题而言,小城镇的发展以及工业化与技术化、市场制度的转轨势必带来一定的商业空间,为社会底层带来正式和非正式的商业空间。

以此判断农民工返乡创业性质,可谓是社会多种因素变迁和发展到一定程度的结果,有着相应的时空特性。这也就更加强调了农民工返乡创业的社会客观性,因此也打破了有关农民工返乡创业"假问题"之说。相对来说,肯定农民工返乡创业的客观性,也就明确了农民工市民化或农民工转型的返乡创业路径。从现实状况来看,农民工转型与农民工市民化是当前国家战略规划内容之一。言下之意,作为农民工市民化或农民工转型的返乡创业已经深深嵌入在国家战略规划之中。

其二,模糊性认识来自于对群体特质的混淆,从而导致认识不清,难以确定农民工返乡创业问题的理论地位。将农民工返乡创业嵌入于国家战略规划之中,势必要从更高层面的时空性角度进行分析,这也是将农民工返乡创业纳入国家战略规划中的具体化要求。

从当前的时空性视角分析农民工返乡创业实践,可以发现,农民工返乡创业已经摆脱之前的初级形式,逐渐转向更为高深层次的创业形式。相对来说,现阶段农民工返乡创业实践呈现出多样化的特征,有刚进入返乡创业序列的农民工,有已经进入多年的成功转型者,也有相应的转型失败者,等等。

因此,在明确农民工返乡创业性质的基础上,需要重新掌握农民工返乡创业群体的状况,如群体规模、群体内类型、群体动态性历程,等等。只有熟悉和掌握了农民工返乡创业静态与动态特质、成功与失败的案例,等等,才能制定出符合战略要求的规划,进而为农民工转型提供具体的路径,或者说,在顶层设计和制度安排下,更好地实现农民工返乡创业,使其具有相应的长期性和稳定性。简单地看,寻找农民工返乡创业的有效实现路径,有必要采取整体把握与分类的形式,以此为制定农民工返乡创业的战略规划做出相应的基础性准备。

其三,赋予农民工返乡创业战略性理论位置,要从更高的战略位置重视农民工返乡创业,这不只是农民工某一个个体的身份转换与转型,更关涉到城乡一体化战略的实施,关系到整个国家社会的稳定与发展。当然,这种稳定也并不仅仅是眼下的稳定,而是长期的稳定和带有后劲的发展形势。

从以往有关农民工返乡创业问题来看,仅仅将其作为一应急性问题进行处理,而忽视了农民工返乡创业问题的持续性和长期性。所以,在常态情境和稳定社会结构状态下,对待农民工返乡创业的态度必须发生相应的转变,不能再以之前"应急式"的方式加以处理,更需要予以长期性和战略性的方式待之。简而言之,将农民工返乡创业整合进国家长期发展战略规划之中,以凸显作为乡村精英的农民工在城乡一体化过程中的重要作用,实现农民工群体的福祉,促进农民工转型的尽快实现。

其四,明确农民工返乡创业的理论位置,赋予其国家战略规划层面的性质,从国家重大需求层面进行思考,摆脱以往单向度的分析模式。回顾和反思既有的研究成果,有关农民工返乡创业研究多停留在描述性分析和功能介绍层面。当前,站在国家战略需求层面进行思考和研究,也就需要从方法、视角、概念、理论等层面进行必要的反思,要服务于国家重大现实需求,要以农民工转型为主要内容。因此,要有效实现与市场化、工业技术化与城镇化的结合与融合,也就需要根据当前现实经验重新梳理和界定农民工返乡创业,以抽象出具有操作化可能性的返乡创业机制及农民工转型机制。

其五,新时期,农民工返乡创业问题刚刚起步,无论是从微观层面来看,实践中如何实现农民工的返乡创业,为农民工市民化和农民工转型提供有力的保障;还是在宏观层面来考察,如何有效地将农民工返乡创业嵌入于国家战略规划之中,需要解决的问题很多,需要付诸研究的问题更多。

  作为理论工作者,我们的研究需要面向国家重大现实需求,需要以知识积累与发展为目标指向,也更需要通过知识存量的增长为国家和社会的良性运行和协调发展做出相应的贡献。回到具体问题之中,作为一种有效的农民工转型或农民工市民化路径,农民工返乡创业的道路仍然更加曲折而漫长,但其前途是光明的,这也就需要社会各界更加予以关注,给予相应的支撑。对于我们而言,深化有关农民工返乡创业转型路径的研究也是下一步需要为之努力的方向。

第五章　城乡一体化发展中的农村经济建设

习近平总书记指出，"农业农村农民问题是关系国计民生的根本性问题，必须始终把解决好'三农'问题作为全党工作重中之重。"[①]李克强在《政府工作报告》中也明确指出要大力实施乡村振兴战略，科学制定规划，健全城乡融合发展体制机制，依靠改革创新壮大乡村发展新动能。

第一节　乡村振兴战略的提出

习近平总书记在党的十九大报告中提出，我们要大力实施乡村振兴战略。这在我国"三农"发展进程中具有划时代的里程碑意义，必须深入贯彻习近平新时代中国特色社会主义思想和党的十九大精神，在认真总结农业农村发展历史性成就和历史性变革的基础上，准确研判经济社会发展趋势和乡村演变发展态势，切实抓住历史机遇，增强责任感、使命感、紧迫感，把乡村振兴战略实施好。[②]乡村振兴战略是新时代"三农"工作的总抓手。

一、建设社会主义新农村的升级

2005 年 10 月召开的中共十六届五中全会通过了《中共中央

---

① 习近平在中国共产党第十九次全国代表大会上的报告 [EB/OL].http://cpc.people.com.cn/n1/2017/1028/c64094-29613660.html.
② 国家乡村振兴战略规划（2018-2022 年）[EB/OL]https://baike.baidu.com/item/%E5%9B%BD%E5%AE%B6%E4%B9%A1%E6%9D%91%E6%8C%AF%E5%85%B4%E6%88%98%E7%95%A5%E8%A7%84%E5%88%92%EF%BC%882018-2022%E5%B9%B4%EF%BC%89/22374609.

关于制定国民经济和社会发展第十一个五年规划的建议》，明确提出"建设社会主义新农村是我国现代化进程中的重大历史任务。要按照生产发展、生活宽裕、乡风文明、村容整洁、管理民主的要求，坚持从各地实际出发，尊重农民意愿，扎实稳步推进新农村建设"。国民经济和社会发展"十一五"规划纲要、"十二五"规划纲要，实际上都是用建设社会主义新农村统领"三农"工作。国民经济和社会发展"十三五"规划纲要要求"提高社会主义新农村建设水平"。

2018年中央一号文件明确提出实施乡村振兴战略"是决胜全面建成小康社会、全面建设社会主义现代化国家的重大历史任务，是新时代三农'工作的总抓手'"。2018年中央一号文件明确要求强化乡村振兴的规划引领和法治保障，并在坚持和完善党对"三农"工作的领导方面出台了许多空前得力的举措。这些都是建设社会主义新农村不可比拟的。2018年5月31日，中共中央政治局召开会议审议《国家乡村振兴战略规划（2018—2022年）》，对乡村振兴战略的实施做出了详细规定和要求。

实施乡村振兴战略的总要求是"产业兴旺、生态宜居、乡风文明、治理有效、生活富裕"。相对于建设社会主义新农村的总要求，顺应中国特色社会主义进入新时代发展要求的新变化，实施乡村振兴战略的总要求突出了推进"三农"高质量发展的方向，"升级版"色彩更加浓厚。

二、是顺应社会矛盾变化的需要

1981年召开的十一届六中全会指出，"我国社会的主要矛盾是人民日益增长的物质文化需要同落后的社会生产之间的矛盾"。习近平总书记在党的十九大报告（以下简称"十九大报告"）中提出，"中国特色社会主义进入新时代，我国社会主要矛盾已经转化为人民日益增长的美好生活需要和不平衡不充分的发展之间的矛盾"。与之前所说的"物质文化需要"相比，"美好生活需要"

范围更广、要求更高、内涵更丰富。提出乡村振兴战略,借此激活农业农村农民的发展潜能升农业农村的多重和价值,更好地解决涉及"三农"且较为突出的发展不平衡不充分问题,更好地满足人民日益增长的美好生活需要。

三、是决胜全面小康、全面建设社会主义现代化强国的客观需要

党的十九大吹响了决胜全面建成小康社会、进而全面建设社会主义现代化国家的冲锋号。全面建成小康社会,农民的全面小康不可或缺。实现农民的全面小康,离不开农业农村发展的坚实支撑。

农业农村农民问题是关系国计民生的根本性问题,作为一个农业、农村、农民"体量"都比较大的国度,推进"三农"现代化是全面建设社会主义现代化国家不可或缺的重要内容。无论是到2035年基本实现社会主义现代化,还是到21世纪中叶把中国建成富强民主文明和谐美丽的社会主义现代化强国都要求农业农村农民成为现代化进程的"共商共建共享者"。2018年中央一号文件提出,实施乡村振兴战略,是"实现'两个一百年'奋斗目标的必然要求,是实现全体人民共同富裕的必然要求"

第二节 农业的地位和农业经济现状

一、农业的地位

（一）农业

农业是支撑一个国家得以正常运行的最基础的部门。具体来说,农业就是指人们利用太阳能,依靠生物的生长发育来获取

产品的社会物质生产部门。农业生产的对象是生物体,获取的是动植物产品。农业一般指植物栽培业和动物饲养业。植物栽培是指人们通过绿色植物利用太阳的光、热和自然界的水、气以及土壤中的各种矿物质养分,加工合成为植物产品;动物饲养是指人们通过以植物产品为基本饲料,利用动物的消化合成功能,转化成动物性产品。因此,农业的本质是人类利用生物机体的生命力,把外界环境中的物质和能量转化为生物产品,以满足社会需要的一种生产经济活动。

农业是最为古老的物质生产部门,始终为国民经济的基础,在国民经济中占有重要的地位,其基础性地位是历史发展的客观必然,不以人类意志为转移;同时,农业在推进国民经济发展上也具有独特作用。

（二）农业的地位——农业是国民经济的基础

农业是一国经济生存和发展的基础,其在国民经济中具有重要的基础性地位,这主要表现在以下三个方面。

1. 农业是为人类提供生存必需品的物质生产部门

食物是维持人类生存最为基本的生活资料,而它是由农业生产的动植物产品（准确地说,还包含微生物）来提供。迄今为止,利用工业方法合成食物的前景依旧遥远,可能永远也不会成为食物供给最为主要的途径。为此,我们可以大胆揣测,不论是过去、现在还是将来,农业都是人类的衣食之源和生存之本。

2. 农业是国民经济其他物质生产部门赖以独立和进一步发展的基础

通常情况下,只有当农业生产者所提供的剩余产品较多时,其他经济部门才能独立,并安心从事工业、商业等其他经济活动。在古代,农业是整个社会的决定性生产部门,为了生存,几乎所有劳动者都从事农业生产,基本不存在社会分工;后来,随着农业生产力的不断发展,农业生产效率得到了极大提升,农业剩余产品快速增加,社会将日益增加的劳动力从农业生产中逐步分离出来,由此形成了人类社会的第一次、第二次和第三次大分工,该过程不仅实现了农业产业内部种养殖业的分离,还有力地促进了工业、商业和其他产业的有效分离,进而相继成为独立的国民经济部门。

3. 农业的基础性地位论断是普遍适用于各国且能长期发挥作用的规律

农业产值和劳动力占国民经济的比重逐年下降是世界各国在经济发展进程中所遇到的一个普遍规律。但是,无论是在农业所占比重较大的国家还是比重较小甚至农业相对缺失的国家,农业的基础性地位论断这一规律都将发挥作用。假如一个国家的农业生产无法满足本国经济发展需要,就必须依赖于其他国家,即以外国的农业为基础,从长期来看,显然不利于该国的安全与稳定。

（三）农业对国民经济的推动作用

1. 产品贡献

食品是人们获取能量得以继续生存的最基本必需品,农业则是为人们提供这一最基本必需品的基础性部门。一般而言,只有当农业从业者所生产的农产品满足自身需求且有剩余之时,其他国民经济生产部门才能得以顺利发展。虽然从理论上讲,可以通过进口缓解国内食品的供给不足,但在实际中大量进口食品会受到政治、社会和经济等多重因素的制约,甚至会让一个国家面临风险并陷入困境之中。因此,我国未来农业的发展之路必然是依靠本国农业满足广大消费者对食品日益增长的需求。

农业还为工业尤其是轻工业提供了重要的原料来源,从而为推进我国工业化进程发挥了重要作用。作为第一发展中国家,大力发展以农业为原料的加工业可以充分发挥我国的比较优势,有助于工业化进程的加快和国民收入的增加。此外,农业的产品贡献还表现在对国民经济增长的促进上,由于农产品尤其是谷物产品的需求收入弹性要小于非农产品,民众收入的增加通常意味着其用于食品消费的支出比重会不断下降,进而导致国民经济中农业的产值份额随之下降。但同时,以农产品为原料进行生产的工业品的需求弹性一般大于原料本身的收入弹性,这样使得农业的重要性相对提高,对国民经济发展的促进作用增大。

2. 要素贡献

要素贡献主要是指农业部门的生产要素转移到非农产业部门并推动其发展,这主要表现在以下三个方面。

（1）资本要素贡献

农业在不同的发展阶段起着不同的作用。在经济发展的初级阶段,农业发挥十分重要的作用,是国民经济中最主要的物质生产部门,而工业等其他新生产业部门起点相对较低、基础薄弱,基本无资本积累能力。在本阶段,农业不仅要为自身发展积累资金,还需为工业等其他产业部门积累资金。由此可见,国家早期的工业化以及新生产业的资本原始积累主要依赖于农业,农业为一个国家的工业化进程提供了重要的资本要素贡献。随着社会经济的进一步发展,非农产业部门凭借着较快的技术进步以及自然资源的使用不受约束等得天独厚的优势,使得其资本报酬要远高于农业部门,在该情形下要素的趋利流动规律又促使农业资本流向非农产业部门,再一次为非农产业的发展作出资本贡献。与此同时,鉴于非农产品的需求收入弹性要大于农产品的需求收入弹性,政府部门也倾向于将农业资本增量投向非农产业部门,通常政府会通过行政的手段实现资本的转移。

（2）劳动力要素贡献

农业是人类社会最先形成的一个生产部门,这也是人类社会发展初期唯一的生产部门。几乎所有的劳动力都集中在农业生产领域。随着社会经济的不断发展,农业生产率得到了极大提高,其对劳动力的需求开始下降,由此出现了农业劳动力剩余,他们可以向其他非农产业部门转移,从而为非农产业的快速发展提供了必要的生产要素,并创造了最为基本的生产条件。由此可以看出,农业是非农产业部门重要的劳动力来源渠道,为它们的形成和发展作出了巨大贡献。但是,对于大多数国家尤其是发达国家而言,非农产业的快速发展以及机械化、信息化、自动化技术的不断普及与应用会导致其对农业劳动力的吸纳能力越来越低,并由此引发农业劳动力的结构性过剩,即低素质劳动力供给严重过剩。而符合要求的高素质劳动力却供给不足。大量剩余劳动力的出现已经成为制约我国社会经济发展的重大障碍。

（3）土地要素贡献

在国民经济中,通常农业以外的产业部分需要农业部门为它们释放和转移更多的土地资源,才能够继续发展,这是因为这些土地资源是其他产业部门从事生产和活动的基本场所,比如城区范围的扩大、道路交通的修建、工矿企业的建设等。一般而言,非农产业对土地的需求是社会经济发展的必然,其所需土地多位于城郊或者农业较为发达的地区。虽然从回报来看,农地非农化会使农民收益得到增加,对于他们而言无疑是理性选择。但从整个国家和社会层面来看。市场机制的过度自由发挥将不利于农业乃至整个国民经济的持续健康发展。因为农地资源属于稀缺性资源,供给相对有限且具有不可替代性,其规模的减少必然不利于农产品的有效供给和社会的长治久安。因此,在满足非农产业发展建设用地需求的同时,也要适当加以宏观调控。

二、当前农业经济的现状

（一）农产品供求总量结构失衡

近几年来,我国粮食持续增产,这对我国原有的农业结构造成了一定影响,我国农产品的供求格局逐渐从供求紧平衡状态转变为供求总体平衡、个别乃至部分品种供大于求的态势。但是,在总量矛盾得到明显缓解的同时,农产品供给总量的结构性矛盾与问题愈发凸显出来,不仅表现为品种数量的结构问题,更表现为品种质量的结构问题。

1. 农产品供需结构

2010年我国人均GDP不到4 500美元,而2017年我国的人均GDP超过8 500美元,由此可以看出,我国在不断发展中已经逐渐开始进入一个由中低收入国家向中高收入国家迈进的关键期,开始进入一个温饱过后追求消费质量的转变期。而在这个阶段,农产品的绿色安全、有机高端、个性化与品牌化需求快速上升,那些大路货、低端消费的需求则明显下降。这种农产品消费需求的升级换档,不仅导致大量普通农产品出现积压卖难,而且也导致优质高端农产品出现供不应求。我国农产品的供需结构出现的这种变化,既是我国经济发展到了一个新阶段和人民生活水平提高的必然反映,产生日益丰富与优质多元的农产品需求;也是农产品供给结构不适应需求变化的必然结果,要求更加多样与优质的农产品供给。

2. 农产品总量供求

稻谷、小麦、玉米是我国的三大主粮,2010年以来,这三种粮食总产量大幅增产,增产达到15%以上,但消费量增长相较于生产量增长稍低,仅不到6%。其中玉米产大于销的矛盾尤为突出,2015年玉米产量高达22 458万吨,年末库存消费比为172.35%,行业产能严重过剩,造成了玉米库存量巨大、国内外价格倒挂等诸多问题。[①]同时,棉花、油料等其他大宗农产品面对国外的大量进口,在市场上也呈现出供大于求的状态。农产品总体上供求宽松、价格低迷已成为基本面。这样的态势并非只是年度性的短期现象,而是当前和今后一个时期我国农产品供求格局的阶段性特点。在很大程度上,这一特点也将是世界农产品供求的基本格局。

主要农产品的供求总量关系和供需结构的变化,对农业的产

---

① 2016年中国玉米产量、库存、消费量及价格走势分析[EB/OL].http://www.chyxx.com/industry/201609/451398.html.

业结构和产品结构的调整和优化提出了更高的要求。有的产业要压缩调减过剩产能,如玉米产业及一些产品的加工业;有的产业要瞄准立足补齐短板,如奶业、大豆产业等。产品结构的调整与优化问题几乎是面向所有农业产业的,就是要以市场需求为导向丰富品种和提升质量,顺应和满足消费者优质多元的农产品需求。如此严峻的挑战可谓是前所未有的,因为这要求我们既要在调整优化农业产业的区域布局上做好文章,而且要在全面提高农产品质量上花大力气;不仅要在产品产业增什么与减什么的数量上积极调整,而且要在产业转型升级与产品升级换代的质量上不懈努力。

（二）农业资源过度利用与环境问题存在矛盾

当前来看,土地广袤是我国的基本国情,同时人口众多也是我国的基本国情,这就决定了我国的发展必须面临并解决资源和人口之间的矛盾,始终面临着资源环境承载能力的巨大压力,唯有走可持续的农业发展道路,才有可能实现农业资源的永续利用和农业生态环境的不断改善。尽管我国有几千年农耕文明传承与种养结合、循环利用的农业可持续发展理念,但是,过去多年的农业资源过度开发与利用,带来了土地超垦过牧、地下水超采、土地重金属污染、水土流失加剧、面源污染加重等诸多问题,严重影响了农业农村生态环境和制约了农业可持续发展,也成为影响农产品质量安全的重要因素。

据数据统计,2017年我国水稻、玉米、小麦三大粮食作物化肥利用率为37.8%,比2015年提高2.6个百分点;农药利用率为38.8%,比2015年提高2.2个百分点。[①]2015年,我国农膜使用总量达260多万吨,其中地膜用量为145万吨,但全国农膜回收率不足2/3。2016年,农业环保部门对甘肃部分区域的监测结果显示,所有监测地块都有不同程度的废弃塑料农膜,每亩残留量

①　化肥农药零增长提前三年实现[EB/OL].http://www.sohu.com/a/212907074_99936350.

多5~14公斤。[①]全国很大比例的江河湖泊受到污染,上亿亩的耕地不同程度受到重金属污染。地下水超采严重,华北平原形成了6.7万平方公里的地下水超采漏斗区。从目前的情况来看,可以说,我国农业资源环境承载能力已近极限,粗放发展、竭泽而渔的发展路子已经走到尽头。

全国各地都面临着农业生产环节中存在的资源利用和环境污染问题,这也是农业经济想要持续发展必须解决的两个重要问题和难题。第一,种植业的秸秆综合利用问题。目前我国年产出各种农作物的秸秆10亿吨左右,近年来各地围绕秸秆的肥料化、饲料化、原料化、燃料化与基料化等"五化"利用也探索出了不少成功模式,但秸秆综合利用率不高、相关产品开发与价值挖掘不够的问题在很多地方未能得到根本性的解决,以至于秸秆禁烧问题在夏收与秋收季节至今仍令许多地方的基层干部"如临大敌"。第二,养殖业的粪便与污水处理问题。目前我国仅畜禽粪污的年产出量就达38亿吨,但综合利用率不足60%。包括畜牧养殖业与水产养殖业在内的大量粪便与污水得不到有效利用,在污染环境的同时也造成资源的巨大浪费。仅从畜禽养殖的粪便等资源利用看,近年来尽管中央的要求越来越高、地方的工作力度越来越大,但其进展与成效依然不容乐观,任务之艰巨与难度之大远超很多人的想象。

从以上问题也可以看出,我国种植业和养殖业存在明显的脱节和不协调现象,这就导致了我国农业经济的发展很难更进一步。一方面是种植业生产重用地轻养地以及过量使用化肥、农药等化学投入品导致耕地质量明显下降,日渐贫瘠的土地犹如嗷嗷待哺的"羔羊",急需各种农作物秸秆及畜禽粪便等有机肥料补充自身所需的营养;另一方面则是养殖业生产所产生的大量粪便与污水由于得不到及时有效的处理而污染生态环境和影响人居环境,使得生猪等畜禽养殖业在不少地方几乎成了人人喊打的"过街老鼠",如何妥善处理粪便与污水在很多地方简直就成了畜

① 农膜污染隐患严重! 回收率不足2/3[EB/OL].http://www.sohu.com/a/147071990_748678.

禽养殖与水产养殖生产发展的头等大事。

以上各种问题,一方面说明我国为了快速发展经济将环境和资源作为代价的粗放式发展方式对我国已经造成了不利影响,另一方面说明只有解决这些矛盾,我国的种植业和养殖业的才能得到持续发展。这也就是我们这个拥有十多亿人口与仍在发展中的大国必须面对也不得不面对的农业资源环境状况。由此也就足见加快转变我国农业产业发展方式的紧迫性,足见大力推动我国农业可持续发展的任务之重与道路之远。

三、我国农业经济发展的基本思路

(一)转变农业经济发展方式,推动绿色发展

如果想要农业和农业经济长期稳定发展,就必须转变发展方式,大力推进绿色发展,这是实现农业和农业经济持续健康发展的基本要求,同时这也是农业发展的本质属性的具体体现,即既要遵循经济规律也要遵循自然规律。过去我们为确保粮食等农产品持续增产付出了巨大的资源环境代价,推进农业供给侧结构性改革的一个重要方面,就是要扭转这种人与自然不和谐的局面,以推动农业绿色发展,加快转变农业发展方式、提升农业绿色供给能力。

1. 开发与拓展农业的功能

农业是国民经济的基础部门,其功能众多,除了具有经济功能外,农业还具有生态功能、社会功能以及文明传承功能等。农业的这种多功能性,为我们开发新产品和培育农业领域的新产业新业态提供了广阔的前景。如近年来发展势头强劲的休闲农业与乡村旅游等,不仅大大丰富了农产品的概念,而且也在颠覆着人们对农业的传统认识。正是农业功能开发与拓展,不仅使许多地方从根本上摆脱了过去"守着金山银山要饭吃"的尴尬局面,

而且尝到了"绿水青山就是金山银山"的真正甜头,实现了经济效益、生态效益以及社会效益"三个效益"的和谐统一,实现了生产、生态、生活"三个方面"的共赢。可以预期,在绿色发展理念的指引下,伴随着农业功能的不断拓展,我国农业发展方式的转变将进入快车道,进而促进农业绿色供给能力的显著提升。

2. 转变农业资源利用方式

要想发展农业经济,实现农业经济的健康可持续发展,就必须转变农业资源的利用方式,包括耕地休耕轮作、用地与养地相结合、种植业与养殖业相结合等在内的农业资源循环利用是我国传统农耕文明的重要方面与具体体现,继承这些宝贵财富并使之发扬光大,既是我们的应尽之责也是时代使命。无论是提高各种农业资源的利用效率,还是防控各种农业面源污染,都要求我们努力学会善待农业资源善用农业资源。唯有如此,我国农业才有可能真正走上产出高效、产品安全、资源节约、环境友好的可持续发展轨道上来。

3. 加强农业资源保护与建设

人类生存需要农业资源提供基础能源,是人类社会存在和发展的基础。习近平总书记强调绿水青山就是金山银山的发展理念,就是要求我们把生态环境保护摆在更加突出的位置,而绝不能以牺牲生态环境为代价换取一时的经济发展。面对农业主要依靠资源消耗的粗放经营方式没有得到根本性改变、农业面源污染和生态退化的趋势尚未得到有效遏制的严峻现实,加强耕地、草原和水资源等农业资源的保护与建设,不可避免地成为农业供给侧结构性改革的重要内容。

(二) 坚持改革市场导向,加强农业体制机制的建立和完善

改革开放以来,我国大力推进农村和农业发展,从经济层面而言,发展农业和农村必须遵循市场发展规律,要按照市场化改革的方向不断推进,既为农业农村发展确立了新的体制基础,也

在持续激励农业农村经济中开辟新空间与拓展新领域。推进农业供给侧结构性改革,关键在于改革、动能在于改革,成败取决于改革。因此,必须紧紧地抓住理顺政府和市场的关系这个核心,围绕激活市场、激活要素与激活主体来理顺农业的体制机制,全面改善我国的农业供给。

1. 激活主体

激活主体的意思就是要激活各类农业生产经营主体的创新创业精神,从而奠定提高农业供给质量与效益的人才基础,培植与壮大推进农业供给侧结构性改革的人力资本。要围绕培养新型职业农民,开展各种专业技能培训,引导农民合作社的规范化建设,培育规模适度的家庭农场。要围绕壮大农民企业家队伍,发展土地集中型、服务带动型和产业集聚型等多种形式的农业规模经营。要围绕引入和创新农业农村发展的新产品与新业态,鼓励各种人才返乡回乡下乡创业。市场经济是企业家"登台表演"的舞台,要努力营造各种类型的农业企业家成长的良好氛围,使其在农业领域和农村这个广阔天地大有作为,引领农业提质增效不断取得新的成果,引领亿万农民步入现代农业的发展轨道。

2. 激活要素

激活要素是指要改革优化现有的资源要素配置方式,以提高资源要素的利用效率和唤醒农村沉睡的各种资源资产。在推进农业供给侧结构性改革的过程中,要改革财政支农投入机制,加大财政资金整合力度,发挥财政资金"四两拨千斤"的作用;要深化农村金融改革,创新农业金融的产品与服务,吸引更多的社会资本投入农业农村;要深化农村集体产权制度改革,使长期沉睡的资源资产焕发生机活力,成为增加与优化农业供给的有生力量。

3. 激活市场

市场在农业经济发展中发挥着重要的作用。为了更好地满足消费需求,我们必须调整和重构农业供给结构,这就要求市场必须充分发挥其在资源配置中的决定性作用,让市场的力量来引领结构调整和推动改革深化。这给正确处理政府与市场两者关系确立了基本的定位。在推进农业供给侧结构性改革的过程中,政府的调控行为要在维护良好的市场秩序、合理引导生产者与消费者行为等方面下功夫,特别是要给市场机制调节留有足够的空间,以避免再度陷入"多了砍、少了赶"的尴尬局面。在运用各种调控手段上,切忌扮演"既当运动员,又当裁判员"的角色,要更多地利用市场手段来平抑市场供求,而不是以行政干预取代市场机制调节,尽力避免政府的宏观调控重蹈"成也萧何、败也萧何"的覆辙。

(三)瞄准农业供给质量,全面提升农业综合效益

推进农业供给侧结构性改革,既是在经济发展新常态背景下农业自身发展的必然要求,也是我国农业市场化改革走向深入的现实选择。在经济发展新常态背景下,过去更多注重产品数量增长的农业发展之路遭遇瓶颈性的制约,唯有通过改善和提高农产品质量才能增进生产经营主体的经济效益。农业市场化改革的目的是为了更好地满足消费者的农产品需求,在基本满足消费者的农产品数量需求之后其改革目标必然会转向满足消费者更加多样与更高品质的农产品质量需求。因此,推进农业供给侧结构性改革必须牢牢把握住提高农业供给质量这个主攻方向。

1. 推进农业的品牌建设

品牌是产品质量与生产者自身信誉的保证,是观察产品是否符合市场需求及如何满足消费者需求的重要风向标。提高农产品质量、优化农业供给结构,必须要将农业品牌建设摆在更加突出和更为优先的位置。创建农业品牌、维护优质的农产品品牌,一定要有"打造百年老店"的意识与自觉,持续强化生产经营主体的自我约束。经济学上有一句非常有名的话:看得见的与看不

见的。在光艳的品牌背后是创品牌、护品牌的辛勤汗水。创品牌远远不只是靠推介会打广告就能做到的,必须要有过硬的产品质量和良好的信誉做保证;而守品牌更是要靠自律而不是靠他律,必须要有久久为功的耐心与毅力。"三鹿"品牌的例子是永远的教训,至今中国奶业还在承受其苦。

2.优化农业的产业结构

农产品消费需求的改化,对提高产品质量、产品升级换档提供了重要契机,也对丰富农业形态、产业转型升级提出了新的要求。因此,本轮农业结构调整必须跳出在产品产业选择上增什么与减什么的思维框架,既要立足提高现有产品产业的供给质量,更要瞄准新产业新业态开发新的农产品、打造新的流通方式与培植新的农业产业。也就是要以推进农业供给侧结构性改革来引领农业结构调整,将改革的思维、提质增效的思维贯穿于农业结构调整的全过程。

3.强化农业的科技支撑

科技是第一生产力,给农业插上科技的翅膀才能提高农业供给质量。调整农业科研方向,无论是研发还是推广都要切实扭转片面追求高产的导向,加快培育优质专用、营养健康的新品种,开发绿色高效种养技术,推进农机农艺结合。鼓励面向农业全产业链的科技研发与推广,助推农业的生产流通及储运加工等各环节的节本降耗、提质增效。完善包括各类生产经营主体在内的农业科技创新激励机制,通过多种方式让各种农业科技人员从科技成果的转化与应用中得到合理回报。

第三节　农村经济改革的深化与发展

党的十九大明确提出实施乡村振兴战略,并作为七大战略之一写入党章。2018 年是实施乡村振兴战略的开局之年,我们必须大力构建现代农业产业体系、生产体系、经营体系,大力发展新主体、新产业、新业态,大力推进质量变革、效率变革、动力变革,加快农业农村现代化步伐,朝着决胜全面建成小康社会的目标继续前进。

一、深化农村土地制度改革

(一)土地承包经营权流转现状

1. 农地流转速率低

当前,我国只有那些经济发达地区的承包农地经营权市场流转,适应了农地流转新政,适当地提高了速度。从总体来看,农地市场的流转发生率偏低,由于不同地区的经济发展程度不同,地区间农地流转速率差异较大,发达地区的农地流转速率可以达到23.3%,而欠发达地区的农地流转速率只有3%。

2. 农地流转交易行为不规范

一般情况下,农地流转属于承租农户和出租农户之间的自组织行为,因此农地流转基本上都是在行政村内部完成的,也很少有书面契约,期限也没有明确规定,这种交易不规范的现象普遍存在。在实际调查中发现这种问题比较普遍和严重,尤其是经济发展程度较低的地区,农地流转交易行为不规范十分普遍,这种状况不仅具有普遍性,还具有时空惯性。

3. 农地集中度和集中率都非常低

从实践角度来说,土地租赁的确可以在一定程度上提升农业经营大户的土地绩效,并且农业的去过密化已经成为大趋势,但实际上,农地流转并没有如期促进农地集中,当前的农地经营很难实现最优经营规模。近年来,科学技术在农业领域普及应用,我国农户经营家庭农场的最佳经营规模应该为15~25亩,但从家庭农场实践上看,豫东北平原传统农区的行政村内的家庭农户经营规模并达不到最佳经营规模,而单一地块超过3亩的有十余户,都是农户基于多年地缘关系以口头协定对原本零碎的地块进行交换的结果,没有正式契约,也没有地权证上的调整记录。

我国整体发展不平衡体现在各个方面,在农地流转方面也有所体现,我国经济发达地区相较于经济欠发达、经济落后地区,在农地流转方面显示出突出成效。一些经济发达地区仍然存在农业产业,其农业内部结构转型比较充分,完成了从生存农业向利润农业的转变;绝大部分本地居民从事第二、第三产业,农户的家庭收入超过80%来自非农产业,且其"岗位"及其收入来源基本稳定;农村城镇化率高;拥有覆盖面广、较为完善的农村基本养老保险,具有良好的医疗环境,住院基本医疗保险覆盖全市,地方财政特别是村组财力对农村基本养老保险的支持力度全国首举,并因此具有了推动农地流转的协调与组织能力。

从上面的分析可以看出,不同地区的土地流转情况不同,从实践中来说,决定我国农地流转的缓慢以及农地集中的困境的因素是多样化的。但是其中最根本的因素就是农户的承包地经营权制度的不完善,可以说这是影响流转和发展适度规模经营以及促进农户权益保护的根本障碍。

(二)我国农村土地承包经营权流转政策要点及完善趋向

1.坚持家庭经营的基础地位

培育以家庭为基础的土地规模经营主体是深化我国农业土地制度改革,推动农业转型的重要战略和路线,因此我们必须抓好以下三项工作。

一是引导农村土地长期、稳定地流向专业大户、家庭农场。鼓励地方建立土地规模经营扶持专项资金,引导农村土地流向达到适度经营规模的专业大户、家庭农场。以扶持资金为导向,引导专业大户、家庭农场与承包农户签订中长期租赁合同,稳定土地经营规模。

二是建立健全扶持专业大户、家庭农场发展的政策措施。鼓励地方将新增农业补贴、财政奖补资金、农业保险保费补贴向专业大户、家庭农场倾斜。鼓励地方设立农业担保公司为专业大户、家庭农场提供融资服务。允许专业大户、家庭农场优先承担涉农建设项目,支持其采取先进技术、引进优良品种、提升装备水平、改善农业生产条件。

三是探索建立家庭农场注册登记制度。借鉴国外经验,总结国内实践,研究建立家庭农场制度的基本原则和实现途径。鼓励有条件的地方率先建立家庭农场注册登记制度,明确家庭农场认定标准、登记办法,制定专门的财政、税收、用地、金融、保险等扶持政策。

2. 健全土地流转监管制度

为了更好地实行土地政策,就需要加强对土地流转的监督管理,为土地制度改革深化提供保障。具体来说,完善监管制度可以发挥两方面作用,一方面是坚持农地农业用,确保国家粮食安全和主要农产品供给;另一方面是坚持农地农民用,确保农民充分就业和农村社会和谐稳定。近年来,受农产品价格上涨和中央支农政策力度加大等诸多因素影响,农业领域逐步成为投资热点。工商企业进入农业领域,可以带来农业发展急需的资金、技术、人才等稀缺资源,发挥技术示范、市场引导等积极作用,是工业反哺农业的重要形式,但也需要看到企业追逐利益的本质。要趋利避害,引导他们主要从事生资供应、农产品加工、流通、销售等产前产后服务,或者开发利用"四荒"资源。对于工商企业直接租种农户承包地,从实践经验看,有利有弊、弊大于利,长远讲隐患较多。搞得不好容易与民争利,挤占农户增收空间,阻碍专业大户、家庭农场的健康发展,导致农村社会结构的复杂变化。

从我国农地承包经营发展现状来看,必须加强租地资格准入、经营风险控制、土地用途监管等环节的管理和规范。这就要求相关部门和人员做到以下几点。一是探索建立租赁农户承包地准入制度。按照《农村土地承包法》关于"土地流转受让方须有农业经营能力"的要求,研究建立租赁农户承包地准入制度。对各类企业、组织租赁使用农户承包地,严格农业经营能力审查,规范流转行为,从源头上抑制"非粮化""非农化"行为。二是建立土地流转风险防范机制。通过推广使用土地流转示范合同,鼓励建立和完善土地租金预付制度。在土地流转面积较大地区,通过政府补助、流入方缴纳等方式,鼓励建立土地流转风险保障金制度。对经营规模超过一定面积的规模经营主体,制定专门的农业保险补贴政策,以降低因经营规模扩大可能导致的自然、市场风险。三是进一步强化土地流转用途监管。加大执法力度,切实纠正农村土地流转后的"非农化"经营问题。

3. 健全土地流转市场体系

随着市场经济不断发展,必然要进行土地承包经营权流转,但是需要注意的是,土地承包经营权流转必须充分尊重供需双方的真实意愿,要严格遵循平等、竞争、有序的市场原则开展。只有以市场为基础,建立健全土地承包经营权的信息发布、价格形成、交易保护等各项机制,才能充分提高农地资源利用效率,使农民获得更多的财产性收入。

4. 鼓励互换并地,促进适度规模经营发展

从我国农业转型发展的角度看,我们必须重视互换并地,因为这是有效推进农业规模经营发展的重要途径,我国政府应该给予互换并地一定引导和扶持。一是认真总结各地的好经验、好做法,明确开展互换并地的基本原则和操作办法,指导有条件的地方在农民自愿、互惠互利的基础上稳步开展互换并地。二是建议各级财政设立"农民承包地互换并地规模化整理专项资金",对组织开展互换并地成效明显的县、乡、村进行"以奖代补",以发挥政策的引导作用。三是鼓励地方通过与高标准农田建设、土地整理、中低产田改造、农田水利建设等涉农项目挂钩,引导农民自愿开

展互换并地,完善田间配套设施,提高耕地质量,推动土地规模化经营。

二、培育家庭农场

(一)家庭农场的特点

1. 以适度规模经营为基础

经营家庭农场的一项基础条件是达到一定经营规模,不论是种植还是养殖都需要达到一定经营规模,这也是家庭农场区别于传统小农户的重要标志。需要注意的是,结合我国农业实际,家庭农场有最佳经营规模,并不是经营规模越大对家庭农场发展越好。一是要保证家庭农场的经营规模与家庭成员的劳动能力相匹配,只有这样才能保证家庭劳动力可以得到充分发挥,并且还可以避免由于过多雇佣其他劳动力而降低劳动效率;二是要保证家庭农场经营规模与可以取得相对体面的收入相匹配,也就是要保证家庭农场经营规模可以满足家庭劳动力的平均收入达到甚至超过当地城镇居民的收入水平。经营规模适度是一个相对概念,根据从事行业不同、生产农产品种类不同等,"适度"也会随之调整,此外,农田基础条件、农业生产技术等要素的改变也会对适度规模造成影响,因此,要根据自身实际情况灵活地决定适度的家庭农场经营规模。

2. 以农为主业

家庭农场主要生产具有商品性的农产品,也就是说其与传统农户生产有显著区别,家庭农场从事的为专业化生产,目的是向市场提供商品,而不是为了自给自足。家庭农场从事专业化生产,主要产品为商品性农产品,主要从事种植业、养殖业生产,主要有一业为主和种养结合这两种生产模式,家庭农产开展农产品生产活动是为了满足市场需求、获得市场认可,同时这也是家庭农场得以生存和发展的重要基础。家庭农场的生产活动具有季节性，在农闲时家庭成员可以从事其他工作，但农场是家庭成员的主要劳动场所，农产品的专业化生产经营是他们的主要收入来源，这也是家庭农场与以非农收入为主的兼业农户之间的区别，当前，我国农业生产大多为家庭农场生产。

3. 以家庭为生产经营单位

随着市场经济发展和农业转型发展，我国逐渐形成了很多新型农业经营主体，包括家庭农场、专业大户、合作社和龙头企业等经营主体，其中，家庭农场是以家庭成员为主要劳动力，以家庭作为基本核算单位的农业经营主体，这也是其与其他经营主体最显著的区别。在家庭农场生产经营中，各个环节都是以家庭作为基本单位的，这也决定了家庭农场经营继承了家庭经营产权清晰、目标一致、决策迅速、劳动监督成本低等优势。这里所说的家庭成员，可以是户籍上规定的核心家庭成员，也可以是有婚姻关系或血缘关系的大家庭成员。但并不是说家庭农场只可以将家庭成员作为劳动力，家庭农场同样可以雇工，但一般情况下雇工的数量不会超过家庭务农劳动力数量，家庭农场可能在农忙时节临时雇工。

（二）培育家庭农场的必要性

1. 是提升我国农业市场竞争力的需要

随着经济全球化推进和改革开放深化，农产品市场也逐渐与国际市场接轨，在这样的背景下，提高农户经营的专业化、集约化水平显得尤为重要，只有这样才能使我国农业生产具有较强的市场竞争力，才可以有效促进我国整体农业市场发展，因此，必须对这项工作统筹规划，作出前瞻性战略部署。从世界各国的城镇化发展经验来看，在培育农业规模经营主体方面存在两个主要误区。

第一，一些拉美国家为了发展农业盲目鼓励工商资本投向农业生产,这就迫使大量农业劳动力不得不进城务工,这些劳动力在城市中集聚形成贫民窟,严重影响了国家经济转型升级。

第二,日本等国家长期无法明确其农业经营方向,犹豫是保持小农经营,还是大力推进规模经营,这种犹豫不决导致农业规模经营户难以发展,农业市场竞争力无法提升。从各国发展经验可以看出,推进我国农业经济转型升级,提升农业市场竞争力,必须明确发展方向,明确培育家庭农场的战略目标,并围绕该目标建立并不断完善培育家庭农场的政策体系。

2. 是发展规模经营和提高务农效益,兼顾劳动生产率与土地产出率同步提升的需要

一旦土地经营规模发生变化,土地产出率、劳动生产率都会随之发生一定变化。当土地经营规模过小时,可以有效提高土地产出率,但是却会对劳动生产率造成不利影响,在一定程度上制约农民收入增长。造成大量农民到城市务工的根本原因,是土地经营规模过小且务农效益低,无法满足农民的生存和发展需要。人均土地少,导致很难提高农业生产经营的劳动效率。当然,并不是说土地经营规模越大越好,经营面积过大可能影响土地产出率,虽然劳动效率提高了,但是不利于农业增产,并且这也不符合我国人均土地面积小的基本国情。由此可以看出,推进农业规模经营,要同时重视劳动生产率和土地产出率的提高,也就要求我们在开展农业经营时要保证规模在"适度"范围内。家庭农场是以家庭成员为主要劳动力的经营模式,必须在充分考虑土地自然状况、生产经营农产品品种、家庭成员劳动能力、农业机械化水平等各相关要素的基础上,确定最合适的家庭农场经营规模,从而实现土地生产率与劳动生产率的最优配置。根据实际情况明确家庭农场经营规模,可以兼顾劳动生产率和务农效率的提高,同时还可以有效避免为了追求经营规模扩大而降低土地产出率的情况发生。

3.是应对"谁来种地、谁来务农"问题的需要

一些学者认为,培育和发展家庭农场与城镇化发展存在一定联系,因为城镇化发展具有倒逼作用,从而促进了农村和农业发展,促进了家庭农场发展。一方面,大量农村青壮年劳动力到城市务工,导致一些农村土地没有得到充分利用,出现了粗放经营甚至是撂荒现象,为了不浪费土地资源,就需要将这部分土地流转给有意愿、有能力开展农业生产经营的农民;另一方面,一些地区为了促进经济增长,盲目鼓励工商企业租种农民承包地,这种面积大、时间长的土地占用严重挤占了农民务农的就业空间,还可很可能导致"非农化"。基于此,我国有必要培育和发展以农户为单位的家庭农场,家庭农场同时规避了企业大规模种地和小农户粗放经营容易发生的问题,并且还可以实现农业的集约化、规模化经营,符合我国农业发展要求。从实践角度来说,培育家庭农场是一项长期任务,必须从整体上把握,制定具有前瞻性的培育和发展战略,建立健全相应的政策体系。

4.是健全新型农业经营体系的需要

在我国农业目前的发展阶段来说,承包经营农户是最基本的经营主体,也就是基本农户。以此为基础,我国农业经营主体不断发展,逐渐形成了专业大户、家庭农场等新型农业经营主体。在基本农户、专业大户和家庭农场的基础上,组建农民合作社。一般情况下,农业产业化龙头企业需要通过农民合作社与其他农户联系,可以说农民合作社是农业产业化龙头企业与基本农户、专业大户、家庭农场的沟通桥梁。不同的农业经营主体既相对独立,又紧密联系,这些经营主体共同构成了现代农业经营体系。就我国当前农业发展实际来说,应该将专业大户、家庭农场作为关注的重点,因为自从我国开始推进农业产业化发展,就相继出台了扶持和保护农业专业合作社法、龙头企业的政策,基本上形成了扶持政策体系,但是并没有专门针对专业大户、家庭农场构建的扶持政策体系。而农业大户相较于家庭农场来说内涵比较

模糊,因此我们更多的是强调家庭农场的培育和发展,针对具有明确内涵的家庭农场可以制定相应的扶持方针和政策。

具体来说,家庭农场与专业大户主要存在以下几点区别。第一,专业大户涵盖的经营者身份比较宽泛,农民或其他身份都可以成为专业大户,家庭农场经营者则仅限于农民家庭成员。第二,专业大户涉及的行业范围比较广泛,如运销、农机等与农业生产经营相关的行业经营者都可以成为农业大户,而家庭农场生产经营的领域比较明确,是以种养业为主的农业经营主体。第三,专业大户通常不会限制雇工的数量,很多农业大户主要是依靠雇工实现产品生产的,而家庭农场则是以家庭成员为主要劳动力,同时只会在农忙时临时性雇工。第四,专业大户通常只从事某一行业或环节的专业经营,而家庭农场则从事农业综合经营,也就是实行种养结合的综合经营。因此,对于那些农村劳动力转移程度较高,第二、第三产业比较发达地区,应该更多地将发展重心放在培育和发展家庭农场上。

5.是坚持和完善农村基本经营制度的需要

随着市场经济不断发展,传统农户小市场想要继续发展必须实现与大市场的对接,而从实践中看,二者的顺利对接存在很多难以解决的问题,而这也导致一些人对家庭经营产生质疑,怀疑其是否能适应农业现代化发展。并且,随着工业化、城镇化进程加快,传统农户小市场与大市场对接的问题更加显著,一些地区盲目鼓励工商企业长时间、大面积租种农民承包地就突出体现了这个问题。家庭农场则可以适应现代农业发展,它继承和体现了家庭经营的诸多优势,同时还有效克服了承包农户"小而全"的弊端,这是一种具有旺盛生命力的农业经营主体。培育和发展家庭农场,很好地坚持和完善了家庭经营制度和统分结合的双层经营体制。

（三）培育家庭农场的策略建议

从我国农业转型发展的推进情况来看，培育和发展家庭农场必须坚持农村基本经营制度和家庭经营主体地位，保证方向性与渐进性的相互统一，从实际出发稳步推进，加强示范引导、加大扶持力度、完善服务管理，推动家庭农场健康发展。

1. 建立健全农业社会化服务体系

应该以"主体多元化、服务专业化、运行市场化"为准则和方向建立健全新型农业社会化服务体系，有机结合公益性服务和经营性服务，有机结合专项服务和综合服务，以此从农业社会化服务方面为家庭农场的发展提供有力支撑。

2. 完善税收、金融和保险政策

在税后、金融和保险方面给予家庭农场充分的政策支持。明确家庭农场享有与农户同等的税收优惠政策。为家庭农场提供相应的金融产品，并不断创新和完善金融产品和服务，为家庭农产提供金融支持，帮助他们更好地解决支付土地租金、购买农资、改良土地等问题。针对家庭农场生产经营活动的特点制定农业保险政策，有效地降低家庭农场承受的生产、经营、市场等方面的风险，有效地提升他们面对各种风险的能力。

3. 完善农业补贴政策

进一步完善农业补贴政策，落实中央关于农业补贴增量主要支持新型农业经营主体的要求，针对家庭农场生产经营涉及的农机、良种、农资等内容制定补贴政策。各级财政应该针对家庭农场设立专门的发展扶持基金，以此引导家庭农场有效提升自身的经营水平，以示范性家庭农场为扶持重点，为家庭农场建设健全农田基础设施、修建仓储设备，并为家庭农场经营者设立技术和管理等方面的培训课程，以此提升他们的技术水平和管理水平，实现家庭农场生产经营的标准化、信息化、品牌化，从整体上提升家庭农场生产经营的水平。

三、发展农民合作社

（一）农民专业合作社的定义和性质

农民专业合作社是在农村家庭承包经营基础上，同类农产品的生产经营者或者同类农业生产经营服务的提供者、利用者，自愿联合、民主管理的互助性经济组织。农民专业合作社以成员为主要服务对象，提供产前、产中、产后的技术、信息、生产资料购买和农产品的销售、加工、运输等服务。

第一，农民专业合作社是一种经济组织。随着市场经济发展，我国农业经营主体也不断丰富，近年来，各种农民专业经济合作组织发展迅猛，但只有从事经营活动的实体型农民专业经济合作组织才是农民专业合作社。因此，社区性农村集体经济组织，如村委会和农村合作金融组织、社会团体法人类型的农民专业合作组织，或只从事专业的技术、信息等服务活动，不从事营利性经营活动的农业生产技术协会和农产品行业协会等不属于农民专业合作社。

第二，农民专业合作社具有专业性。农民专业合作社以同类农产品的生产或者同类农业生产经营服务为纽带，提供该类农产品的销售、加工、运输、贮藏、农业生产资料的购买，以及与该类农业生产经营有关的技术、信息等服务，其经营服务的内容具有很强的专业性，如粮食种植专业合作社、葡萄种植专业合作社等。

第三，农民专业合作社具有互助性。农民专业合作社的目的是实现社员的自我服务，对于那些单个农户不能做或做不好的事情，利用社员全体相互合作的力量来完成，也就是说，农民专业合作社对社员服务不以营利为目的。

第四，农民专业合作社是具有自愿性和民主性。任何单位和个人不得强迫农民成立或参加农民专业合作社，农民入、退社自由；农民专业合作社的社员在组织内部地位平等，实行民主管理，运行过程中始终体现民主精神。

第五，农民专业合作社以农村家庭承包经营位基础。农民专业合作社是由依法享有农村土地承包经营权的农村集体经济组织成员，即农民自愿组织起来的新型合作社。加入农民专业合作社不改变家庭承包经营。

（二）农村专业合作社发展的重要意义

1. 是中国农业基本经营制度的重大创新

我国农业实行统分结合、双层经营的基本经营制度，该体制是建立在家庭联产承包经营基础上的。随着市场经济不断发展，我国农业经营面临巨大的环境变化，这就导致传统的家庭经营方式已经难以适应当前的发展要求，这就要求我们必须做出改变。

从我国农业发展实践看，以家庭承包责任制为基础形成的农村专业合作经济组织是符合我国社会发展需要的伟大创造，促进了我国农村和农业经济的改革和发展。农村专业合作经济组织顺应了中国农业生产的专业化、商品化、社会化和市场化的改革趋向，是中国农业基本经营制度的重大创新。农村专业合作组织发展不仅有效地实现了千家万户小生产与千变万化大市场的有效对接，形成了规模经营，提高了农民参与市场竞争的组织化程度，解决了一家一户难以解决或者无法解决的生产经营难题，增强了农户抵御风险的能力，而且优化了农村各种生产要素配置，发展壮大了农村品牌产业和特色经济，促进了农村经济结构的调整和现代农业的发展。特别地，农村专业合作组织的出现改善了小农户与农产品加工企业之间的交易条件，促进了从小农户到龙头企业、城市超市的纵向一体化的农业产业链的形成，优化了龙头企业和小农户之间的风险共担、互利互惠、相对稳定的利益联结机制，为分散的小农户有序参与农业产业化经营，更多分享农产品生产经营的收益提供了制度保障。

2.是农民分享现代化成果的有效机制

农民专业合作社是具有自愿性、自助性的组织,由农业生产经营者和相关服务提供者、利用者组成,该组织成立的目的在于帮助社员更好地开展农业生产经营活动,为农户成员提供最大限度的生产经营服务,追求社员间的公平,保护和增进普通社员的利益,实现组织成员利益的最大化。农村专业合作组织已成为农民分享现代化成果的有效机制,主要表现在以下几个方面。

(1)通过自我服务和民主决策维护小农户的经济利益和权利诉求

处于小规模分户经营模式下的农户处于分散状态,这也是农户在市场中始终处于弱势地位的重要原因。农村专业合作组织通过农户成员的集体行动,既可以有效地解决农户农业生产经营公共产品供给不足的问题,也可通过与政府的沟通及时反映农户的权利诉求,使政府的相关立法和政府决策有利于农户的生产经营和农村经济发展,尽可能减少对小农户的经济利益等社会权利的伤害,也可以把政府的政策信息、农产品市场价格、农业科技信息等及时传达给农户,实现对农业和农民的指导和引导,减少农民生产的盲目性和无序性。虽然一些机构和学者要求我们清醒地认识农村专业合作组织在扶贫、促进社会公平、帮助弱者方面的局限性,但农村专业合作组织作为弱势农民群体中的强势个体之间的联合,其对农民经济权益和其他社会权利的维护仍然是一支不容忽视的正义力量。

(2)促进建立农产品质量等级和农产品标准化

农村专业合作组织可以正确引导农产品质量等级和标准化的建设,可以有效地改善农产品的社会认可度,提高了整个产业的经营业绩,使生产者得到了更多的报酬。一些农村专业合作组织在引导农民发展专业化种植养殖产业时,采用统一的生产程序、统一的技术标准和统一的质量标准,为农户成员生产的农产品取得"绿色产品"认证,走向国际市场创造条件。事实上,中国农产品领域中的"名、特、优"品绝大多数是农村专业合作组织进行专业化生产经营的结果。

（3）统一生产、销售活动,提高农户生产经营效率

农村专业合作组织通过统一生产、统一销售等相关的农业生产经营服务活动,融技术指导、信息传递、生产资料供应、资金融通、产品销售等服务功能于一体,高效有序地组织小农户进入大市场,有效提高了农业生产经营效率,延长了农业产业链,增强了小农户抵御市场和自然双重风险的能力,实现了农民增产增收,是让农民分享现代化成果的有效机制和形式。农民专业合作组织以农村家庭承包经营为基础,立足当地资源,以种植养殖业的生产经营活动为纽带,将分散的小农户的生产经营活动组织整合起来,实现了农村生产要素的优化配置,提高了农业生产规模化和专业化水平,推动了当地优势农产品生产和特色产业发展,带动了加工、销售、贮运等第二、三产业的发展,拓宽了农村富余劳动力转移和农民增收的渠道,形成了农民分享现代化成果的有效机制。不少农村专业合作组织通过创办加工、销售企业,或与农业产业化龙头企业相互投资、参股,探索"公司＋专业合作组织＋农户"的新型产业化经营模式,寻找农产品增值的新途径和新空间。

（三）加快培育新型农业经营主体

1.扶持种养大户

随着城市快速发展,以及工业化和城镇化的不断推进,农村劳动力转移的速度不断加快,这就导致农村人口不断减少,土地不断向种田大户集中,土地经营规模逐步扩大。加快提升传统农民技能,培育新型职业农民,推动农业经营主体职业化。鼓励和支持高校毕业生以及农业科技人员投身农业创业,发展一批新型职业农民。支持和引导具有一技之长的普通农户,通过土地流转,规模经营,培育其成为专业大户。整合政策、项目、资金等资源,

汇聚各方力量,大力发展农村职业教育,积极实施"现代农业人才支撑计划""阳光工程""一村一名大学生工程",培养造就一批农村实用人才和农村青年致富带头人。引导和鼓励具有生产规模、资金实力和专业特长的农村专业大户,在工商部门登记注册成为家庭农场。加强家庭农场的管理指导,强化培训教育力度,加大技术服务和资金等支持,帮助解决家庭农场在发展中的困难。积极引导家庭农场按现代企业制度模式规范运行,推动家庭农场开展大规模、高层次的联合,形成规模化、专业化、社会化程度更高的合作农场。支持引导家庭农场或合作农场向农民合作社方向发展,鼓励家庭农场或合作农场按股份合作形式组建农业公司,引导其成为带领农民进入市场的重要经济组织。突出农业特色,拓展农业功能,发挥农业综合效益,大力发展休闲农庄,推动休闲农庄规模经营。加大政策扶持力度,引导专业技能少、资金实力弱的农户通过劳力、土地、资金以及生产工具的合作,发展灵活多样的联户经营。积极引导联户经营的农户,按照统一生产规程、统一管理模式、统一品种种养、统一渠道销售等形式,发展规模化、专业化生产。

2. 发展农民合作社

农业市场经济竞争激烈,农民个体在农业市场中处于弱势地位,缺少议价能力,这就导致其难以在市场中获得应有的收益。这就要求我们按照"积极发展、逐步规范、强化扶持、提升素质"的要求,最广泛地动员农户尤其是低收入农户积极参加各类农民合作社,促进农民合作社跨越发展。立足本地资源特色,因地制宜,积极培育林、果、蔬菜等特色产业农民合作社;着眼粮食优势产区,结合高标准良田建设,大力发展粮食产业农民合作社;利用大中型灌区节水改造和小型农田水利重点县建设,进一步完善农民用水合作组织。加快发展第二、三产业农民合作社,支持农村各类经营主体在农产品加工、储存、运输、销售等环节兴办农民合作社。深入开展示范创建行动,建设一批组织机构健全、内部管理民主、财务核算规范、运行机制完善、利益分配合理的示范农民合作社。依托现有职能部门健全农民合作社指导服务体系。要加强农民合作社辅导员队伍的建设,各级财政部门应该针对农民合作社设立专项工作经费和辅导员培训经费,以此为工作顺利进行提供资金支持。围绕粮食、畜禽、果蔬、渔业、茶叶、种子等优势产业,引导同区域、同行业、同类型农民合作社之间,以产品和产业为纽带,在带动技术、产品、资本、品牌等方面开展联合与合作,积极组建农民合作社联社。

第四节　智慧农业和绿色农业

习近平总书记在党的十九大报告中提出,我们要大力实施乡村振兴战略。2018 年政府工作报告中也明确指出,在农业领域我们要科学制定规划,健全城乡融合发展体制机制,依靠改革创新壮大乡村发展新动能。提高农业科技水平,推进农业机械化全程全面发展,深入推进"互联网 + 农业"。[①] 可以看出,大力发展智慧农业已经迎来了最佳时机。在实施乡村振兴战略中,必须一以贯之地坚持绿色发展,做到思想上自觉,态度上坚决,政策上鲜明,行动上坚守,这是决定能否成功走出一条中国特色社会主义乡村振兴道路的关键。

一、智慧农业

（一）现代农业信息化发展趋势

1. 信息化成为现代农业发展的制高点

在当前的知识经济时代,科学技术是推动产业发展的核心力

---

① 政府工作报告——2018 年 3 月 5 日在第十三届全国人民代表大会第一次会议上 [EB/OL].http://www.gov.cn/xinwen/2018-03/22/content_5276608.htm.

量,是推动人类社会持续发展的重要能源。从全球农业生产发展进程可以看出,每一次科技和工具上的重大突破,都将农业推上一个新的台阶,推向一个新的历史时期。

信息技术在 21 世纪得到了飞跃式发展,这在我国的农业生产经营中也有所体现,尤其是随着农业现代化发展的不断推进,信息化技术在农业生产经营中逐渐得到了广泛应用。农业信息化在农业生产经营管理、农业信息获取及处理、农业专家系统、农业系统模拟、农业决策支持系统、农业计算机网络等方面,都极大地提高了我国农业生产科技水平和经营效益,进一步加快了农业现代化发展进程。目前,农业信息化的应用和发展主要呈现出以下特征。

第一,农业信息网络化迅猛发展。据估计全国互联网上的农业信息网站超过 5 万家。农业信息网络化的发展,使广大农业生产者能够广泛获取各种先进的农业科技信息,选择和学习最适用的先进农业技术,了解市场行情、政策信息、及时进行农业生产经营决策,有效地减少农业经营风险,获取最佳的经济效益。

第二,"数字农业"成为农业信息化的具体体现形式。随着大数据技术的发展,该技术越来越多的应用在各个领域,农业大数据就是大数据的理念、技术和方法在农业领域的具体应用与实践。我国已进入传统农业向现代农业加快转变的关键时期,突破资源和环境两道"紧箍咒"制约,破解成本"地板"和价格"天花板"双重挤压,提升我国农业国际竞争力等都需要农业大数据服务作为重要支撑。

第三,农业信息化向农业全产业链扩散。随着农业信息化的发展,信息技术的应用不再局限于农业系统中的某一有限的区域、某一生产技术环节或某一独立的经营管理行为。它的应用已扩展到农业系统中的农业生产、经营管理、农产品销售以及生态环境等整个农业产业链的各环节和各领域。

当前,网络信息技术在农业领域的应用越来越普及,现代农业的发展离不开对信息化技术的应用,现代农业与信息技术的有机融合为农业生产的各个领域带来了新的活力,以物联网、大数据、云计算、移动互联、人工智能等为主要特征的信息技术和科技手段与我国农业、农村与农民深入跨界融合,为我国由传统农业向现代化农业实现转型升级不断积蓄力量。

2. 信息技术助推农业全产业链改造和升级

从农业全产业链的角度来看,信息技术有效地推动了现代农业全产业链的不断升级,现代农业对信息技术的应用带动了我国农业生产智能化、经营网络化、管理数据化和服务在线化水平的不断提升。

第一,农业大数据积极实践。随着现代信息技术发展,大数据技术成为广泛应用于各个领域的现代化技术。具体来说,大数据是指海量数据的集合,是国家的基础性战略资源,大数据已发展为发现新知识、创造新价值、提升新能力的新一代信息技术和服务业态。农业大数据作为大数据的重要实践,正在加速我国农业农村服务体系的革新。基于农业大数据技术对农业各主要生产领域在生产过程中采集的大量数据进行分析处理,可以提供"精准化"的农资配方、"智慧化"的管理决策和设施控制,达到农业增产、农民增收的目的;基于农村大数据技术的电子政务系统管理,可以提升政府办事效能,提高政务工作效率和公共服务水平;基于农业农村海量数据监测统计和关联分析,实现对当前农业形势的科学判断以及对未来形势的科学预判,为科学决策提供支撑,成为我国农业监测预警工作的主攻方向。目前,农业大数据在我国已具备了从概念到应用落地的条件,迎来了飞速发展的黄金机遇期。

第二,电子商务迅猛发展。在"互联网+"时代,电子商务迎来了飞速发展。电子商务是以网络信息技术为手段,从事商品交换业务的商务活动,是传统商业与网络信息技术的有机结合。电子商务与农产品经营深入融合,突破时间和空间上的限制,正在转变我国农产品的经营方式,农业电子商务依托互联网已经成为推动我国农业农村经济发展的新引擎。一是电子商务加速了农产品经营网络化,解决农产品"卖难"的问题,增加农产品销售数量,并倒逼农业生产标准化、规模化,提高农产品供给的质量效益,提高了农民的收入水平;二是电子商务促进了农业"小生产"与"大市场"的有效对接,从一定程度上改变了以往农产品产销信息不对称的局面,农民可以主动调整农业生产结构,规避生产风险,提升了农业生产的效率;三是电子商务拓展了农产品分销渠道,解决农产品销路不畅的窘境,提高了农民生产农产品的积极性。

第三,物联网技术有机融合。物联网技术是信息技术发展到一定程度的产物,也是实现智能化的基础,随着物联网技术与农业生产的有机融合,使农业自动化控制、智能化管理等成为可能,很大程度上提高了我国农业生产效率。物联网技术基于信息感知设备和数据采集系统获取作物生长的各种环境因子信息(感知层),结合无线和有线网络等完成信息的传送与共享(传输层),将信息保存到信息服务平台(平台层),基于模型分析,通过计算机技术与自动化控制技术实现对作物生长的精准调控以及病虫害防治(应用层),降低农业资源和劳动力成本,提高农业生产效率。近年来,随着芯片、传感器等硬件价格的不断下降,通信网络、云计算和智能处理技术的革新和进步,物联网迎来了快速发展期。据统计,2017年全球物联网设备数量达到 84 亿,比 2016 年的 64亿增长 31%,2020 年物联网设备数量将达到 204 亿。[①] 物联网未来在农业生产领域将发挥越来越重要的作用。

3. 精准农业促进农业生产过程高效管理

信息技术在现代农业发展中起到了越来越重要的作用,在农业生产的过程中,依靠网络信息技术基本上实现了精准农业,精准化是现代农业发展的重要特征和趋势。精准农业是按照田间

---

① 2018年物联网行业现状分析中国物联网产业发展取得长足进步 [EB/OL].https://www.qianzhan.com/analyst/detail/220/180323-d108e508.html.

每一操作单元的环境条件和作物产量的时空差异性,精细准确地调整各种农艺措施,最大限度地优化水、肥、农药等投入的数量和时机,以期获得最高产量和最大经济效益,同时保护农业生态环境,保护土地等农业自然资源。

可以看出,现代农业生产与信息技术具有密不可分的联系,信息技术在现代农业生产中发挥着不可取代的重要作用。在产前阶段,通过传感器、卫星通信等感应导航技术,可以实现对农机作业的精准控制,提高农机作业效率;在中产阶段,通过精准变量施肥、打药控制技术,可以实现肥料的精确投放,提高肥料利用效率;在产后阶段,利用采摘机器人,可以实现对设施园艺作物果实的采摘,降低工人劳动强度和生产费用。

4. 信息化成为破解农业发展瓶颈的重要途径

改革开放以来,我国在各个领域获得了飞跃式发展,农业领域同样得到了长足发展,我国农业发展速度得到了快速提升,但不可否认的是,我国农业生产整体水平仍然处于传统农业生产阶段,当前最主要的任务是推动我国农业的现代化发展。人口的增长、资源的短缺以及环境污染的日趋加重,严重制约着我国农业的可持续发展,迫切需要转变农业发展方式,加快农业结构调整,而农业农村信息化建设成为破解以上难题的重要途径。

第一,人口增长和资源约束,要求我国提高农业生产能力。改变传统的生产方式,迫切需要突破产业发展的技术瓶颈,而信息技术在这方面将大有可为。目前我国农业信息化建设在数据库、信息网络、精细农业以及农业多媒体技术等领域都取得了一定突破,成为我国农业提质增效,破解我国农业发展瓶颈的新引擎。

第二,农业生产影响因素多,要求我国提高信息收集和处理能力。我国农业属弱势产业,受自然因素、经济因素、市场因素、人为因素影响较大,对信息的需求程度要高于其他行业。开发农产品供需分析系统、市场价格预测系统和农业生产决策系统等,可辅助农业生产者合理安排相关生产,减少生产盲目性,最大限度地规避来自各个方面的风险。

第三,基础知识和技术支撑限制,农民信息能力较差。由于信息技术在农村地区普及较晚,导致我国农民信息资源利用的意识和积极性不足,缺乏有效利用信息技术的知识和能力,农业信息传播效率不高。信息进村入户工程,通过开展农业公益服务、便民服务、电子商务服务、培训体验等服务途径,提高农民现代信息技术应用水平,正在成为破解农村信息化"最后一公里"问题的重点农业工程。截至 2016 年 10 月,我国已在 26 个省(自治区、直辖市)的 116 个县试点建成运营 2.4 万个益农信息社,[①] 为农民打通了信息获取通道,探索出了一系列切实可行的农业农村信息化商业运行模式。

(二)智慧农业经营

1. 新型农业经营主体服务平台

国务院印发的《关于积极推进"互联网+"行动的指导意见》中将构建新型农业生产经营体系放在首位,指出:"鼓励互联网企业建立农业服务平台,支撑专业大户、家庭农场、农民合作社、农业产业化龙头企业等新型农业生产经营主体,加强产销衔接,实现农业生产由生产导向向消费导向转变。"

推进农业现代化发展要求我们构建新型农业生产经营体系,也就是说必须根据农业发展要求创新农业生产经营机制,以此为基础,探索出一条生产技术先进、适度规模经营、市场竞争力强、生态环境良好的新型农业现代化道路。农业的转型升级必须依靠科技创新驱动,转变农业发展方式,要把现代社会中各种先进适用的生产要素引进和注入农业,从过度依赖资源向依靠科技人才、劳动者素质等转变。培育新型农业生产经营体系,首先,重点

---

① 陈艺娇. 农民得实惠、企业有钱赚、政府得民心信息进村助力"三农"新跨越 [J]. 农家参谋,2016(12):6-7.

是支持和培育种养殖大户、农民专业合作社、家庭农场、农业企业等新型生产经营与产业主体,它们是未来农业生产的主要承担者,是实现农业现代化的主力;其次,要依靠科技来发展农业,把物联网作为现代农业发展的重要渠道、平台和方向,加大研发、推广与应用力度;最后,应该充分考虑生态环境可持续发展这一重要问题,推动农业现代化建设,发展智慧农业,应该将其作为一个重要目标,必须协调并兼顾农业高产高效与资源生态永续利用,以有效解决资源环境约束为导向,大力发展资源节约型和环境友好型农业。通过构建新型农业生产经营体系,必然会为现代农业发展与农业现代化的实现插上翅膀,让百姓富与生态美在发展现代农业中得以有机统一。

现代农业相较于传统农业对新型农业经营主体提出了更高的要求,传统农业中,农业生产个体户通常只重视农产品的种植,但现代农业则要求他们必须将农业生产的全产业链(采购、生产、流通等)诸多环节进行整合。在新型农业经营主体整体实力较弱的前提下,如何培育新型主体,依靠新兴的力量帮助农业新型主体发展壮大是一个亟待解决的问题。互联网的本质是分享、互动、虚拟、服务,充分发挥互联网的优势,通过互联网技术与外部资源的对接,将打开整体服务于新型农业经营主体的局面。以互联网为依托,构建新型农业经营主体服务平台,将为农民带来更多便利的服务,充分地让新型农业经营主体、农资厂商、农技推广人员等都参与其中,共同实现其价值。

2. 农村土地流转公共服务平台

发展现代农业要求我们加强土地流转,开展适度规模经营,这是智慧农业经营管理的一项重要内容。土地流转服务体系是新型农业经营体系的重要组成部分,是农村土地流转规范、有序、高效进行的基本保障。建立健全农村土地流转服务体系,需要做到以下几方面。

第一,建立政策咨询机制。由于土地的特殊性质,农村土地流转具有很强的政策性,其与农民的生产生活具有直接关系,因此必须秉承科学决策、民主决策的基本原则。为此,需要建立政策咨询机制,更好发挥政策咨询在土地流转中的作用。一是构建政策咨询体系,二是注重顶层设计与尊重群众首创相结合。

第二,健全信息交流机制。政府部门应加强土地流转信息机制建设,适应农村发展要求,着眼于满足农民需要,积极为农民土地流转提供信息服务与指导;适应信息化社会要求,完善土地流转信息收集、处理、存储及传递方式,提高信息化、电子化水平。各地应建立区域土地流转信息服务中心,建立由县级土地流转综合服务中心、乡镇土地流转服务中心和村级土地流转服务站组成的县、乡、村三级土地流转市场服务体系。在此基础上,逐步建立覆盖全国的包括土地流转信息平台、网络通信平台和决策支持平台在内的土地流转信息管理系统。

第三,完善价格评估机制。建立健全农村土地流转市场,必须建立并完善价格评估机制,因为土地流转价格评估是实现土地收益在国家、村集体、流出方、流入方和管理者之间合理、公平分配的关键。因此,必须完善土地流转价格评估机制。首先,构建科学的农地等级体系。其次,制定完善流转土地估价指标体系。再次,建立完善流转土地资产评估机构,引入第三方土地评估机构和评估人员对流转交易价格进行评估。最后,建立健全土地流转评估价格信息收集、处理与公开发布制度。

自从我国制定并开始实施土地流转制度,各地也相继实施农地流转试点,在政策支持下我国成立了农村产权交易所,构建农村土地入市平台,建立县、乡、村三级土地流转管理服务机构,发展多种形式的土地流转中介服务组织,搭建县乡村三级宽带网络信息平台,及时准确公开土地流转信息,加强对流转信息的收集、整理、归档和保管,及时为广大农户提供土地流转政策咨询、土地登记、信息发布、合同制定、纠纷仲裁、法律援助等服务。

3.农业信息监测平台

（1）农业灾害预警

农业生产存在较大的自然风险，容易受到农业灾害的威胁，因此进行科学有效的农业灾害预警具有重要意义。具体来说，农业灾害主要包含三种，即农业气象灾害、农业生物灾害以及农业环境灾害，农业灾害是灾害系统中最大的部门灾害。农业灾害的破坏作用是水、旱、风、虫、雹、霜、雪、病、火、侵蚀、污染等灾害侵害农用动植物、干扰农业生产正常进行、造成农业灾情的过程，也就是灾害载体与承灾体相互作用的过程。有些灾害的发生过程较长，如水土流失、土壤沙化等，称为缓发性灾害，大多数灾害则发生迅速，称为突发性灾害，如洪水、冰雹等。

农业生产与农业灾害有直接联系，一旦发生农业灾害就很可能会对农业生产造成沉重打击，甚至对社会产生一定负面效应。首先，农业灾害会直接对农户的生产生活造成了危害。其次，农业灾害导致与农业生产相关的工业、商业、金融等社会经济部门受到影响。资金被抽调、转移到农业领域用于抗灾、救灾，扶持生产或用于灾后援助，解决灾区人民生活问题，因为其他部门的生产计划受到影响，不能如期执行；在建或计划建设项目被推迟，延期或搁置；社会经济处于停滞甚至衰退萧条的状态。最终影响到国家政权的稳定。综上所述，可以看出对农业灾害进行预警对于增强人们对农业灾害的认识，进一步提前制定相应的减灾决策以及防御措施，保障社会效益具有重要意义。

（2）农产品市场波动预测

农业是国民经济的基础部门，农产品市场价格与民生息息相关，同时还关系着社会稳定。因为，维持稳定的农产品市场价格具有重要意义，这就要求我们必须加强农产品市场波动监测预警。农产品市场价格受多种复杂因素的影响，使得波动加剧、风险凸显，预测难度加大。在我国当前市场主体尚不成熟、市场体系尚不健全、法制环境尚不完善等现状下，农业生产经营者由于难以对市场供求和价格变化做出准确预期,时常要面临和承担价格波动所带来的市场风险;农业行政管理部门也常常因缺少有效的市场价格走势的预判信息,难以采取有预见性的事前调控措施;消费者由于缺少权威信息的及时引导,在市场价格频繁波动中极易产生恐慌心理,从而加速价格波动的恶性循环。因此,建设农产品市场波动预测体系对促进农业生产稳定、农民增收和农产品市场有效供给具有重要意义。

（3）农业生产经营科学决策

智慧农业的发展为农业生产经营的科学决策创造了可能性。科学决策就是指决策者为了实现某种特定的目标,运用各种有效的科学理论和方法,对主观条件进行系统科学的分析从而做出正确决策。科学决策的根本是实事求是,决策的依据要实在,决策的方案要实际,决策的结果要实惠。

近年来,我国大力发展农业,农业生产水平得到显著提高,目前我国农业已经基本摒弃了传统的简单再生产,农民从事农业生产经营的目标已经发生转变,从原有的自给自足式的农业生产经营逐渐转向对自身利益最大化的追求。为此农民必须要考虑自身种养殖条件、自身经济水平、所种植农产品的产量、农产品价格、相关政策等会对其收益造成的影响。但农民自身很难全面分析上述相关信息,并制定相应的农业生产经营决策。农业信息监测预警体系采用科学的分析方法对影响农民收入的相关信息进行分析,为农民提供最优的农业生产经营决策。合理的农业生产经营决策不仅有利于提高农民的个人收入,同时对于社会资源的有效配置、国家粮食安全均具有重要意义。

二、绿色农业

绿色发展理念是习近平总书记提出的生态发展理念,内容涉及绿色环境、绿色经济、绿色生活等各个方面,我们发展绿色农业应该遵循绿色发展理念,让绿色发展理念贯穿于整个社会经济发展的过程中。

（一）绿色低碳循环农业的提出

绿色农业是一个大的发展方向，具体来说，我们现在所说的绿色农业发展是指绿色低碳循环农业的发展，这是符合当前我国发展实际的农业发展模式。随着农业发展，绿色农业、低碳农业、循环农业成为替代石油农业的现代农业模式。虽然它们在定义、内容方面存在很多差异，但在本质上是一致的，主要表现在以下方面。

首先，农业生产的目的都是替代石油农业，克服石油农业带来的高耗能、高污染、高成本等一系列弊端。其次，农业生产过程都力求合理利用农业资源、多利用、少排放，有效保护生态环境，农业发展与自然界和谐相处，促进人类社会的可持续发展。最后，农业生产体系都主张使用有机肥料，不使用或少使用农业化学物质（农药、化肥、激素等），防止对生态环境的污染和农产品的污染，保障农产品的质量安全。

从以上分析可以看出，绿色农业、低碳农业、循环农业在本质上存在一定的共同点，基于此，我们可以将三者有机融合，从而提出了绿色低碳循环农业。这样更能全面、系统、准确、科学反映其内涵特征。可以说，绿色低碳循环农业本身就是一个可持续农业系统有机整体，是更深层次的现代可持续农业系统。

（二）绿色低碳循环农业发展的意义

1. 发展绿色低碳循环农业是实现农业现代化的基础与核心

绿色低碳循环农业符合现代农业发展要求，是农业发展理念和模式的创新，其对于推进农业现代化具有重要意义。《中共中央国务院关于积极发展现代农业扎实推进社会主义新农村建设的若干意见》（中央 2007 年 1 号文件）指出："发展现代农业是社会主义新农村建设的首要任务，是以科学发展观统领农村工作的必然要求。推进现代农业建设,顺应我国经济发展的客观趋势,符合当今世界农业发展的一般规律,是促进农民增加收入的基本途径,是提高农业综合生产能力的重要举措,是建设社会主义新农村的产业基础。要用现代物质条件装备农业,用现代科学技术改造农业,用现代产业体系提升农业,用现代经营形式推进农业,用现代发展理念引领农业,用培养新型农民发展农业,提高农业水利化、机械化和信息化水平,提高土地产出率、资源利用率和农业劳动生产率,提高农业素质、效益和竞争力。实现农业现代化的过程,实际上就是对传统农业进行科学改造、发展农村生产力的过程,就是促进传统农业增长方式转变的过程,实现农业现代化是为了实现农业的又好又快发展。必须把建设现代农业作为贯穿新农村建设和现代化全过程的一项长期艰巨任务,切实抓紧抓好。"中共中央国务院1号文件为中国农业现代化指明了方向,是现代农业发展的纲领性文件。中国农业继续发展必须向现代农业发展,而现代农业则要求农业发展的各个环节都要实现绿色低碳循环,这也是现代农业的核心。第一,要提高农产品的产量和质量,保证农产品的安全、绿色和营养,要为农业生产构建良好的农业生态环境,促使农业发展满足人们对生活质量和身体健康的要求。第二,发展现代农业就要实现农业生产过程的绿色低碳循环,可以看出,绿色低碳循环农业是适应现代农业发展要求的新模式,是促进农业现代化实现的战略举措。

从字面意义上来说,发展绿色低碳循环农业就需要实现农业发展的绿色化、低碳化、循环化,并且只有同时实现这三点才是真正的绿色低碳循环农业。绿色化就是实现农业生产全过程的绿色,这是指从最初的田头种植到最终被搬上餐桌都要保证绿色有机,保证农产品的安全健康;低碳化就是要求农业生产全过程都要以节约生产资料为原则,提高投入产出比,减少或不排放污染,在经营环节也要遵守这一基本原则,实现农业的低碳经营和低碳发展,实现农业发展与生态文明发展的有机结合;循环化就是实现农业生产各个环节的绿色循环,在农产品生产、消费、回收等各个阶段实现绿色循环,尽可能做到农业生产经营的综合利用和变废为宝。总之,发展绿色低碳循环农业对实现中国现代农业及农业现代化具有重要的现实意义和深远的战略意义。

2. 发展绿色低碳循环农业是提高农产品质量和突破国际贸易壁垒的关键

随着发达国家生态意识的不断提高,各国对农产品的生态标准要求越来越高,以环境安全和食品安全为主导的绿色壁垒在国际贸易中越来越明显。发展绿色低碳循环农业有利于提高农产品质量和突破国际贸易壁垒,提高农业的经济效益和农民的收入。

3. 绿色低碳循环农业是实现人类社会与自然环境和谐共处的关键

现代农业对生态与环境及资源的依赖性越来越强。有限的土地资源、水资源、生物资源,越来越严重的自然灾害,以及遭到人类社会破坏的生态环境等,都对农业生产造成了一定制约,农业想要实现快速、稳定、可持续发展,就必须实现与自然环境的和谐统一。因此,有必要发展绿色低碳循环农业,这符合农业发展的现实要求,同时也是现代农业的基础特征,只有发展绿色低碳循环农业,才能有效降低能源消耗、减轻或避免生态破坏和环境污染;只有发展绿色低碳循环农业,才能促使农业内部的物质和能量更好地实现相互交换,充分发挥物质和能量的作用,有效改善农业生产条件与环境;只有发展绿色低碳循环农业,才能较大程度上降低资源环境承受的压力,才能实现资源节约、生态保护的目标,并且以此为基础可以提高农产品的安全性,更好地满足人们对农产品的要求,实现人类社会与自然环境的和谐共处,促使农业可持续发展。

4.发展绿色低碳循环农业是提高人们生活质量和健康水平的关键

农业是国民经济基础部门,农业是人们生存和发展的基础,而随着人类社会的不断进步,人们对农产品的要求也越来越高,绿色、有机、无公害成为现代农产品需要具备的特征,而想要生产出这样的农产品就必须大力推动绿色低碳循环农业的发展。只有切实有效地推进绿色低碳循环农业的发展,才可以生产出符合市场需要的农产品,才能满足人们对农业生产的社会需求。此外,绿色、有机、无公害的农产品也是现代社会发展和人们健康生活的基础,随着工业化发展,农业生态环境遭到了严重破坏,在严重的农业污染环境中,食品安全事件时有发生,食品安全问题也逐渐成为一个人们共同关注的重要问题。因此,不论是农业发展方面,还是社会需求方面,都要求我们发展绿色低碳循环农业,这是保障食品安全的重要途径。食品安全直接关系到人们的健康水平和生活质量。从以上分析可以看出,为了适应现代社会发展,有必要切实有效地推进绿色低碳循环农业发展。

5.发展绿色低碳循环农业是实现农业可持续发展的关键

绿色低碳循环农业是全球可持续发展的重要组成部分,是社会、经济、生态发展的必然要求,农业的可持续发展必然是发展绿色低碳循环农业。用系统论观点看,绿色低碳循环农业是一个系统,是可持续发展系统的一个子系统或是重要组成要素,没有绿色低碳循环农业发展也就没有全面的系统的可持续发展。

(三)绿色农业经济战略

1.绿色农业产业化发展战略

(1)建立健全绿色农产品的标准体系

发展绿色农业产业化可以加强对环境的保护,但是想要发挥这个作用必须充分借助市场。因此,想要充分发挥绿色供应链的作用,就要建立、健全绿色农产品市场来对企业和个人的经济行为进行规范和约束。建立绿色农产品市场首先就要搞好绿色产品标准体系建设,为此,可以考虑将绿色农产品分为两个等级层次,一级作为达到国际 ISO 14000 环保论证,适应国际市场准入的绿色通道级别;二级作为普及型,基本相当于目前无公害食品,逐步达到绿色食品 A 级水平。要按照世贸组织《卫生与植物卫生措施协议》,迅速设立我国的"绿色贸易壁垒",建立和完善国内环保贸易法律体制。同时,积极推行 ISO 14000 环境质量管理新体系,引入 ISO 14000 系列国际环境标准,以规范企业等组织行为,达到节省资源、减少环境污染、改善环境质量、促进绿色农产品出口和绿色农业经济持续健康发展的目的。

（2）充分发挥信息化对绿色农业产业化、市场化和现代化的带动作用

实现绿色农业产业化发展最基本的就是转变农业发展理念,要舍弃小农经济的狭隘观念,充分发挥信息化的作用,推动绿色农业向产业化、市场化和现代化的方向发展。发展现代化绿色农业,要充分利用信息技术,以此促进传统产业的改造升级,同时还要建立健全现代化农业技术监测体系。因此,有必要建立适应现代农业发展需要的农产品电子商务体系,利用各种媒体提高农业信息的传递速度和质量,使农业生产者可以通过网络及时了解产品的信息,从而科学地决定产品的生产量;在生产过程中,农户可以利用专家系统合理地控制农作物生产环境的温度、湿度,适时施肥、施药,这样可以有效提高农产品的产量和质量,还可以根据市场需求调节产品成熟期;在产后阶段,农户可以利用信息平台掌握综合信息,决定产品是直接上市还是深加工,或者可以选择直接储藏等,这样可以实现农产品的及时均衡上市,此后农户还可以通过反馈信息进一步完善产品的生产,升级和完善产业结构、产品结构。为了实现农业现代化发展,应该将信息网络终端接到乡镇村企业及农户,形成以资源为本的信息系统,通过网络信息技术连接专家和农户,使农户可以及时有效地获得农业信

息,及时掌握和应用农业科技。

（3）完善绿色农产品物流管理体系,发展绿色创汇产业

农产品物流一直是农业生产经营面临的一个难题,完善农产品物流管理具有重要意义,这就要求我们建设完善农产品市场体系和信息服务设施,也就是应该在农业基地附近建设区域性专业批发市场,完善市场交易、检测检验和信息服务等设施,增强服务功能,扩大辐射范围。根据具体的条件和实际需要,在这些市场设立绿色农产品专门交易区,从而促进产销的衔接,积极组织实施绿色农产品名牌战略,扩大绿色农产品在国内外的知名度,进一步提高其市场占有率;密切关注绿色农产品国际市场的变化,针对国际贸易中的技术壁垒,建立预警机制,以便及时应对;发挥比较优势,根据不同区域的特点,建立诸如劳动密集型或技术密集型的绿色农业产业基地,以质优、价廉、物美的绿色农产品扩大国内外市场份额。在绿色农产品生产、加工、包装和运输过程中推行全程质量控制技术,建立绿色农产品质量监督检验测试体系,建立与国际质量标准接轨的绿色农业质量标准体系。应该进一步改革完善农产品的外贸体制,进一步扩大农产品生产企业进出口经营权,推动农业产业化经营的发展,以此保证农产品出口企业可以从绿色农产品的生产全过程中把握产品质量,将"绿色"理念贯穿整个农产品生产、加工、包装和销售等各个环节。

（4）加大政府对绿色农业产业化发展的扶持力度

就我国绿色农业发展的实际情况来说,政府应该从以下几个方面入手提供重点支持。第一,加大绿色农产品的宣传力度,培育绿色农产品市场;第二,加大绿色农业技术的普及力度,提高农民的技术水平;第三,加大绿色农业技术的研究、开发力度,努力开发适用绿色农业新技术,如病虫害防治技术、土壤改良技术等;第四,制定绿色农业技术人才的发展规划,大力培养绿色农业专门人才;第五,培育龙头企业,实施产业化经营;第六,多方筹集支农资金,加大资金扶持力度,对绿色农业产业化发展予以税收减免、现金补贴等支持。

2.绿色农业市场化发展战略

我国在绿色农业发展方面投入了大量人力物力,但由于各种因素的限制导致我国绿色农业市场化步伐缓慢,具体来说,绿色农业市场主体不完备,市场体系和市场基础设施难以完全满足市场机制运行的要求。推进绿色农业市场化,要从培育绿色农业市场主体,发展绿色农业生产要素市场,促进绿色农业专业化生产,健全绿色农产品市场流通体系以及加大政府对绿色农业的保护和支持力度等方面着手。

（1）多管齐下,壮大绿色农业市场主体

第一,壮大绿色农业市场主体。现代农业是在市场经济条件下进行的,农户在这样的发展背景下属于独立自主的主体,因此他们必须对于自己生产什么、为谁生产和怎样生产有绝对的决策权。农户必须依法享有各种生产和交易所必需的权利,特别是清晰的土地产权、就业权和劳动收益权。必须根除政府的强制行为,革除城乡分割制度,给予农民和市民同样的待遇,改变农民处于弱势群体的状态。此外,还应提高广大农民的综合素质,加强对农民的职业技能培训,为提高农民参与市场和社会分工创造条件;积极推进农村教育综合改革,统筹安排基础教育、职业教育和成人教育,进一步完善农村教育体系;积极发展多层次、多形式的农村职业教育。对农民的培训,不仅要包括对农业产业结构调整所需要的农业技术的培训,为农业培养大批专业技术人才,还需要根据农民的意愿进行工业技术、服务技能方面的培训,以促进农业劳动力向非农转移。加大对农民自愿创建农业合作组织的有力支持,在市场经济条件下,市场竞争更为激烈,这就导致分散的农民个体家庭必须与大型农业企业进行竞争,但农户个体经营无力与组织化、社会化程度较高的大企业抗争,农户个体家庭就会在市场竞争中处于不利地位。因此,必须依据市场化要求和经济利益原则,把分散的农民家庭生产经营单位组织起来,组建多种形式的农产品生产、加工、销售合作社,使农户分散的土地、资产、资金和劳动力等生产要素在较大的范围内和较高的层面上有效地组合起来,形成社会化生产的组织形式,从而使分散的农户联合起来有组织地进入市场。

第二,农户成为市场主体的条件。在市场经济条件下,农户是否可以实现利益最大化以及实现的程度与其实际占有的资源数量、资源的利用效率以及资源配置情况等具有直接联系。农户作为完整意义上的农业市场主体而存在,至少应具备以下几个条件:拥有作为市场主体的权利,享有独立决策生产什么、为谁生产、怎样生产的经营权;具备追求利润最大化的能力和物质基础;农户作为一个市场生产单位,需要承担决策、生产、销售等职能,因此,农民要成为市场主体,必须具有各种能力和足够的土地、资金等要素来投资生产,同时也必须要有较强的资金积累能力。

第三,壮大绿色农业市场主体是推进绿色农业市场化的前提。虽然在绿色农业市场环境下,市场主体需要将绿色生产经营作为重要前提,但其本质追求仍然是实现家庭收益最大化,家庭效用最大化并不是绿色市场主体的最主要目标。只有具有完全意义上的市场主体才能对价格变化做出灵敏反应,才会根据价格的变化来调整农产品结构,才会在市场的竞争压力下学会采用新技术,降低成本,优化产品质量,根据市场需要调整生产品种。商品化生产的农户以家庭收益最大化为目标,对市场价格的反应才会是灵敏的,对发展绿色农业的动力才是无限的。半自给性的农户以家庭效用最大化为目标,其生产动力来自家庭人口对农产品的需求、生活条件的改善,不足以促进其调整生产结构、提高劳动生产率。现阶段,大多数农户还是半自给半商品经济的复合体,农户的这种经济性质决定其决策目标是多元的。在生产什么、生产多少和如何生产等基本经济问题方面,首先考虑的便是家庭成员的消费需要,其次才是市场需求。前者关系到自身生存,具有刚性;后者属于发展问题,具有弹性。随着社会发展和时代进步,我国在农业发展方面做出了调整,以农产品需求结构的变化形势作为基础,对农业产业结构进行调整,但是在战略实施的过程中,大多数农户态度比较冷淡,造成这种现象的原因就是这些农户在生产什么的决策中还是保留着刚性的"生存理性"。

（2）建立健全社会化服务体系,促进绿色农业专业化生产

第一,绿色农业生产社会化服务是农户参与市场分工的重要条件。单个农户在进行名称那片的专业化生产时,通常都是建立在良好的社会化服务外部条件的基础之上的,如投入品的购买、生产过程中的技术服务、产品的加工销售等必须能够方便地获得。随着农户商品生产规模的扩大,单个农户已经不再可能独立完成农业生产的全部过程,而必须借助和依靠农户外部的资源与力量,把农业生产的一部分甚至大部分环节交由专业人员、专业组织或专业部门操作。

第二,建立社会化服务体系,促进农户专业化生产。农业社会化服务包含的内容十分丰富,其包括专业经济技术部门、乡村合作经济组织和社会其他方面为农、林、牧、副、渔各业发展所提供的服务。农业社会化服务的内容,是为农民提供产前、产中和产后的全过程综合配套服务。近几年来,农业社会化服务在全国范围内蓬勃兴起,对促进农村经济发展起到了重要作用。农业社会化服务的形式,要以乡村集体或合作经济组织为基础,以专业经济技术部门为依托,以农民自办服务为补充,形成多经济成分、多渠道、多形式和多层次的服务体系。同时,鼓励各地方、各部门在实践中勇于探索和创新,努力建设一个适合不同地区生产力发展水平的、多样化的绿色农业社会化服务体系。

第六章　城乡一体化发展中的新型城镇化建设

当前,我国正走在实现工业化、城镇化、信息化、农业现代化的新"四化"征途上,其中城镇化是重要载体,是现代文明的重要标志,也是我国全面建成小康社会面临的重大课题。完成城镇化的任务,不能走过去城乡分割发展的老路,必须城乡结合、城乡一体,走出一条新型城镇化道路。

第一节　新型城镇化建设的理论基础

一、城市化与城镇化

（一）城市化的基本含义

城市化一词源于英文 urbanization,其词头 urban 意为都市的、市镇的；其词尾 ization 由 iz（e）+ation 组成,表示行为的过程,意为"……化"。1867 年西班牙城市规划设计师赛达在《城市化原理》中从工程技术角度较早使用"城市化"一词,迄今已经有 100 多年的历史了。由于城市化是一种动态的、复杂的、长期的、影响深远的经济社会转变过程,因此自"城市化"一词诞生以来,就受到不同学科背景的学者的密切关注,并深入研究。

人口学家倾向于城市化是农村人口不断向城市迁移,城市人口比重不断提升的过程。如赫茨勒指出:城市化,就是人口从乡村地区流向大城市以及人口在城市的集中；威尔逊在《人口辞典》中认为：人口城市化即指居住在城市地区的人口比重上升的现象。经济学家侧重于从经济与城市的关系出发,强调城市化是从乡村经济向城市经济形态的转变过程。沃纳·赫希认为：城市化是从人口稀疏、孤立分布等特征的农村经济,转变为具有基本对立特征的城市经济的变化过程。社会学家以社群网(即人与人之间的关系网)的密度、深度和广度作为研究城市的对象,强调社会生活方式的产生、发展和扩散的过程。如美国学者沃思指出：城市化意味着乡村生活方式向城市生活方式质变的全过程；日本社会学家矶村英一认为城市化的概念应该包括社会结构和社会关系的特点,城市化应该分为形态的城市化、社会结构的城市化和思想感情的城市化三个方面。地理学的城市化定义强调人口、产业等等由乡村地域景观向城市地域景观的转化和集中过程。日本地理学家山鹿城次指出,城市化概念应当包括城市地域的扩大,大城市地域的形成,城市关系的形成与变化等等。

　　城市化的概念与城市概念一样,迄今为止没有统一的定论。通过对诸多城市化定义的汇总整合,在此总结出城市化的内涵：随着非农经济向城市集中,农村人口向城市集中,城市基础设施不断完善、其综合承载力不断增强,逐步实现经济城市化、空间城市化、人口城市化,完成人们生活方式从乡村社会向现代都市的转变。

　　（二）城镇化的内涵

　　"城镇化"是我国学者创造的一个具有中国特色的新概念,显然,该词汇的出现要晚于"城市化"。1991 年,辜胜阻在《非农化与城镇化研究》中使用了"城镇化"的概念,提出了中国的城镇化发展的"二元城镇化理论",即在推行以发展城市圈、城市带为特点的网络型城市的同时,推进农村范围内的村庄和居民点向城镇聚集。农村城镇化作为整个城市化过程的重要组成部分,指农村人口由第一产业向第二、第三产业转移,居住地由农村区域向城镇区域迁移的空间聚集过程。具体表现为：农民身份的转变,生活方式的改变,基础设施和公共服务的提升和共享,等等。城镇化是我国发展阶段的产物,是一个发展中的概念,是一个历史范畴,符合中国当前由农业人口占很大比重的传统社会向非农业人口占多数的现代化社会转变的历史过程,是我国在实现工业化、现代化过程中所经历社会变迁的一种反映。因此,党的十五届三中全会通过的《中共中央关于农业和农村工作若干重大问题的决定》正式使用了"城镇化"一词,这是近50年来中国首次在最高官方文件中使用"城镇化"。

（三）城市化与城镇化的关系

从前文对城市化和城镇化含义界定可以看出,二者是既有联系又有区别的概念。两者的相同点是:都是实现了人口从分散到集中,人们从事农业活动到从事非农业活动,实现农民的职业转换和居住地的空间转移过程。也就是说两种提法的"化"字内涵是完全一致的,指的都是事物朝着某种目标运行的变化向度、发展态势、变迁路径和演进趋向的动态过程。两个概念的差别,在于"城市"和"城镇"的差别。其不仅是中文词汇的不同,更是基本内涵的差异。《现代汉语词典》对"城市"一词的解释是:"人口集中、工商业发达、居民以非农业为主,通常是周围地区的政治、经济、文化中心。"《现代汉语词典》对"城镇"一词的解释是:"城市和集镇。"而对"集镇"的解释是:"以非农业人口为主的比城市小的居住区。"1989年12月26日第七届全国人民代表大会常务委员会第十一次会议通过的《中华人民共和国城市规划法》第三条对"城市"一词的解释是:"本法所称城市,是指国家按行政建制设立的直辖市、市、镇。"尽管在2008年颁布《中华人民共和国城乡规划法》取代《中华人民共和国城市规划法》,"城市"定义未做改变。据规划局的解释是,中这里的"镇"指的是非农业人口为十万左右,是小城市的范畴。在实际操作中,通常指的是位于县城的城关镇,及少数的具有一定规模的"重镇"。而"城镇化"中的"镇"指所有的建制镇及乡镇管辖的小集镇。因此来说城市不等于城镇,城市化不等于城镇化,城市化水平不等于城镇化水平。"城镇化"模型的基本结构是:"城镇化"="城市化"+"乡镇化"。城镇化不仅包含了城市化的主张,更是包含了乡镇化的导向。

从国家层面将"城镇化"一词取代"城市化",是基于小城镇在中国的特殊作用,使得"城镇化"的提法更符合中国国情。采用"城镇化"的概念,一方面有利于避免片面发展大城市而产生一系列的问题,确保制定城镇化政策时既包含大城市,又积极发展小城镇,从而建立布局合理的城镇体系,使得农村人口有序转移,城乡经济社会协调发展。

二、新型城镇化概念的提出

改革开放以来,我国城镇化进程不断加快,这对于扩大内需、推动经济发展具有不可替代的作用。然而这种粗放型工业化推动下的传统城镇化发展模式,也带来很多问题,导致城镇人口规模量的几何级增长,城镇空间"摊大饼"式的无序膨胀,能源资源的大量消耗,城市承载能力不堪重负,城镇生态环境迅速恶化,贫富差距两极分化,严重制约着我国经济升级转型,制约了城乡一体化发展,影响了共同富裕进程,生态文明建设也难以为继。在这样的背景下,走新型城镇化成为学界和政界的普遍共识。党的十六大报告提出"走中国特色城镇化道路",新型城镇化概念已经呼之欲出。2003年谢志强在《社会科学报》发表《新型城镇化:中国城市化道路的新选择》一文,开始探讨新型城镇化道路。党的十六届五中全会提出"新四化"目标,明确倡导新型城镇化的发展方向。党的十七大报告确定"新五化",提出了新型城镇化的指导思想。随后,新型城镇化写入国家和各级地方政府的十二五规划之中。党的十八大报告明确提出"坚持走中国特色新型城镇化道路",进一步明确提出新型城镇化的概念。十八届三中全会《决定》对推进新型城镇化的战略思路和具体路径做了明确规定。

随后我们党召开了全国城镇化会议,旨在进一步探讨新型城镇化的推进思路、具体对策及保障措施。

国务院总理李克强明确指出,新型城镇化的核心是以人为本的城镇化,这就要求不断提升城镇化建设的质量内涵,推动城镇化由数量规模增加向注重质量内涵转变。具体体现在以下几方面:一是重在强调产业支撑、人居环境、社会保障、生活方式等方面实现从"乡"到"城"的转变;二是通过观念更新、体制革新、技术创新和文化复兴,推动全社会的新型工业化、区域城镇化、社会信息化、农业现代化、生态良性化的发展过程;三是通过建立以改革农村土地制度为主的补偿机制、以改革户籍制度为主的基础设施和公共服务共享机制、以产业支撑和城镇体系建设为主的协同机制,推动农村人口真正能够"转得出、进的来、留得住";四是要改变以往依靠中心城市带动的城市化发展战略,而是更加强调发展城市群、大中小城市和小城镇协调发展的城乡一体化建设方针。综上所述,不论从新型城镇化的提出的发展历程,还是其实质内涵、现实意义看,其必将成为今后一个时期中国发展的重要战略任务。

三、新型城镇化建设的重要意义

(一)新型城镇化是经济全球化背景下我国从整体上加入世界城市网络体系的客观需要

当今世界,经济全球化、信息化是发展的总体趋势。随着经济全球化、信息化程度越来越高,通讯和交通的发展使得资源的流动成本日益降低,各国的经济体系将越来越开放,各种资源(信息、技术、资金和人力)的跨国流动规模越来越大,这将要求各国在全球化进程中,经济结构在空间上的重新组合,于是城市和区域体系将再次演化,将形成崭新的多级多层次的有机联系的世界城市网络。因此,在我国当前正处在加速城镇化的关键时期,必须要改变基于传统"大一统"国家治理的框架,分为首都、省会、中心城市、县城等级别的传统的城市体系构建思路,从经济全球化的生产、流通、交换体系的形成机制出发,从加入到世界城市网络体系高度,构建新的功能节点。这就要求我国充分发挥后发优势,借鉴发达国家城市化的经验教训,高起点、高质量地建设新型城镇化,通过新兴产业的发展融合城镇化进程,构建新的城市网络体系,特别是要建立国际性和区域性的创新中心城市,并使之尽快成为中国与世界经济连接的新节点[①]。

（二）新型城镇化是我国扩大内需和转变经济发展方式的强大动力

近些年,党中央多次提出经济发展方式要从依赖出口和投资转变到消费、投资、出口协调发展上来,增强消费对经济的拉动作用,特别强调在扩大内需上下功夫。而新型城镇化就是一个扩内需、转方式的过程,这个过程在宏观上表现为经济结构、社会结构、文化观念、空间结构的变迁,在微观上表现为个人就业方式、消费方式、休闲方式、思想观念等的转变。这些转换都会有一个物质化的外在表现,那就是消费结构的转变[②]。

随着农民大规模进城定居,新生活环境下,进城农民的生活方式、居住方式、思想观念等发生着翻天覆地的变化,其消费观念和生活需求潜力得到充分释放,对医疗、休闲、通信等城市公共设施和服务产生巨量需求,这就创造和提升了巨大的刚性内需。据统计,城市人口每增加 1 人,其用于消费的支出要增加 5 倍以上,另外拉动的城市基础设施和公共服务的潜在投资需求是 10 万元左右。那么,如果每年进城人口有 2000 万,那么仅城市基础设施这一项投资需求就达到 20 万亿元[③]。

---

① 顾朝林,张勤,蔡建明.经济全球化与中国城市发展——跨世纪城市发展战略研究 [M].北京:商务印书馆,1990.
② 王振中.中国城市化道路 [M].北京:社会科学文献出版社,2012:39.
③ 郑新立.转变经济发展方式是刻不容缓的战略任务 [N].时事报告,2010（7）:34

（三）新型城镇化是解决和预防传统城镇化造成的诸多经济社会问题的有效途径

改革开放后,我国的城镇化水平得到了极大提升,然而这种粗放的规模扩张式的传统城镇化发展模式,不论对于经济转型还是自身的可持续发展,都产生了诸多不利影响。这就呼唤以新型城镇化战略化解传统城镇化面临的诸多问题。一是新型工业化呼唤新型城镇化。要走科技含量高、经济效益好、资源消耗低、环境污染少的集约式、内涵式的新型工业化道路,必然要求较高素质的人力资源、与区域经济发展和产业布局紧密衔接的城市布局,以及农业转移人口有序市民化和公共服务协调发展,注重城镇化的社会管理和服务创新。新型城镇化完全符合新型工业化的要求,为新型工业化的发展提供了坚实的保障。二是以新型城镇化解决中国城镇化自身发展中出现的问题。尽管我国的城镇化还滞后于工业化,但已经出现了各种不良倾向。诸如:半城镇化、被城镇化、"大跃进"城镇化等现象,从而造成大城市过度集聚、小城镇无序开发、耕地滥占滥用、地区发展失衡、城市之间关系不协调、两栖人口不断增加等诸多问题,如果不采取新型的科学的城镇化道路,尽早预防和治理这些经济社会问题,以后将更难根治,严重制约我国走可持续发展道路。

（四）新型城镇化是统筹城乡发展、推动产业升级的引擎

新型城镇化的一个重要内容就是逐步实现基础设施和公共服务的城乡共享,可以使进入城市的农业人口享受城市的发展成果,同时使得城市文明向农村扩散,特别是就地城镇化的农民生活方式城市化、接受的公共服务城市化,逐步改变城乡二元经济社会结构,实现城乡一体化均等融合式发展。

此外,新型城镇化为产业结构升级提供了重要依托。新型城镇化通过人口迁出机制、城乡共享机制、人口迁入机制等体制机

制为动力,不仅推动了以教育、医疗、就业、社会保障等为主要内容的城镇公共服务发展,也推动了以商贸、餐饮、旅游等为主要内容的城镇消费型服务业和以金融、保险、物流等为主要内容的生产型服务业的发展,从而有力地引导和促进了我国的产业升级和结构转型。

第二节　世界城市化发展历程和道路启示

当前中国城镇化目前正处于快速推进时期,在面临良好发展机遇的同时,急剧的城镇化引发的一系列经济、社会、人口、资源、环境等方面的压力和不可持续发展的问题,也对我国深入推进城镇化进程带来诸多挑战。为少走弯路、少犯错误,有必要通过总结世界城市化的发展历程和经验教训,为我国当前的城镇化的健康发展提供有益的启示借鉴。

一、世界城市化发展阶段和发展模式

(一)世界城市化的三个发展阶段

1. 工业革命前的缓慢发展阶段

本阶段主要是指从城市的出现到 18 世纪中叶工业革命的兴起为止。在这段历史长河中,期间经历了城市起源及扩散阶段、中世纪商业城镇发展阶段和文艺复兴工业革命酝酿阶段,产生了印度河峡谷、古埃及都城、美索不达米亚、中国北方和中美洲的玛雅古城等古老的城市文明,出现了 40 万人口的雅典古城、100 万人口的罗马古城、100 万人口的西安古城和 70 万人口的北京元明都城等人类农业文明时期的最具代表性的城市。这个时期城市化进程十分缓慢,世界城市化水平仅仅增长了 3 个百分点,即从零增加到 1750 年的 3% 左右。城市化进展缓慢的原因在于,工业革命之前农业经济比重较大,劳动力密集型传统手工业是城市经济的主体,手工作坊和私营小型企业是城市经济活动的主要场所,商业服务比较落后,因而城市对农村人口的带动能力太小,不足以吸引农村人口大规模迁移到城市。

2. 局部地区快速城市化阶段

本阶段从 18 世纪中叶第一次工业革命开始,到 19 世纪中期二战时期结束。第一次工业革命实现了机器大生产代替手工作坊,快速地推进人口向城市聚集,从此人类城市化的进程进入加速阶段。但由于工业化对社会制度、人口素质以及技术知识水平要求的门槛较高,因此,这个时期城市化主要集中在西欧和北美等世界上较早开始工业革命的局部地区。据统计,从全世界的范围看,从 1750 年到 1950 年的 200 年间,世界城市化水平从 3% 提高到 29.2%,提高了 26 个百分点。然而对于西欧和北美这些局部经济发达地区,到 1950 年,都基本达到了高度城市化,人口城市化率平均值在 60% 以上。

3. 世界城市化广泛发展阶段

第二次世界大战以后,西方发达国家的现代工业迅速在全世界传播,全世界普遍开始了工业化和城市化进程,城市化也以前所未有的速度向前迈进。从 1945 至 2010 年,世界城市化水平提高了 23.9 个百分点,从 27% 左右提高到 50.9%,完成了城市化过半的伟大历史创举,人类进入欣欣向荣的城市文明时代。这个阶段,城市化主要呈现出三个特点:第一,发达国家的城市化继续深化、完善,成为主要靠第三产业推动的、后工业化时期的新型城市化的先驱;第二,随着一批紧追第三次工业浪潮的新兴国家的迅速崛起,这些国家成为城市化的主要推动者;第三,广大发展中国家随着工业化程度的提升,积极参与到世界城市化进程中来,并在其中发挥着越来越大的作用。

（二）世界城市化的发展模式

从城市化与工业化的相互关系看,世界城市化可以分为三种模式。

1. 同步城市化

同步城市化指的是工业化和城市化协调发展、相互促进的城市化。工业化为城市化的主要推动力,为城市化提供必要的物质技术条件；城市化的发展促进人口聚集,增加城市数量、扩大城市规模,为工业化提供城市的规模经济效应,从而推动工业化的进一步发展。因此,这里的"同步"具体体现在城市化率与工业化率相协调、农村人口向城市转移的数量与城市提供的岗位相一致、城市化的发展与农业提供的剩余产品相适应、城市综合承载力与城市人口实现平衡,等等。这是一种工业发展、技术进步、经济集聚推动型的城市化发展道路。

2. 过度城市化

过度城市化指的是城市化水平远远大于工业化的发展水平。大量的农民放弃农业,涌入少数的大中城市,而城市建设的速度跟不上人口城市化的速度,另外,城市工业不能为居民足够的就业机会和生活条件,从而造成严重"城市病",在大城市中形成大量的"贫民窟"。这种城市化发展模式是不利于经济和社会健康发展的畸形城市化。形成过度城市化的主要原因在于城乡二元经济结构形成的推力和拉力,再加上政府宏观调控措施的缺乏。比如,印度、墨西哥等发展中国家的城市化模式。这些国家经济发展远不如发达国家,但城市化却高于发达国家,不仅没有带来高度工业化和经济繁荣,相反还是农业衰败、乡村凋敝,粮食由出口国变为进口国,温饱问题还没有完全得到解决。

3. 滞后城市化

滞后城市化指的是城市化水平落后于工业化水平的城市化。

滞后城市化产生的原因在于政府为了避免城乡对立和"城市病"的发生,采取各种措施限制城市化的发展,从而引发了工业乡土化、农业副业化、离农人口"两栖化"、小城镇发展无序化、生态环境恶化等"农村病",同时使得城市的集聚效应和规模效应不能较好的发挥,严重阻碍了工业化和农业现代化及城市文明的扩散。这是一种不符合工业化进程的城市化发展模式,以改革开放前的中国为突出代表。

二、西方发达国家的城市化历程和典型代表

(一)西方发达国家的城市化历程

在城市化方面,西方发达国家探索出了一条工业化和城市化协调发展的传统城市化道路,率先实现了城市化目标,并在解决城市化过程中出现的问题方面积累了宝贵的经验,对我国走出新型城镇化道路具有重要的启示和借鉴意义。因此,有必要再专门回顾总结一下西方发达国家的城市化发展历程。

1. 初步城市化

本阶段从18世纪中叶英国的工业革命开始,到19世纪中叶西方少数发达国家初步完成了城市化历程。现代意义的城市化是伴随着工业革命而开始的。18世纪60年代,随着在英国开始以蒸汽机的发明和使用为标志的机器大生产代替手工作坊,大规模的集中生产方式逐渐成为生产的主流方式。生产的集中带来人口的集聚,大批的工业城镇产生,城市化开始了快速发展的历史进程。由于机器发明不断涌现,工厂规模、工业规模不断扩大,附近的人口越聚越多,村镇变成小城市,小城市变成了大城市等等,城市扩张的速度越来越快。在第一次工业革命的推动下,英国成为首个实现城市化的国家。与此同时,随着工业革命的扩散,城市化在欧洲大陆和北美地区逐步兴起,法国开始于19世纪30年代,美国开始于19世纪40年代,德国、加拿大随后也开始了城

市化进程。19世纪中叶,这些发达国家基本上实现了初步的城市化。尽管当时的城市从功能上讲还不算是现代城市,经济还处于初级发展阶段,但环境污染、贫民窟等"城市病"问题,已相当突出。

2. 城市化的深入推进

19世纪中期,第二次工业革命兴起,重工业逐渐取代轻工业成为当时的主导产业。这次工业革命,进一步推动了生产力的发展,加快了企业和工业的聚集,进一步改变人口的空间布局,推动人口急剧向城镇集中。到20世纪中期,西方发达资本主义国家基本都完成了城市化。英国城市化水平最高,为79%。随着西方发达国家经济的腾飞,城市的基础设施得到大量的修建,城市生活和工作条件得到改善,原有的近代城市发展为现代城市。然而以前的贫民窟和各种社会问题依旧没有从根本上解决,并且开始显现出"过度城市化"的问题。

3. 城市化进一步发展

20世纪50年代后,以信息化为标志的第三次工业革命兴起,使得以信息化为核心的高新技术产业开始取代重工业成为主导产业,从而推动着发达国家从工业经济向信息经济迈进。随之,信息化对发达国家的城市布局、人口分布产生了巨大影响,推动城市化进入新的发展阶段。这个阶段依据人口分布情况,出现两种城市化状态。一是分散城市化。由于中心城市的过度拥挤及交通越来越便捷,以西欧为代表的发达国家出现了人口城市化从集中为主向分散为主转变,即中心城区人口不断减少,郊区人口相应增加,城市分布趋于分散化,郊区化和逆城市化特征明显。这里需要说明的是这里的逆城市化并不代表对城镇化的否定,而是在高度城市化基础上的人口分布的调整和完善。这一城市化趋势使得城市文明在郊区加速传播,缩小了城乡差距,同时也带来了城市的过度蔓延、中心城区的衰败等。二是以北美洲和大洋洲为代表人口高度集中城市化。由于中心城市基础设施、环境治理能力的推进,汽车燃油成本的高涨,一些发达国家的城市居民重新返回城市中心,这是城市人口布局的再调整。

经过以上发展阶段,西方发达国家基本上实现了高度城市化。据统计,早在2005年,发达国家总体的城市化水平达到74.1%,英国、美国等国的城市化水平达到了80%以上,法国、德国、西班牙超过了75%,日本、意大利、奥地利的城市化水平超过了65%。同时,通过对这些发达国家城市人口布局的分析表明,欧洲国家的城市化以中小城市的发展为主,而北美洲和大洋洲国家的城市化以大城市的发展为主。

(二)以美国、英国为代表的发达国家城市化道路

发达国家走的是一条工业化和城市化相互促进、大中小城市基本协调发展、城乡差别和工农差别先扩大后缩小的动态均衡的城市化道路。从运行机制上来看,主要是依靠市场自发调节机制,同时也重视政府的宏观调控和规划引导。从成效来看,西方发达国家走出一条较为成功的城市化道路,非常值得我们学习和借鉴。在这里我们重点研究美国、英国这两个最具有代表性的发达国家的城市化道路的特点。

1.美国城市化的特点和启示

美国是实现城市化非常成功的国家,到2010年美国的城市化率已达到82.1%。美国城市化进程所体现的发达国家城市化的一些典型特征,可以为我们认识城市化提供一个有益的参照系。深入分析研究美国城市化的历程和道路,可以发现美国城市化有如下特点,对我国的城镇化有重要的启示。

第一,工业化与城市化的协调发展。首先,工业化在城市扩展和城市发展中起决定作用。在工业化初期,工业发展形成聚集效应,对城市化进程起到直接的推动作用;当工业化进入中期阶段以后,产业结构升级的巨大促进作用,超出了工业发展的直接集聚作用,特别是产业升级使得第三产业的比重明显增加,第三

产业发展带动的大量就业需要推动了城镇化率的提升。统计数据表明,工业化以后美国服务业就业比重几乎是制造业的 3 倍。其次,城市化对工业化的升级转型同样起着巨大的促进作用。城市的集聚效应使得工业发展降低了人力成本、交通成本、区位成本等,从而使工业产品更有竞争力,加速了工业的积累和扩张;同时,随着城市人口的不断增加,对物质、精神需求不断提升,反过来进一步推动了产业结构的转型升级。

第二,在城市化进程中大都市区居于核心地位。由于交通的逐步完善和便捷,城市居民逐渐形成工作在城市中心、居住在郊区城镇的生产生活模式。这些中心城市与周边城镇逐渐连成一片,形成面积广袤、人口众多、相互依存、融合发展的大都市区。这些大都市区逐渐连片发展,不断扩张,成为美国较为发达的城市化区域,并在城市化进程中处于"核心"地位,并辐射周边,对地区的经济、社会和文化等产生多方面的重要影响。美国目前有三个主要都市区:大西洋沿岸都市区、五大湖南部都市区、太平洋沿岸都市区。据统计,三大都市区的 GDP 占全美国 GDP 总量的 76%,成为美国主要的人口居住、工业生产、文化产业的主要集聚地。

第三,采用法律手段调控贫富差距。美国对发展程度不同的各州制定不同的消费税,如在较发达的加利福利亚洲,消费税率为 9.25%,在相对落后的内陆州,仅为 6% 左右。美国法律还规定,郊区和乡村的教育、医疗、保险、养老、通信等服务标准同城市完全一样,这样就缩小甚至消除了城乡差距,有效防止了城市化进程中的两极分化现象。

2. 英国城市化的特点和启示

英国是最早开始大规模城市化的国家,其城市化是伴随着工业革命而兴起,相对其他发达国家,其城市化步伐更为迅猛和彻底。到 2005 年,英国的城市化率已达到 90% 以上。因而,认真总结英国城市化进程和主要经验,对推进我国城镇化健康发展具有重要借鉴意义。

第一,以工业化助推城市化进程。工业革命兴起前,英国是一个以农业为主的传统乡村国家,只有少数人生活在伦敦等一些比较大的城市中。但工业革命蓬勃发展后,工厂如雨后春笋般兴起,大量的劳动力从第一产业转移为第二产业和第三产业,人口迅速集聚形成城市,极大地推动了城市化的进程。同时,工业的发展、科技的进步,又促进了先进农业生产技术的广泛应用和农产品产量的大幅度提升,农业开始形成规模效应,大农场纷纷建立,农业迅速实现机械化和现代化,使得英国可以用较少的农业人口生产出更多的农产品,满足更多的城市人口生活需要,为城市化的顺利进行提供了坚实的物质基础。

第二,以发达的交通运输业保障城市化的扩张。交通运输是城市的血管,没有发达的交通运输业支撑,城市的生产品和消费品供应就难以为继,城市就失去了生命。英国在城市化进程中,建设了以运河、公路、铁路、空运等为纽带的四通八达的交通网络,极大地推动了城乡的经济联系,从而使这些交通枢纽地区快速发展成为集工业、商贸等一体的城市。

第三,发挥大城市的引领和带动作用。城市化不是遍地开花,而是根据条件和基础,有重点地建设一些大城市,发挥其辐射带动作用。英国以伦敦为首的 10 个大城市发展速度一直远远超过其他小城市,这些大城市在全国范围内引领、带动着周边地区经济的发展,产生了巨大的集聚效应,成为农村人口转移的主要目的地。

第四,依法保障劳动者的自由流动。城市化进程也是农村人口向城市转移的过程,其前提是劳动者能自由迁徙,根据城市化的进度和需要合法流动。英国在 1795 年就颁布《贫民迁移法》,同时取消《定居法》,以保证人口的自由流动,对促进城市化的顺利进行发挥重要的法律保障作用。

三、以巴西为代表的发展中国家城市化发展模式

巴西是拉美地区国土面积最大、人口最多、经济发展水平较高的发展中国家,其城市化进程一波三折,有成就也有失误,在拉美地区具有代表性,对发展中国家推进城市化有重要的借鉴意义。我们有必要通过分析巴西这种过度城市化国家的问题及原因,以避免犯同样的错误。巴西城市化进程具有如下特点,对我国具有诸多启示作用。

第一,城市化过于超前经济发展水平。从20世纪30年代开始,巴西工业进入快速发展轨道,特别是重工业和耐用消费品产业进展迅速,同时在工业化的带动下一些大中城市也快速发展。但由于城乡二元经济结构问题没有很好解决,导致城市化与经济发展水平明显脱节,同时国家也没有采取得力的宏观调控措施,使得在20世纪50年代到70年代的30年间,巴西的城市化水平从36.2%快速上升到67.6%,人均GDP仅增加了60%。而完成同样水平的城市化,发达国家则需要50年,人均GDP需要同时增加2.5倍。

第二,城市人口过于集中于少数特大城市。巴西的城市化进程不够均衡,在区域上主要集中于圣保罗州等东南沿海地区,这使得少数特大城市的就业、交通、住宅、供水等由于人口数量的迅猛增加严重不适应,引发巴西的各类社会问题,也是巴西后来社会动荡、经济下滑、进入所谓"拉美化"陷阱的重要原因。

四、国外城市化发展的经验借鉴

(一)城市化需与工业化同步发展

国外一些国家城市化的经验表明,只有同步城市化模式,才有可能实现工业化、农业现代化与城市化的协调发展与良性循环,避免或缓解、消除"城市病"。超前城市化模式和滞后城市化

模式不符合可持续发展的现实需求。

（二）务必重视农业的基础地位

农业为城市的发展提供基本的物质消费资料，没有农业为基础，城市化只能是畸形的病态发展，不仅难以持续，而且失去了根基，成为无源之水无本之木，也不可能良性发展。因此，过度城市化之所以不合理不科学，就在于在没有农业现代化、没有积累大量剩余农产品的情况下，大量农民涌向城市，导致农业的荒废和农产品产量的急剧下降，城市经济的发展缺少了最重要的物质基础，城市新增加的人口温饱问题突出，物资严重匮乏，在快速城市化进程中产生了严重的"城市病"。

（三）大中小城市必须协调发展

由实践表明，城市过大，过少，过于集中，容易产生"大城市病"；城市过多，过小，过于分散，就会影响集聚效应和规模效应，并且还造成土地资源的极大浪费，不利于农业发展。因此，大中小城市的结构、布局必须合理搭配，协调发展。

（四）坚持走市场力量决定、政府宏观调控的城市化道路

完全由市场调节，会引起农村人口无序涌入城市，导致城市的盲目发展甚至恶性膨胀。另外，在公共基础设施和非营利部门，也不能完全依靠市场的力量。这就要求必须发挥政府宏观调控的引导作用。

第三节　新型城镇化建设中的文明城镇建设

"文明城镇"称号对于提升城市品位、优化发展环境、扩大对外开放、增强城市软实力，特别是提升新型城镇化建设质量，促进

城镇化进程健康、可持续发展,具有十分重要的意义。因此,在新型城镇化建设进程中,应注重城镇的精神文明建设,着力提升城镇的文化内涵,建设富裕文明的新型城镇。

一、新型文明城镇建设的重要意义

（一）新型文明城镇建设是贯彻党的十八大报告、十九大报告的必然要求

十八大报告、十九大报告都发出建设"美丽中国"动员令,并对精神文明建设做出战略部署和全面规划,指出"要深入开展社会主义核心价值体系学习教育,用社会主义核心价值体系引领社会思潮、凝聚社会共识";"倡导富强、民主、文明、和谐,倡导自由、平等、公正、法治,倡导爱国、敬业、诚信、友善,积极培育和践行社会主义核心价值观";"整体提升公民道德素养","在改善民生和创新管理中加强社会建设"等明确要求。新型文明城镇建设,就是要不断提升城镇文明程度,优化城镇发展环境,核心是每一个城镇市民都要"做文明人、办文明事"。贯彻党的十八大报告、十九大报告精神,要求我们必须提高站位,深刻认识文明城镇建设只有起点、没有终点,努力促进各项工作上水平、上台阶。

（二）新型文明城镇建设是推广全国文明城市建设经验的迫切需要

当前来看,享有全国文明城市(区)荣誉称号的城市有五十多个市(区),很多城镇都建立了在全国叫得响的工作品牌。鞍山着力打造"唱讲学做创"活动品牌,郭明义的先进事迹在全国引起了巨大反响,全国人民都亲切地称他为"雷锋传人",与此同时一系列有影响力的工作品牌在全省乃至全国开展,如"农家书屋",这对强化舆论监督能力有很大作用。北京市西城区全面实施"经济强区、文化兴区、环境优区"战略,在新的起点上持续推进更高

水平文明城区建设。南京市推出"平民英雄""温暖外来人员"慢"功"出细"活"等许多做法,尤其是形成了向着生态南京迈进的创建特色,体现了新型城镇化的环保特色。苏州市积极举办全国文明城市苏州论坛,发表了《苏州宣言》。马鞍山市深度开发李白文化、三国文化、当涂民歌等文化品牌资源,充分发挥文化效应等。另外,大庆以惠民工程为载体,在文明城市创建中提升城市品质、提高百姓福祉;银川提出巩固深化创建成果要在系统性、长效性上下功夫;包头力求把全国文明城市测评体系的各项测评指标转化为常态工作目标,把全国文明城市测评方法转变为常态管理办法;广州推进文明城市建设的常态工作和迎"国检"工作的有机结合等宝贵经验,值得我们借鉴吸收,以促进新型文明城镇建设。

(三)新型文明城镇建设是促进城镇经济社会更好发展的重要保证

通过文明城镇建设,真正贯彻"以人为本"的新型城镇化建设核心要求,就要加快基础设施建设,完善城市服务功能;加强城市环境综合整治,提高人民生活质量;加强思想道德教育,提高市民文明素质;转变机关作风,提高办事效率;加快发展文化事业,提高城市品位;强化社会治安综合治理、实现社会政治稳定等,从而建设良好的政务环境、法治环境、市场环境、人文环境、生活环境和生态环境,促进经济社会的全面、协调、可持续发展,保证新型城镇化建设良性开展、全面进步。正如邓小平所指出的:"没有这种精神文明,没有共产主义思想,没有共产主义道德,怎么能建设社会主义?"一个地区的发展离不开人才,有了人才提供智力保障,才能推动发展。"精神文明建设作用的目标是人的精神世界的现代化,任务是促进人的素质的全面提高。社会主义精神文明的一大任务就是培养'四有'新人。"可见通过精神文明建设提高人的素质,同时不断践行科教兴国、人才强国、创新驱动的战略思想,培养大量人才,从而为新型城镇化建设提供强有力的智力支持与人才保障。

二、新型文明城镇建设的目标和重点任务

（一）新型文明城镇的建设目标

文明城镇建设目标，就是要突出重点、精准发力、注重细节、深度推进，不断改善人居环境，提高市民的文明素质和城镇文明程度，营造廉洁高效的政务环境、公正公平的法制环境、规范守信的市场环境、健康向上的人文环境、安居乐业的生活环境和可持续发展的生态环境，努力把城镇建设得更加优美、更加有序、更加和谐，促进城镇经济更加发展、政治更加安定、文化更加繁荣、社会更加和谐、民生更加殷实、风尚更加良好，努力打造文明传承创新区，努力把城镇建设成区域文化中心和精神文明高地。

（二）新型文明城镇建设的重点任务

1. 解决新型文明城镇建设氛围不浓的问题

当前新型文明城镇建设氛围不够浓厚。宣传力度需进一步加强。存在的主要问题是：个别新闻媒体的文明城镇建设专题专栏时断时续，基本没有在主要版面、黄金时段刊播大篇幅、有深度的重量级报道，宣传密度、力度不够；主要公共场所、市区主干道、出入市口以建设新型文明城镇为主题的大型公益广告档次不高，广告数量较少；广场、车站、机场等公共场所建设新型文明城镇的主题公益广告少，商业广告多、乱、杂，有些地方用字不规范，制作品位低，影响了城镇形象；街道办事处和社区精神文明创建专栏内容更新慢、频率低、形式不够多样化、影响不够广泛；城镇网通、移动、联通利用手机短信形式宣传建设新型文明城镇工作力度还不够、形式不活、氛围不浓；市民对建设新型文明城镇的知晓率不够高，宣传发动还需要加大力度，城镇所有单位、全体市

民参与文明城镇的积极性还需要进一步调动。这些都需要党和政府在新型文明城镇建设过程中高度重视，并着力加以解决。

2. 加强突出问题治理

当前新型文明城镇建设中还存在一些突出问题，影响城镇的文明形象。比如，个别地方垃圾乱堆乱放、"五小"反弹，卫生状况滑坡严重；少数都市村庄、背街小巷、集贸市场以及无主管企业杂居院社区人居住环境投入和整治力度不够，市民投诉较多；交通秩序不够规范，行人、非机动车乱闯红灯、乱穿马路、违法停车、乱停乱放等不文明交通行为仍然十分突出。因此在解决交通拥堵、道路破损、道路占用、市容市貌等问题方面亟待突破，在食品行业、窗口行业、公共场所等重点领域需加大常态化检查惩处力度。

3. 要着力提高公民思想道德素质

城镇的文明程度，归根到底取决于市民的文明素质。就一些文明城镇目前的建设情况来看，随地吐痰，乱扔果皮纸屑，乱倒垃圾，乱摆乱放，私自摆摊设点，光膀子喝酒、打架斗殴、小偷小摸、坑蒙拐骗等现象时有发生，不同程度地影响了城镇的形象，而市民文明素质的提高是一个长期的过程。另外，根据问卷调查显示，"市民对政府诚信的满意度""行业风气满意度""群众对反腐倡廉工作的满意度"等指标达标情况不够稳定，体现出各级党政机关、执法部门及窗口行业的办事效率、服务水平有待进一步提高。

4. 扩大文明城镇建设投入

新型文明城镇建设中面临的一些突出问题，不论是解决交通拥堵、城市绿地建设、市容市貌整治等，还是改善居民的住房、教育、就业、养老等民生问题，都需要足够的公共建设投入，需要坚实的财力做保障。特别是地铁、城市快速路、地下管网、市容绿化等基础设施，投入大、见效慢、周期长，更需要决策者和市民达成共识，宁可在其他方面日子过紧一些，也要在这方面加大投入，补基础设施的欠账,补民生事业投入的不足。这都需要付出高昂的成本,需要大量的财政投入,而当前投入仍然不足严重制约了一些地方的文明城镇建设。另外文明城镇建设中各项经费开支缺乏长效机制,往往突击建设时经费比较能保证,而大量的日常文明城镇建设经费缺乏统筹规划和总体设计,经费投入随意性较大,科学性、严谨性、可持续性欠缺。

5. 坚持责权利统一提高公共服务水平

在文明城镇建设工作中,人、财、物的调配权主要集中在上级部门,而责任主要集中在下级特别是基层一线部门,这就导致了一定程度上的责权利不均衡。同时文明城镇建设的目的是利民惠民,本身要求政府从管理型政府转变为服务型政府。但囿于种种原因,在文明城镇建设中往往是进一步强化了政府的城市管理角色,加大了对市民的治理力度,在给市民生活带来很多不便的同时也引发很多新的矛盾和冲突,造成许多新的不和谐因素,比如城管在文明城镇管理中和商贩的冲突等,就是其中的典型代表。如何转变管理理念,促进城市管理者换位思考,变"堵"式管理为"疏"式管理,变严打高压式管理为温情脉脉的服务型管理,达到管理者和被管理者和谐共生、互相体谅、互相支持的理想状态,依然是文明城镇建设中任重道远需要解决的问题。

6. 建立长效机制,健全领导体制、奖惩机制、网格化管理机制等,巩固提升文明城镇建设成果

当前一些地方在文明城镇建设工作中,还存在"大呼隆""一阵风"现象,突击性、突发性工作比较多,工作依然存在紧一阵、松一阵现象,应付上级检查评比现象,还没有形成健全的长效机制。监督检查偶发性、临时性较多,常态化、规范化监督不足。巩固提升文明城镇建设成果的工作机制尚未形成体系,需要在常态化、长效化上下大力气。如何经常抓、长期抓,把文明城镇建设各项指标体系分解部署,深度融入各项建设和管理事业中,融入城镇广泛开展的网格化管理中去,做到经济发展和精神文明两手

抓、两不误,依然是我们需要下大力气加强和完善的重要环节。

三、新型文明城镇建设的对策建议

（一）立足一个出发点:"教民惠民、持续求进"

建设文明城镇,核心是"以人为本",落脚点是人民,是通过人民群众素质的提高把城镇建设得更加美好,最终使全体市民受益,达到共建共享的目标。

1.加强公民道德建设,提升市民的文明素质

加强公民道德建设,要以全面加强教育为先,同时促进学校教育、家庭教育、社会教育以及其他方面教育之间的协调,从而形成一个完备的教育体系,发挥他们各自的职能作用,才能真正地实现公民道德的提高。要突出加强社会教育,着力培养文明市民,提升文明城镇水平。加大"讲文明、树新风"公益广告宣传力度;持续在社区、机关、学校、企业等基层单位开展爱国歌曲大家唱活动;深入开展学雷锋志愿服务,在学校开展学雷锋主题班日、主题队日、主题团日等实践活动,在社区开展"学雷锋,献爱心"活动,企业开展"岗位学雷锋,争做好员工"活动等方式进行宣传。着力培养提高青少年文明水平,把道德教育融入幼儿园、中小学教育全过程:一是中小学广泛开展"道德讲堂"活动;二是弘扬雷锋精神,开展志愿服务活动;三是大力推进"我们的节日"主题教育活动;四是大力推进资源节约活动,积极倡导勤俭节约之风;五是统筹相关部门综合整治对青少年成长不利的社会环境,加强网吧、歌厅等娱乐场所管理,严禁青少年进入不良场所。

2.加大民生事业投入,提升市民的幸福指数

"仓廪实而知礼节"。市民民生保障程度越高,幸福指数也就相应提高,公民就有条件更加注重礼仪道德修养,更加重视营造文明美好的人居环境和社会秩序。要在经济不断发展,政府财力

不断增强的基础上,不断加大民生事业投入,巩固提升教育公平、养老保障、全民医保等工作,加大城中村、棚户区改造和公租房建设力度等,提高公共文化体育设施建设水平等。另外城市绿化、环境整治、社区居民环境的整洁、城市交通的畅通都是衡量城镇文明程度的重要指标。政府相关部门对此必须采取有力措施,秉行"尽力而为,量力而行"的准则,将保障和改善民生作为城镇文明建设的主线,并且通过创办和实施一系列项目来改善老百姓的生活质量,将城镇建设成为富强、文明、和谐、美丽的新型现代化城镇。

第一,在教育方面,要进一步加大教育事业投入,提高教师收入待遇;切实解决好"入园难""入园贵"和"入学难""入学贵"的问题;首先要保障学生的教育公平,优化资助贫困学生的运行机制;其次要优化城乡之间的教育资源配置,统筹各方面资源体系,合理调配教师,使得公办学校的班级和教师都实现标准化配置;最后加大优质资源的覆盖范围,利用信息化的优势,稳步缩小区域、城乡以及学校之间的差距。

第二,在养老方面,要健全和完善覆盖城乡居民的社会养老保险体系,随着经济的向前发展、财政收入的增加、物价在合理范围内波动等诸多因素的影响,有望实现养老金在合理范围内稳定增长,同时做好搞好顶层设计,从根本上解决"双轨制"矛盾,以及由此形成的养老金"待遇差"问题。要加快建立社会养老服务体系和发展老年服务产业,重点发展居家养老服务,着力发展社区养老服务,统筹发展机构养老服务,保障人人老有所养、老有所依。

第三,在医保方面,改革支付方式,健全全民医保体系,加快健全重特大疾病医疗保险和救助制度。提高城镇基本医疗报销水平,切实减轻参保人员医疗负担。提高农村医疗保障,不断提高新农合医保补助标准。一些省市级重点医院可以定期开展对乡村卫生室的帮扶活动,重点医院可以利用自身的技术、教学、人才优势,对乡村医生进行职业培训,更新他们的医学知识和技能,提高乡村医生的技术水平和医疗服务水平,让农民享受高质量的医疗服务。

第四,要进一步依法依规加快城中村改造。根据新型城镇化建设的统一部署,进一步加快城中村、合村并城改造步伐,各市区范围内、各开发区范围内、开发区周边3公里范围内以及目前县城规划区范围内、新组团起步区范围内、市级以上产业集聚区范围内的村,除特色村予以保留外,其余城中村、合村并城等都要在规定时间内全部启动改造。"城中村"改造是个系统工程,事关村民、租房者、开发商等多方的利益,必须坚持政府主导、市场运作、群众自愿、区级负责、因地制宜、一村一案,条件成熟一个,审批改造一个的原则,依法、健康、有序地进行,通过城中村改造,把原农民聚居村落变成现代化城市社区,早日改善群众居住环境和城市面貌,提升城市形象。

第五,要下大力气实施"居者有其屋"工程。住房是广大工薪阶层和亿万农民工在城镇安身立命、安居乐业的根本和基础,住房问题决定当今中国的人心向背。特别是在谈到房地产时,房价一直处于高高在上的情况下,许多人拿出几辈人积攒下来的积蓄,都没办法买到一套房子,甚至有的人倾其所有都无法买到一套哪怕仅仅只够容身的住房。因此,对于城市生活的工薪阶层、进城打工的农民以及80后、90后这些人来说,住房成为他们依靠自己的力量几乎都已经无法解决的关键问题。中国的住房建设道路,总的方向就是以政府为主提供基本保障、以市场为主满足多层次需求的住房供应体系。当前要重点加大棚户区改造和公租房建设力度,试点开征房产税。要坚持以需定供、优化品种、并轨管理、分级补贴的原则,完善政策体系,科学编制规划,强化目标责任,加强建设管理,强力推进以公租房为主的保障房建设,千方百计加快住房保障全覆盖。

第六,要进一步加大公共文化体育设施建设力度,为老百姓提供更多更好、更优质的公共文化服务。从地方实际出发,传承特色文化,加大投入,建设新型的城镇群艺馆、图书馆、美术馆、博物馆等,让公共文化基础设施遍及城乡,让公共文化活动来到市民身边,让每一个人都能享受到均等的文化服务。

（二）把握两个重点：提高全民参与度与加强社会管理

1. 大力提高市民文明城镇建设参与度

要整合宣传资源,建立宣传教育中心,充分发挥媒介的作用,利用手机短信、移动电视等新兴传播手段,调动公益广告、宣传橱窗等多种载体,积极争取记者、作家等社会力量参与到文明城镇建设的宣传报道工作中来。

第一,加大公益广告建设力度。制定文明城镇公益广告覆盖标准,结合拆迁和旧城改造等工程,因地制宜加大公益广告牌的建设力度。可以在城镇的出入口、主干道节点等人多影响大的位置多设置一些大型、巨型而又美观的永久性公益广告牌,建设、市政园林等部门可以对这类广告牌的开设简化审批程序,城管执法部门可以对公益广告牌加大保护力度。建设公益广告牌的资金来源可以社会化,出资兴建公益广告牌的投资主体可以享有广告牌四分之一到三分之一的商业广告发布权。

第二,开展全民环境保护活动,凝心聚力建设美丽城镇。目前一些城镇的主要街道两旁随手丢的垃圾较多,对市容市貌影响很坏。垃圾乱扔,不是只有环保部门才能管,每一个社会公众都有保护环境的责任。目前一些城镇公众的环境参与意识呈明显的"依赖政府型",公众对自身及其他社会组织应该做的环保工作缺乏清晰认识。要消除这种现象就必须充分调动公众的参与度,让更多的人参与环保。建议为了更好地促进文明城镇建设,政府需要设立文明城镇建设热线电话,这样当市民看到一些不利于文明城镇建设的情况时,例如,环境卫生不干净、城市里的公共设施被人破坏、一些不文明行为或者窗口行业服务不规范等问题,随时都可以拨打热线电话进行举报。鼓励全民参与并自发成立民间环境保护组织和志愿者组织,在法律许可范围内,通过有组织的环保公益活动,引导全民参与进行环保活动。

第三,大力开展文明城镇建设进家庭活动,有效扩大群众的知晓率和参与度。组织动员广大市民"人人参与、家家行动",努力"从我做起、从现在做起",积极提升文明素质,为文明城镇建设作出积极贡献。

第四,市民文明培训进社区,充分发挥区、街道、社居委的作用,通过社居委,一抓市民文明规范养成培育;二抓载体活动,如抓文明小区、文明道路创建,积极引导市民自觉不自觉投身到文明城镇建设活动中去;三抓文明城镇建设典型,发挥先进典型的带动力量,带动整体文明水平的提升。

第五,建立完整的全民参与、鼓励机制,使人们不仅从自身做起、从一点一滴的小事做起,而且要带动周围的群众,为社会道德的提高献出自己的一分绵薄力量。同时调动广大人民的积极性,使他们自愿投身到学雷锋,树新风,做好事等志愿服务中来,此外,大力开展一些志愿服务活动,比如,扶持老人,帮助残疾人,照顾小孩等,替国家出一分力。

2. 健全市民文明素质提升的硬性制度保障

市民文明素质的提升离不开制度的刚性约束作用。目前在社会上经常会有一些失德现象的发生,例如,现在信用风险变得越来越大,主要是由于其相关的诚信体系建设不完善,让失信者有机可乘。除此之外,失德现象的频繁出现,其根本原因是我国相关法律法规的缺失,造成了无法对这些失德行为进行警戒和惩治的严重后果,以至于在一定程度上纵容了这些失德现象的发生。因此提升市民的文明素质必须要有制度的刚性约束。

第一,健全法律法规构筑道德保障体系。为了弘扬社会正气,并为激浊扬清创造良好的法治环境,需要特别完善相关的法律法规。除此之外,为了增强大家向上向善的动力,还应制定相关的奖励和保护见义勇为行为的法规条例,甚至还可以采用经济、行政等手段来引导大家,逐步形成引导与约束、自律与他律相结合的道德保障机制。

第二,增强全民诚信体制建设。经全国人大批准,我国将建立以组织机构代码和公民身份证号为基础的社会信用代码制度。因此治理失信行为的最有效的措施是在全社会建立一套比较完整的诚信体制。2013 年 3 月 15 日,我国的《征信业管理条例》开始实施,标志我国征信市场进入规范发展阶段。因此应加快完善我国的征信系统使其覆盖全社会,形成一个较为完善的惩戒防范机制。此外还应健全个人和单位的信用档案,完善"黑名单"制度,以此搭建一个统一的信用记录平台。

第三,建立惩戒机制。古人云:"严刑重典者成,弛法宽刑者败"。要想把国家道德失去规范性治理好,决不可以只靠道德的教育和舆论界给予的谴责,最主要的还是国家要制定相关的法律法规,实施相关的措施,对于那些失去道德和败坏道德的人给予相应的惩罚,对于那些违反法律的人实施必要的打击。对于公共场合的不雅行为给予严重的惩罚,是世界上大多数国家普遍采取的做法。国际上有很多例子,在中国的香港特别行政区,随地吐痰将会受到 600 港元的罚款单;在英国的首都,如果车内人员向车外随意扔东西,车主就会得到 100 英镑的罚单,如果因为随意扔杂物进了法庭,就会处以 2 500 英镑的罚款。在新加坡,国家对不文明行为更加严厉,一个最好的例子就是,1993 年一个美国人在新加坡搞恶作剧,向汽车喷漆,当地政府及法院对他实施了鞭刑。

第四,加强各项具体管理制度的构建,把集中治理做到规范化、常态化。把重点放到集中整治公共秩序上来,加强管理制度建设,主要包括公园广场、机场车站、旅游景区、体育场馆等的场合,依法依规防范和惩处不文明行为。整治窗口行业是这次的重点,行业规范一定要严格,纪律要求必须严明,杜绝靠人情、托关系才能办事的不好现象,避免"门难进、脸难看、话难听、事难办"的社会现象再次出现,扭转"吃拿卡要"等不良风气,把暗访和集中曝光制度建立起来,把良好的政风行风树立起来。

（三）着力两个难点：保障弱势群体和转变政府职能

一个城市的文明水平，不仅体现在一些重点、亮点和闪光点上，更要看城市的角落和边缘地带，看城市的穷人和底层阶层的生活状况和文明程度。城府要切实转变职能，眼光向下，关心关注关爱弱势群体民生保障，着力提高底层群众文明水平，才能为全民提升文明程度打好基础、提供前提、创造条件。

1. 解决好城镇弱势群体的民生保障

第一，党委政府要更多关注城镇弱势群体，努力使他们享有学有所教、劳有所得、病有所医、老有所养、住有所居的基本需求。公共财政要向弱势群体民生倾斜，通过提供公共产品和服务满足弱势群体的公共需求。加速弱势群体民生保障体系的构建，把公共服务体系做到公平公正、惠及全民、水平适度、可持续发展的程度，真正使全民共享改革和经济发展的成果，推动城镇向更高文明程度迈进。

第二，尽快将农民工纳入城镇救助范围。对在城镇里已经有了相对稳定的工作和居住地的农民工可以直接加入到该地的城镇救助范围，对那些没有稳定下来的农民工国家则应指定统一的救助标准并建立救助基金。尽快建立城乡一体的社会救助体系，以扫除社会救助的盲区。

第三，实施就业援助，建立"流动机制"。对弱势群体的救助应考虑如何帮助弱势群体就业。一是提高其劳动技能。可让有工作能力的弱势群体在开办的免费培训班中学会一技之长。二是对那些没有正常工作能力的弱势群体中的弱势群体，可根据条件因人设岗。如开办福利工厂帮助就业。三是鼓励那些有创业欲望的弱势群体，通过减免税收简化手续等一系列措施帮助这些人创业，或者在有条件的地方设立小额创业基金提供免费贷款服务。

2. 加快转变政府行政管理职能

加快城镇的现代化步伐，建设更高程度的城镇文明，要求我们必须采取切实有力的措施,加快实现政府职能转变。要提升群众的满意度,关键在于提升政府形象。要以打造为民务实清廉为目标,强化政府在城市发展过程中的宏观调控、社会保障和公共服务职能。加强政府的民主化建设,提高广大市民参与城镇建设的积极性,拓宽市民参与文明城镇建设的途径。转变政府职能,放宽市场准入,凡是那些适合社会组织和企业提供的产品和服务应有计划地转为社会和市场运作,通过项目管理、公开采购等方式提高效能。

（四）选准文明城镇建设的突破点

1.建立健全文明城镇建设指标体系

完善的指标体系是评价和考核文明城镇建设的重要标准,确保文明城镇建设工作的整体推进,就应构建完善的指标体系,为建设文明城镇提供科学的衡量标准。建立健全指标体系,可为具体的工作提供相应的指标、标准,能够更好地衡量建设文明城镇工作过程中各项工作完成的程度,同时可以有力监督各项工作顺利有效地完成,为巩固提升文明城镇的建设能够得到有力的保障。据《全国城市文明程度指数测评体系》,可将文明城镇建设指标体系的构建工作具体化,例如:重点工作材料审核、实地考察现场、问卷调查、未成年人思想道德建设工作等部分,并对其进行细化,将每部分都具体到点,使整个指标体系能够覆盖到构建文明城镇建设的方方面面。只有拥有完善的指标体系才能使文明城镇建设工作顺利并有序的进展下去。

2.突出"三个注重"

当前,一些地方开展文明城镇建设成效显著,但对照《公民道德建设实施纲要》《全国城市文明程度指数测评体系》《全国未成年人思想道德建设测评体系》等各测评体系标准,有很多不合标准的项目。文明城镇建设应对整体工作注重查摆,不达标项目坚决整改;对达标但标准不高项目要注重提升;对易反弹问题要注重治理。要抓好学习培训、责任分解、宣传发动、督促检查；开展好"讲文明树新风"文明道德公益广告的宣传、学习雷锋精神和参与志愿服务、道德模范的评选以及有助于形成学习道德模范、崇尚道德模范、争当道德模范的社会风范的活动；要注重抓好落实各个测评体系与文明城镇建设指数测评体系的有机结合。

3. 改善社区人居环境

市容市貌是城镇的形象，直接影响文明城镇建设的基本标准。环境卫生是文明城镇建设和城镇整治过程中最为顽固和最易反弹的问题，因此坚持做好城镇环境卫生显得任重而道远，这就更要求我们循序渐进，层层推进，在原有的基础上更近一步，开展大规模城镇无缝隙绿化、市容卫生环境整治，改善市容市貌环境。加强城市绿化工作，完成城区主要景观绿化工程，依托城镇道路建设生态廊道，提高建成区绿化覆盖率、绿地率及城市人均公园绿地面积。要加大人行道、绿化带公共服务设施的管理，确保完好整洁美观。改善社区人居环境，提升公共绿地及小区庭院绿化的管理和养护水平，确保公共绿地内的花草树木生长良好，卫生干净整洁。

4. 着力解决城镇交通拥堵问题

交通拥堵是文明城镇建设中的突出问题，是提高城镇文明水平的重难点，同时也是我们在城镇文明建设中最薄弱的环节，更是广大市民心之所系的问题。交通拥堵问题能否很好的解决直接关系到城镇文明水平的进程，关系到城镇的形象，关系到整体环境治理的进程，关系到人民群众的幸福生活，关系一个城镇的功能效率，体现出城镇竞争力的高低。对这一突出问题，各部门要重视、要不遗余力的进行整改，在提高运输和通行的效率、道路和交通设施的效率、合理规划和建设的效率上下功夫。要分清主次矛盾，分清轻重缓急，采用科学有效的手段，及早动工，从解决最突出、最关键的矛盾、最大的瓶颈开始，通过政府和市场两大主力加大投资，集中精力和财力做最重要的、最关键、最有效的事情,从而使交通拥堵的问题得到一定程度的改善,使市民的生活得到应有的提高。具体应做到:规范车辆管理,对进出城镇的各类运营车辆加强管理,做到各类客运车车容整洁、遵守交通规则;要加强机动车辆停放管理,科学划定停车区域,从严查处机动车辆乱停乱放、随意调头等行为;完善道路标志标牌,要做到各类交通设施、道路标志标线规范醒目,交通警示牌无破损倾斜,确保交通秩序井然有序;交警部门要合理设置路口红绿灯的通行时间,避免形成车辆拥堵。

四、构建新型文明城镇建设的长效机制

建设新型文明城镇,关键在长效,核心在机制。要在狠抓文明城镇建设常态管理同时,探索完善长效机制,确保文明城镇建设工作常态化、具体化,推动精神文明创建工作步入科学化、制度化的发展轨道。

(一)建立统一指挥、整体推进的组织领导体制

文明城镇的建设需要上下联动、各方协同,加强党对关键部门关键位置的干部的培养、任用和监管的工作,"党委政府统一领导,文明委组织协调,党政部门各负其责,人大、政协视察监督指导,群众组织密切配合",并纳入网格化管理目标的文明城镇建设长效机制。

1. 党委政府统一领导

要强化党对重要部门的干部的培养、任用和监管的组织领导,把《全国文明城市测评体系》的内容、文明城镇建设的目标任务纳入到城镇经济社会发展总体布局中,与各地、各部门经济社会发展目标和工作职责进行衔接,同步布置、同步落实、同步推进。要充分发挥党总揽全局、协调各方的领导核心作用,着力提高政府执行力,形成党委政府齐抓共管局面。建议设立党委政府主要领导担任组长的新型文明城镇建设领导小组,负责新型文明

城镇的总体设计、统筹协调、整体推进、督促落实。严格落实层级责任制度、"一把手"责任制度、督查问责制度等,以坚强的组织和制度保障,确保完成新型文明城镇建设的各项任务。

2. 文明委组织协调

文明委要在党委政府的统一领导下,组织和协调各相关部门,根据《全国文明城市测评体系》,制订《文明城镇建设责任分解书》,切实推进各项任务的完成。对涉及多个部门和单位的文明城镇建设工作,文明委要积极主动、认真负责,搞好组织协调,相关单位要不等不靠、积极配合,自觉抓好落实。着力推进各成员单位的工作智能,坚持协调牵头部门与职能部门,促进重点工作与长效建设共发展,结合常态性督查与阶段性考评,注重推进文明建设各项工作。

3. 人大、政协视察监督指导

要对人大代表和政协委员的作用重视起来,每年要向人大代表、政协委员通报文明城镇建设工作情况,人大代表和政协委员通过巡视纠察、建言献策,增进提升文明城镇建设各项工作的水平。对于他们提交的涉及文明城镇建设工作的议案、提案,要在最快的时间完成,使得人大代表、政协委员的满意率得以提升。要不断创新监督工作的方式方法,人大代表、政协代表通过参加定期举办新型文明城镇建设工作交流会、现场会,针对建设过程中出现的问题及时通报并且调整限期;同时通过组织人大、政协组织实地视察、督查、点评等形式,整体推动文明城镇建设工作深入开展。

4. 群众组织密切配合

倡导社会组织联动机制,重视服务群众,同时要动员全民参与进来,把"共有资源、共创文明、共享成果、共建家园"作为核心,深入开展新型文明城镇建设工作,推动其更快的发展。在各个行业、部门单位,大到机关事业单位、学校以及医院等,小到各乡镇事业单位,甚至在街道办事处,采取定期举办座谈会、悬挂宣传标语、启用宣传车、制作专栏板报等各种可促进文明建设工作发展的形式,将"八荣八耻"、《"三管九不"市民行为规范》《公民道德建设实施纲要》以及《市民公约》进行更大范围的宣传,使"讲文明、讲卫生、讲科学、讲公德"的理念深入民心,同时加强群众的责任意识和主人翁意识。地方和驻区部队紧密联合,共同进行市容市貌整治、道路绿化亮化、义务植树、扶危济困等活动。各群众团体,如共青团、工会、妇联等,利用自身与群众联系紧密的优势,组织更多别具一格、引人入目、各式各样的文明建设活动,吸引更多的群众参与进来,扩大群众的参与率。

5.纳入网络化管理目标

积极探索在中心城区社区和城郊村镇开展文明网格化管理工作,建立网格化文明管理分工负责制,构筑文明城镇建设工作网络,努力将社区居民和基层群众的力量凝聚起来,把社区和村镇党员、骨干的作用发挥出来,把文明城镇建设工作渗透到社区和基层工作的各个方面,形成文明城镇建设工作新格局。将网格管理工作纳入创先争优活动和文明城镇建设考核体系,纳入街道社区和党员干部年度绩效考核,督促指导网格管理人员采取上门走访、电话联系、蹲点联系等方式,开展经常性联系服务活动,全面了解情况,准确掌握群众诉求。

（二）建立常态化网络宣传教育机制

1.组建网上文明宣传教育队伍

组建一支网上文明宣传教育队伍,他们要具有较高的素质、道德素养、文字表达能力、一定的网络技术水平和较高的政治觉悟。从人员组成上看,可由文明志愿者、教师、行政工作人员、人民调解员、社工、社区民警、居（村）委干部等构成;从组织构架上看,要确立自上而下的组织网络,按照实际情况区分虚拟责任区;从工作职责上来看,主要是按期对虚拟责任区的各大论坛、微博进行监管,对网上可以直接回答的道德问题进行处理,对敏感问题、重点事件和可能引发后果的言论及时的汇总汇报。

2. 建立网上文明宣传教育平台

要有充足的准备来考察本地区的网络实际情况,如微博、博客及其他一些网上交流平台的实际情况,弄清楚网络信息底数。通过与互联网服务提供商、论坛提供单位等商议,适时在网上开通"网上道德文明咨询""网上调解"等功能,先进行局部试点,摸索探究出好的方法和机制,待成熟后再推广。另外,还应当与电信服务商、移动、联通等无线通信网络服务提供商进行协商,逐渐创办在无线通信网络领域开展文明宣传教育的平台,如在手机新闻播报中加入文明宣传的内容,在某些特殊时期,针对特殊人群通过发手机短信的方式来宣传文明教育,用手机短信的这种方式对公众的道德需求进行调研等。在与相关服务提供商协商的同时,应当摸索出一条可以长期发展的道路,找出公益与效益相结合的双赢模式。

3. 降低成本整合资源寻求共赢

充分地利用网上资源进行宣传,从而建立一个完整的网上文明宣传框架。随着网络城镇和网络商务的迅猛发展,人们的生活、消费越来越多的在网络上进行,智能手机的网络沟通已成为市民必不可少的交流方式,网络占据人们的生活时间日益增多,对人们的价值观念和文明习惯起着巨大的潜移默化的影响,因此要充分重视网络阵地,整合网络资源,在发挥网络方便快捷的交易沟通作用同时,加强网络的文明道德建设。从全国互联网发展来看,微博、博客、微信、易信、网上通信、网上商业交易等简便快捷,网络越来越成为人们沟通的一个不可或缺的渠道,因此网络必将成为一个消息的集散地,成为人们传播获取消息的纽带。而网络传播的消息真真假假,有好有坏,有积极肯的意见建议,也有坑蒙拐骗的"钓鱼网站",推动网络建设,维护网络健康发展,势在必行。构建文明城镇,网络需先行。

4.构建网络舆情危机处置机制

建立一套自上而下的网上舆情危机处置联动机制,划分好各单位成员的职责跟分工,并且由各级文宣办按照各地的具体情况,开展具有针对性网上文明宣传教育工作。在工作中,如遇网民在网上埋怨、诉苦、对政策有所质疑等情况,由各虚拟责任区文明道德工作者进行网上沟通解决和文明宣传。

（三）构建主要领导直接负责的经费投入和人事配备体制

文明城镇建设长效机制的健全是涉及整个城镇政治、经济、文化和社会各个方面的社会系统工程,必须在精神上坚守、行动上坚持、措施上坚决,形成"领导直接管、经费很充足、人员能保证、事事能落实"的人力物力保障长效机制。

1.着力构建长效综合管理机制

建立领导责任机制要求采取"省市联动、市区同创、军民共建、条块结合、领导分包、全民参与"的办法,充分发挥市文明委、市管理委员会和城区领导小组之间相互协调配合,完成城市体制改革,将"事权一致,分级负责"作为原则,使城市管理体系得到进一步的完善,从而形成"协调一致,分工明确"的管理体系。建立领导班子成员分工负责制度,做到事事有人管,人人有专责,并要切实履行自己的职责,独立开展工作,又要密切配合,关心全局工作,积极参与领导,做到分工不分家,创造团结协作的人际关系和良好的工作环境。

2.着力构建长效综合财政机制

要对文明城镇建设的财政健全完善文明城镇建设的财政机制,为了使常态化文明城镇建设的顺利进行,需要加大经费的投入,使重要项目及活动的经费得以保证。把精神文明建设划分到社会发展的总体规划中来,把专项和日常工作经费都归为财政预算。财政投入要将社会事业、城市管理和基层社区作为重点。将

《全国文明城市测评体系》作为标准,将新闻媒体和城市户外广告资源按照一定的比例投入到关于常态化文明建设的宣传。最后,还需要把精神文明建设的各项表彰奖励制度继续执行下去。

3.着力构建长效综合人力机制

建设文明城镇,必须有充足的人员保障,保证各项工作有人抓、有人管,防止过去"说起来重要、做起来没人"问题的发生。因此要强化工作人员保障,逐步完善和强化市、区两级精神文明建设的专职队伍力量,打造一支具有政治很强、业务精良、纪律严格、作风纯正的精神文明建设队伍。

4.着力构建长效综合实践机制

构建文明城镇的目标十分明确,任务已经分解到位,关键在狠抓落实。当前要对照标准全面排查,巩固成绩,补缺补漏,狠抓贯彻执行。一定要在某个具体的环节上拿出实招、办实事、务实效,把工作的重点放到解决薄弱环节、突出问题这两个方面上,尤其要针对自身不足采取改进措施。要一切从实际出发,理论联系实际,不夸大,不缩小,脚踏实地,做好各项工作。

(四)建立责、权、利统一的绩效评价体制

将文明城镇建设的工作情况当作评价各级领导组织和领导干部业绩的一项重要指标,监察部门要把它并入考核部门单位效能建设的评价体系,实现"责任主体清晰化""目标考核具体化""监督检查常规化"。

1.创建"有权必有责、有责必有利、无责必去权"的分工负责长效机制

依照权责统一、建管并重的理念,寻找建立和城市发展相适应的长期有效的管理运行机制,综合利用法律政策、文教传媒,等等手段,攻克难点、提高效能。合并和理清市、区各部门间的关系,为长期有效的管理提供人力、物力、财力的支撑,形成一种"统一

规划、归地管理、分级负责、市场运作"的工作格局。要增强城市的管理,达到使城市管理权力能够真正的下移,让城乡两区包括其街道、社区承担应有的责任、义务,还有必要的行政执法权和处罚权(即可以采取交托授权的方式),并且把政府、资金、人力发放给基层,做到责任,权力及利益相互统一、效率和效益相互一致。

2. 要建立人民群众的评价监督反馈机制

紧紧依靠人民群众作为强大的监督者,规范专兼职人员的执法行为,专兼职人员责权利统一的绩效评价也有据可查。意见反馈评价机构的负责人由各地组织部领导兼任,由纪检系统辅助,保证评价机构的工作顺利进行。

3. 要提高专兼职人员队伍责权利的平衡和协调

要制定严格的专兼职工作人员的编制统计系统,明确其工作内容以及注意事情。明确专兼职人员责权利的各种类型,责任、权力、利益维持一种平衡的关系,不能有明显的差别,承担一定的责任就要给予其相应的权力与利益,这样才能约束其行为的同时又激发其工作积极性。

（五）完善干部带头和全民参与的奖惩体制

加强新型文明城镇建设,需要全体市民人人负责、人人参与,心往一处想、劲往一处使,强化"纵向到底、横向到边"的"责任环""相互衔接、相互监督"的"约束链",形成"一级带着一级干,一级做给一级看"的良性循环,使文明城镇建设真正做到领导负责、上下同心、严格规范、有序推进,形成"干部带头、全民动手、同舟共济、共建共享"的齐抓共管长效机制。

1. 干部带头

创建和完善各项工作机制,促进领导干部以身作则,深入群众,深入基层社区,带头宣传推动,让市民关注知晓此事,同时了解基层存在的问题和听取基层的意见建议,结合工作实际,因地制宜地设计载体和抓手,制定与本地区本部门相适应的文明城镇建设实施方案,制定完备的奖惩政策,确保各项工作任务得到贯彻落实。实行文明城镇建设督查周报制度,严格对照《全国文明城市测评体系》和《全国未成年人思想道德建设工作测评体系》进行反复地检查,对于那些未加整改事项、反复事项,以督查专报、文明城镇建设督查通知书等形式向上级党委、政府报告。

2. 全民参与

以"让群众参与、使群众得益、受群众监督"为要求,积极探索广大人民群众参与文明城镇建设的新途径、新办法。基层社区组织应积极组织社区活动,主动处理社区居民之间的矛盾,构建和谐社区。充分发挥在校师生人员集中的特点,加强宣传教育,让大中小学生成为宣传文明城镇建设的生力军,从而带动市民家庭对文明城镇建设的了解,主动加入到弘扬文明行为的行列中来。城镇的各种社会组织、社会团体,尤其是新闻媒体,应当积极宣传,大力引导,让真善美得到弘扬,让假丑恶得到惩处,使得文明新风弥漫各个城镇。

总的来看,文明城镇建设不仅是一项社会系统工程,同时也是一项需要长期进行的工作任务。只有着力于把文明城镇建设的各项测评指标转化为各级党委、政府的日常工作重点,进一步提升文明城镇建设水平,在更高水平上深入推进文明,才能构建具有时代特征、地域特点的社会发展特色和文明优势。城镇建设工作,使文明城镇这个新型城镇化的靓丽名片更加璀璨夺目。

第四节　新型城镇化建设中的特色小镇建设

探索新常态下的新型城镇化道路,对于适应经济新常态,大力实施"三大发展战略"、实现"两个跨越",具有重大现实意义和深远历史意义。特色小镇作为新型城镇化建设的重点之一,对解决城镇化进程中出现的"产城不融合、空间分布不合理、市民化进程滞后"等问题具有重要作用。

一、特色小镇的内涵和主要特征

"特色小镇"概念最早由浙江省政府提出,旨在搭建新型产业发展平台,培育特色小镇,促进新型城镇化建设和产业发展。2015年1月21日浙江"两会"上,时任浙江省省长李强提出:"加快规划建设一批产业、文化和旅游功能叠加的特色小镇,以新理念、新机制、新载体推进产业集聚、产业创新和产业升级。"2015年6月,浙江省公布37个首批省级特色小镇,如基金小镇、梦想小镇、云栖小镇、黄酒小镇等。特色小镇主要有以下五个方面特点。

一是理念求新。理念创新是特色小镇的首要特征。首先,不同于传统以规模生产为导向的发展模式,特色小镇强调特色引领和专业化生产,寻求差异化发展模式。其次,不同于传统重经济增长而轻生态环境保护的发展方式,也不同于单纯强调生产功能而轻居住生活功能的园区开发模式,特色小镇强调生产、生活、生态的协同发展,追求在推动经济增长的同时,也注重提升当地的生活条件,改善当地生态环境。

二是产业独特。特色产业是特色小镇的核心,既有基于本地资源形成的产业,也有传统产业升级改造或是满足新的市场需求而形成的新型产业。特色产业注重凸显地域特色,或是利用区位条件、市场需求等将产业链的某一环节做专、做精,形成品牌效应。从产业类型看,特色小镇的产业包括特色农业(中草药、茶叶、花卉等)、历史经典产业(丝绸、陶瓷、石器、木雕等)、新兴产业(金融、信息经济、时尚经济、健康养生、高端装备制造等)以及依托当地资源文化等发展起来的文旅产业(生态旅游、休闲旅游等)等。

三是功能复合。功能复合是特色小镇建设的内在要求,具备经济、社会、生态等的复合功能,不同于其他类型小城镇强调某一方面。首先,特色小镇通过特色产业发展,形成具有竞争力的经济功能；其次，特色小镇通过配置提升基础设施和公共服务水平，形成完善的社会生活功能；再次，特色小镇通过保护山水环境，形成良好的生态功能。此外，特色小镇经济和生活功能要具有一定的空间邻近性，便于当地居民和外来人员对消费、娱乐等的需求。通过综合功能的提升，特色小镇成为宜业宜居宜游之地。

四是生态宜人。可识别性是特色小镇风貌的内在特征，无论自然风光、历史人文的特色小镇，还是产业主导型的特色小镇，都应具备宜人的生态。具体而言，特色小镇格局要顺应山水地形特征，保持原有的自然本底和原有肌理。特色小镇尺度要控制小而宜人，不应照搬城市的建设模式，建设尺度、街道格局、开发街区要贴近当地居民生活、延续邻里关系，保持较为统一和鲜明的风貌特征。特色小镇要传承当地传统文化，保护传统建筑和艺术作品，不照搬其他地区文化。

五是创意引领。创意是特色小镇发展的潜力所在，体现在产业培育、风貌设计、文化打造、管理创新等方面。在产业培育方面，体现地域要素特色和资源禀赋；在风貌设计上，要凸显可识别性；在文化打造方面，既要传承传统文化，也要积极引入企业文化、产品文化等新形态；在管理创新方面，要适应经济社会发展需求，不断提升特色小镇运营和管理效率。

二、我国特色小镇建设路径

（一）围绕时代目标，建立与时代目标相适应的特色小镇目标

1. 围绕新时代的城镇化发展要求建设特色小镇

新时代的城镇化是高质量的城镇化，必须走绿色发展、协调发展、创新发展、开放发展和共享发展之路，必须在"五位一体"总体布局和"四个全面"战略布局下发展。总之，新时代的特色小镇建设必须为新时代新型城镇化作出贡献。

2. 围绕新时代产业发展要求建设产业小镇

新时代要求发展战略性新兴产业和历史经典产业,也要求传统产业转型升级。因此,特色小镇的产业选择最好是战略性新兴产业和具有文化传承和广阔市场的经典产业。如果是传统产业,最好与新时代文化创意和市场需求进行深度结合。总之,特色小镇要具有产业转型升级功能。

3. 围绕新时代的社会主要矛盾和国家战略建设特色小镇

新时代的特色小镇必须要围绕解决人们对美好生活的需要与发展不平衡不充分矛盾展开,特色小镇建设必须要坚持目标导向和问题导向统一。新时代特色小镇要为国家战略提供必要服务,尤其是要结合中国制造 2025、精准扶贫攻坚战、乡村振兴战略和全面建成小康社会等作出必要贡献。

(二)设计切实可行的特色小镇产业模式

1. 要重视小镇主导产业本身的成长性和集群可能性

产业是小镇建设的生命源泉,必须选择符合新时代发展要求和具有高成长性的产业,不能选择技术落后、产能过剩甚至会在可预见的时间内淘汰的产业。同时,如果主导产业难以形成集群也不具备成为特色小镇主导产业的条件,只有具有集群可能性的产业才有能力托起特色小镇发展的未来。

2. 理顺政府和企业的合作关系,要确立政府引导、市场化和以企业为主体的发展模式

政府引导的主要任务是设计好政策框架要求,并为被政府认可的特色小镇提供必要的基础设施建设和基本公共服务。特色小镇建设主体应为企业,企业必须具有独立运营能力,而不是靠政府奖补资金维持特色小镇基本运转。

3. 重视邻近地区市场资源的可整合性

邻近地区市场资源的可整合性是影响特色小镇成败的重要因素。良好的创意和产品服务能力是否能寄托于特色小镇这个载体上，很大程度上取决于特色小镇自身及周边市场资源的网络支撑能力，只有当能和自身邻近市场资源充分融合的情况下才有可能建设出具有成长性和竞争力的特色小镇。

（三）建立和完善当地特色小镇发展的政策保障体系

一是国家发展改革委应尽快出台更为具体的特色小镇申报通知和奖补政策。目前，国家发展改革委联合其他部委已经下发了关于规范推进特色小镇的意见，但具体实施意见和第三批特色小镇申报通知还没出台。由国家发展改革委出台的第三批特色小镇申报通知将为新时代特色小镇建设提供最新的行动指南。

二是地方政府要有所作为，建议对照国家发展改革委关于规范推进特色小镇的意见及时完善当地特色小镇政策。可以通过入股、租赁等形式加快特色小镇的项目用地审批流程；可以通过建立专项产业基金等形式为特色小镇提供融资支持；可以通过制定各类人才计划和返乡创客政策为特色小镇提供人力资源支撑；可以通过税收减免等形式为特色小镇建设的长远发展提供现金流支持。

三是特色小镇建设要顺应产业发展规律，不能急功近利。目前成为大家心中特色小镇典范的特色小镇一般都不是强行规划设计出来的，而是在顺应产业规划、城镇化规律和时代要求的基础上发展起来的。因此，特色小镇建设要顺势而为，不可任意设计。

（四）建立相对统一基本评测标准，加强特色小镇的规范性治理

特色小镇多元化、多样性决定了特色小镇难以形成统一的评测标准。从特色小镇自身而言，其类型多样，主导产业和建设目

标不尽相同,不同类型小镇之间的差异显而易见。但是,特色小镇建设必须建立相对统一的基本评测标准体系。新时代特色小镇建设至少应重视以下几个方面的内容。

第一,特色小镇的产业基础和发展潜力,这是特色小镇最核心的因素。

第二,特色小镇建设面积要控制在 1~3 平方公里,具体情况具体分析,但不能过大或过小。

第三,特色小镇建设必须重视人居功能,但前提是有产业支撑,防止以人居功能为名行房地产之实。

第四,要重视文旅元素,除了旅游类的特色小镇,其他特色小镇要严格按照景区标准建设,但必须考虑文化传承和旅游功能,文化应该是围绕主导产业的文化和适当的民俗结合,旅游应该是生产、生活、生态景观的融合。

第五,必须实行严格创建制、达标制,而不是命名制。各级政府应该为已经建设并达到基本要求的特色小镇提供必要奖补资金或其他优惠政策,而不是命名就给奖补资金。在实施创建制过程中,实行宽进严出、先建设后补助政策,对一些符合基本创建标准的特色小镇投资企业提供必要的优惠政策和先行先试的创新机会。

参考文献

[1] 尤琳.郊区城市化与城乡社会治理一体化研究 [M].北京：中国社会科学出版社,2018.

[2] 张晓欢.迈向高质量特色小镇建设之路 [M].北京：中国发展出版社,2018.

[3] 李季.大国小镇——中国特色小镇规划与运营模式 [M].北京：中国建筑工业出版社,2018.

[4] 住房和城乡建设部政策研究中心,平安银行地产金融事业部.新时期特色小镇：成功要素、典型案例及投融资模式 [M].北京：中国建筑工业出版社,2018.

[5] 张爱民,易醇.城乡一体化进程中的产业协调发展研究 [M].北京：中国社会科学出版社,2017.

[6] 蒋大国.城乡一体化建设及改革创新研究 [M].北京：人民日报出版社,2017.

[7] 夏永祥,陈俊梁.城乡一体化发展 [M].北京：社会科学文献出版社,2017.

[8] 李锦顺.城乡一体化中农民权利保护研究 [M].北京：中国社会科学出版社,2017.

[9] 张旺.城乡义务教育一体化发展研究 [M].北京：教育科学出版社,2017.

[10] 薛晴.中国特色城乡发展一体化理论的形成与发展 [M].北京：经济科学出版社,2017.

[11] 韩芳.新型农村社区建设与管理研究 [M].北京：知识产权出版社,2017.

[12] 黄坤明. 城乡一体化路径演进研究 [M]. 北京：科学出版社,2017.

[13] 云振宇. 城乡一体化标准化实践 [M]. 北京：中国质检出版社,中国标准出版社,2017.

[14] 厉以宁,艾丰,石军. 中国新型城镇化理论与实践丛书：中国新型城镇化概论 [M]. 北京：中国工人出版社,2016.

[15] 党国英. 城乡一体化发展要义 [M]. 杭州：浙江大学出版社,2016.

[16] 汪三贵,张伟宾,杨浩,等. 城乡一体化中反贫困问题研究 [M]. 北京：中国农业出版社,2016.

[17] 甘霞,张江伟. 城乡一体化背景下的生态正义 [M]. 镇江：江苏大学出版社,2016.

[18] 刘燕斌. 就业城乡一体化苏州创新发展实践 [M]. 北京：中国言实出版社,2016.

[19] 杨三省. 城乡发展一体化现代化建设的重要目标和必由之路 [M]. 西安：陕西师范大学出版总社有限公司,2016.

[20] 石宏伟,金丽馥. 新型城镇化背景下城乡社会保障一体化研究 [M]. 南京：南京师范大学出版社,2016.

[21] 胡小武. 中国方向新型城镇化战略新论 [M]. 北京：光明日报出版社,2016.

[22] 刘卫红. 构建城乡一体化新格局 [M]. 西安：西安交通大学出版社,2016.

[23] 刘方涛,程云蕾. 市民化：农民工向市民角色的转型 [M]. 北京：光明日报出版社,2015.

[24] 赵强社. 城乡基本公共服务均等化制度创新研究 [M]. 北京：中国农业出版社,2015.

[25] 张大维. 城乡社区公共服务体系一体化建设研究 [M]. 武昌：华中科技大学出版社,2015.

[26] 张翼. 社会治理与城乡一体化 [M]. 北京：社会科学文献出版社,2015.

[27] 陈学明,王喜梅.城乡一体化视角下新型城镇化改革研究 [M].成都：西南交通大学出版社,2015.

[28] 夏永祥等.苏州市城乡一体化发展道路研究 [M].苏州：苏州大学出版社,2015.

[29] 张沛.中国城乡一体化的空间路径与规划模式 [M].北京：科学出版社,2015.

[30] 李玲.构建城乡一体化的教育体制机制研究 [M].北京：经济科学出版社,2015.

[31] 朱翔.城乡建设生态化从分离到一体 [M].长沙：湖南师范大学出版社,2015.

[32] 白永秀,吴丰华.中国城乡发展一体化：历史考察、理论演进与战略推进 [M].北京：人民出版社,2015.

[33] 王伟光,魏后凯,张军.新型城镇化与城市发展一体化 [M].北京：中国工人出版社,2014.

[34] 杨会春.推进新型城镇化建设学习读本 [M].北京：人民出版社 2014.

[35] 罗来军.从单向城乡一体化到双向城乡一体化 [M].北京：经济科学出版社,2014.

[36] 唐青阳,周治滨.推动城乡一体化发展研究 [M].北京：中国文史出版社,2014.

[37] 江立华.农民工的转型与政府的政策选择 [M].北京：中国社会科学出版社,2014.

[38] 田相辉,张秀生,庞玉萍.中国农村经济发展与城乡一体化建设研究 [M].武汉：湖北科学技术出版社,2014.

[39] 李存贵.中国城乡一体化进程中的产业合作问题研究 [M].北京：经济科学出版社,2013.

[40] 新玉言.国外城镇化比较研究与经验启示 [M].北京：国家行政学院出版社,2013.

[41] 吴业苗.城乡公共服务一体化的理论与实践 [M].北京：社会科学文献出版社,2013.

[42] 李冰.二元经济结构理论与中国城乡一体化发展研究[M].北京：中国经济出版社,2013.

[43] 中国特色新型城镇化发展战略研究（第三卷）[C].北京：中国建筑工业出版社,2013.

[44] 王艳成.城镇化进程中乡镇政府职能研究[M].北京：人民出版社,2010.

[45] 姚士谋.中国城镇化及其资源环境基础[M].北京：科学出版社,2010.

[46] 杨喜,王平.城乡一体化视阈下城乡基本公共服务均等化研究[J].长春理工大学学报（社会科学版）,2017,30（01）：17-21+62.

[47] 陆道平.基层政府城乡一体化服务的运行模式、动力机制与制度建构[J].江苏社会科学,2016（05）：69-76.

[48] 朱正刚.生态经济：生态文明城乡一体化建设的基石——基于浙江省义乌市的调研[J].经济研究导刊,2016（32）：50-51+62.

[49] 吴根平.我国城乡一体化发展中基本公共服务均等化的困境与出路[J].农业现代化研究,2014,35（01）：33-37.

[50] 吴根平.统筹城乡发展视角下我国基本公共服务均等化研究[J].农村经济,2014（02）：12-16.